大道至简

全球顶级CEO商道智慧

余胜海　编著

北京大学出版社
PEKING UNIVERSITY PRESS

图书在版编目(CIP)数据

大道至简:全球顶级 CEO 商道智慧/余胜海编著. —北京:北京大学出版社, 2011.10

ISBN 978 - 7 - 301 - 19513 - 0

Ⅰ.①大… Ⅱ.①余… Ⅲ.①企业管理 - 经验 - 世界
Ⅳ.①F279.1

中国版本图书馆 CIP 数据核字(2011)第 189567 号

书　　　名:大道至简:全球顶级 CEO 商道智慧

著作责任者:余胜海　编著

策 划 编 辑:贾米娜

责 任 编 辑:贾米娜

标 准 书 号:ISBN 978 - 7 - 301 - 19513 - 0/F · 2896

出 版 发 行:北京大学出版社

地　　　址:北京市海淀区成府路 205 号　100871

网　　　址:http://www.pup.cn

电　　　话:邮购部 62752015　发行部 62750672　编辑部 62752926
出版部 62754962

电 子 邮 箱:em@pup.cn

印　刷　者:北京宏伟双华印刷有限公司

经　销　者:新华书店

787 毫米 × 1092 毫米　16 开本　17.5 印张　262 千字

2011 年 10 月第 1 版　2011 年 10 月第 1 次印刷

定　　　价:39.00 元

前　　言

这是一个需要商界领袖并不断产生商界领袖的时代，也是一个崇拜商界领袖的时代。杰克·韦尔奇、比尔·盖茨、雷蒙德·克罗克、亨利·福特、稻盛和夫、本田宗一郎、李嘉诚、任正非、松下幸之助、史蒂夫·乔布斯等都是世界公认的商界领袖和经营大师，是企业家、经理人学习的标杆。他们涵盖了IT、汽车、机械、电器、快餐、金融、电信、航空、陶瓷等许多领域，他们的经营管理思想和方法被誉为"经营管理圣经"、决胜商场的"智慧宝典"，让世界上所有梦想成功的商业人士都会从中获得启迪和教益。

全球经济一体化时代，企业面对的机遇多了，面临的竞争也大了。商务部统计结果表明，中国企业的平均寿命只有五年，品牌的生命力平均不足两年，在21世纪新经济条件下，身陷全球化经济浪潮的中国企业将面临更加严峻的考验。中国企业经营者们该何去何从？中国企业如何走出一条属于自己的发展道路？

企业要发展，管理是关键。简约管理是全球顶级CEO的成功之道。大道至简意味着"少而精"，博采众长，融会贯通，不仅要整合创新，跳出原来的框框，去粗取精，而且要抓住要害和根本，挥动奥卡姆剃刀，剔除那些无效的、可有可无的、非本质的东西，融合成少而精的东西。所谓"为学日增，为道日减"就是这个道理。

简约管理不仅仅是一种管理方法，更重要的是一种思维方式。这种思维方式带给大家的既是思维的革命，也是管理的革命，可以让我们从烦琐和复杂的工作、生活中解脱出来。

"管得越少，成效越好"是"全球第一CEO"杰克·韦尔奇的一句名言。这是一种境界，是一种依托企业谋略、企业文化而建立的至高无上的经营平台。

杰克·韦尔奇说:“事必躬亲,只会累坏自己。习惯于相信自己,放心不下他人,经常粗鲁地干预别人的工作过程,这是许多管理者的通病。问题是,这会形成一个怪圈:上司喜欢从头管到尾,越管越变得事必躬亲,独断专行,疑神疑鬼;同时,部下就越来越束手束脚,养成依赖、封闭的习惯,把主动性和创造性丢得一干二净。”所以,我们作为管理者不必事必躬亲,要信任部下,学会放权。让你的部下充分发挥其主动性和创造性。

简约管理的核心竞争力在于:管用,好用,一用就有效。企业管理所要解决的根本问题是有效,即有效直至高效地解决问题。

因此,我们要在简约管理思维的指导下,利用科学的方法,将工作主题核心以外的枝节因素尽可能地剔除掉,使复杂的问题简单化,简单的问题条理化,条理化的问题更简化,从而简化人际关系,优化工作流程,提高工作效率,创造更佳效益,在简约中享受工作、享受生活。

许多民企老板都有过这样的感叹:人才难找,班子难带,员工难管,听话的不能干,能干的不听话。一言以蔽之,就是招不到人、管不好人、用不好人、留不住人。

在当今市场竞争异常激烈的环境下,如何降低人才流失率成为我国众多企业所面临的一个重要问题。员工的流失不仅直接导致企业人力资源成本升高,还将造成企业的技术和经验流失,给企业带来不可估量的损失。

企业经营的实质是经营人心。老板在经营企业的同时,要像经营大师们一样“经营员工”,因为人是第一生产要素。维持现有队伍,发挥大家的积极性,增强凝聚力是企业人力成本最低的办法。

留住员工,必须提高企业的吸引力,而“钱”不是唯一吸引力。因为,员工的需求是多样化的。要实实在在地做到“以人为本”,用感情留人,用企业文化留人,让他们感受到企业大家庭的温暖,增进员工对企业的归属感、认同感;要建立合理有效的激励机制和给员工必要的职业生涯规划,充分发挥其潜能,提高工作业绩,以使员工觉得自己有发展前途,从而乐意长久地为企业作出贡献。这个道理中国企业家都懂,遗憾的是多数没有把这些工作落到实处,“以人为本”成为一种时髦的口号。

杰克·韦尔奇说:“CEO 的首要任务是一手抓种子,一手拿化肥和水，让种子成长。让你的公司发展，让你身边的人不断发展和创新，而不是控制他们。”他还指出：“中国的企业家在激励调动员工的积极性上不是很出色。很多管理者更懂得服从上司，但是没有调动别人的积极性。”

美国钢铁大王卡耐基曾经讲过：“如果拿走我的全部厂房设备、资金，只要保留我的原班人马，几年以后，我仍将成为钢铁大王。”可见，一支训练有素的员工队伍，对企业是至关重要的。

目前，中国企业真正的挑战在于国际化规则与世界级水平的运营。因为中国企业与世界卓越企业存在的差距是整体性的、全方位的。像华为、海尔、联想这样的国际化企业很少。要想真正把握消费者，就得怀着一颗敬畏之心，像追求真理一样，不断地了解他们、琢磨他们、服务他们，最大限度地满足消费者的需求。像雷蒙德·克罗克和本田宗一郎一样时刻“把自己摆在顾客的位置上”、“让用户感到满足和喜悦”，像任正非一样“以客户为中心，为用户创造价值”。

2010年，苹果取代谷歌成为全球最具价值的品牌。作为苹果的CEO，史蒂夫·乔布斯的可贵之处在于非常尊重用户的需求，当他感觉自己的产品已经做到尽善尽美的时候，总是对自己的一千条创意说“不”。他时刻关注细节，无论是在产品设计、网页导航，还是在产品演示上都要进行不断创新和简化，把每一个细节和技术做到极致，让产品尽善尽美，让用户体验达到极致。

经常有人问我，中国为什么缺少世界级企业？我们究竟落后在哪里？其实中国企业的科学技术并不落后，落后的是我们企业家的思想观念。观念左右思想，思想决定行为，行为导致结果。要改变结果，关键是要改变思想观念。

美国心理学之父威廉·詹姆斯说：“这个世界上最伟大的发现是人们可以通过改变自己的态度，从而改变人生。”这句话是至理明言。改变行为的关键是转变态度，而要转变态度，首先就要从转变观念着手。

亨利·福特在汽车还只是富人们炫耀金钱的年代，就豪迈地宣称：“我要为大众造一种汽车。”为了实现诺言，他坚信只要将汽车生产标准化、系统化、规模化，就能大幅降低生产成本，从而降低汽车价格。

亨利·福特大力改进汽车，使汽车在耐用性、易操作性和维护上都变得很简单，还创造性地在世界上首次运用了流水装配线，而后，这也为世界工业生产带来了一场大革命。他的标准化、系统化、规模化生产汽车的理念十分成功，终于让汽车真正成为大众都能买得起的普通交通工具，让人类步入了汽车时代。

稻盛和夫被誉为“经营哲学之父”，一生培育了两个世界500强企业。他说：“人到这个世界就是来修行的。我之所以要把企业搞得越来越出色，目的就是让在京瓷和KDD的员工能够安心地工作，度过一个幸福的人生。”京瓷和KDD的成功，也是稻盛和夫的这种经营思想带来的。

稻盛和夫即使在最忙碌的时刻，也没有忘记心灵的追求。他一直在潜心研究哲学与宗教，始终都在追问一个终极问题：作为人何为正确？“敬天爱人，自利利他”不仅是他的人生哲学，也是他的经营哲学的根本。

在实际经营中，稻盛和夫始终谦卑、谨慎，遵循“为商必先为人”的准则。在数次金融危机中，他坚持不精减任何一名员工，因为“公司永远都是保障员工生活的地方”。在日常经营过程中，他提倡稳健经营，公司永远保留大量现金，以备不时之需。

稻盛和夫始终坚持一切从顾客的角度考虑问题，满足顾客的要求。只要为客户创造了价值，企业也就可以从中分享价值，这使得他在商场上屡创奇迹。更重要的是，他还系统地整理了自己的思想，总结出了自己的成功方程式：成功 = 人格理念 × 努力 × 能力。

从“佛道”到“人道”再到“商道”，稻盛和夫把一个企业家的人格修炼放到了最高的位置上。

松下幸之助说：“不想成为全球顶级企业，永远长不大。不掌握顶级企业经营之道的企业家，不是一个合格的企业家。”大凡世界上卓越的企业，都源于成功的观念，能符合时代潮流的观念。大多的失败，特别是在一个较为完善管理机制下的失败，也源于失败的观念，没能跟上时代发展的步伐。

所以我希望中国企业家，每隔三五年一定要对自己的经营理念做一番深刻的反省，检讨自己的观念是否落伍，是否符合时代发展的趋势。不更新观念、变革管理，就没有真正的进步，企业也不可能长久稳定地发展。

去改变我们的观念，有些事，便会在一夜之间被彻底改变。21世纪，不是一场技术的革命，也不是一场产品的革命，而是一场观念的革命！对个人而言，那就是一切皆起因于观念。改变观念，你就能改变命运，让基业长青！

本书在编写过程中，学习借鉴了相关图书资料（详见书后"主要参考文献"列表），在此向这些著作的作者（译者）和出版社表示衷心的感谢！

目录

第一章

杰克·韦尔奇：让合适的人做合适的事

人物小传

杰克·韦尔奇,1935 年 11 月 19 日出生在美国马萨诸塞州萨兰姆市的普通工人家庭;1957 年,韦尔奇获得马萨诸塞州大学化学工程学士学位;1960 年,韦尔奇获得伊利诺伊大学化学工程博士学位。同年,韦尔奇加入通用电气(GE)塑胶事业部,成为一名初级工程师;1971 年年底,韦尔奇成为通用电气化学与冶金事业部总经理;1979 年 8 月,韦尔奇成为通用电气公司副董事长;1981 年 4 月,年仅 45 岁的韦尔奇成为通用电气公司历史上最年轻的董事长和首席执行官,并于 2001 年 9 月退休。

在短短 20 年间,韦尔奇将一个弥漫着官僚主义气息的公司,打造成一个充满朝气、富有生机的企业巨头。在他的领导下,通用电气的市值由他上任时的 130 亿美元上升到了 4 800 亿美元,排名也从世界第十提升到第一。他所推行的六个西格玛标准、全球化和电子商务,几乎重新定义了现代企业。如今,通用电气旗下已有 12 个事业部成为其各自市场上的领先者。韦尔奇带领通用电气,从一家制造业巨头转变为以服务业和电子商务为导向的企业巨人,使百年历史的通用电气成为真正的业界领袖级企业。

"全球第一 CEO"、"21 世纪最受尊敬的 CEO"、"美国当代最成功最伟大的企业家",这些耀眼的头衔都属于一个人——美国通用电气公司原董事长兼 CEO 杰克·韦尔奇。

如果说经营是一门艺术,韦尔奇肯定是位艺术大师。很少有人能像他一样如此充分地演绎经营艺术,而能像他一样使领导艺术不断创造卓越成就的人更是少之又少。近二十年来,许多大公司和它们的领导人在无情的全球经济危机中就像多米诺骨牌一样纷纷倒塌,韦尔奇领导的通用电气公司却创下一个接一个的辉煌业绩。因此韦尔奇成了全世界企业家和经理人学习的榜样,并享受着与美国总统一样的尊荣和礼遇。那么他的奋斗历程是怎样的?他又有着什么样的经营之道?

靠自信赢得上司的赏识

1935年11月19日，杰克·韦尔奇出生在美国马萨诸塞州萨兰姆市的普通工人家庭，父亲性格沉稳，言语不多，在波士顿的一家铁路公司工作，早出晚归，所以培养孩子的重任就落在了韦尔奇母亲的肩上。韦尔奇是家里的独生子，身材矮小，还带点口吃，因此，小时候很自卑。

对韦尔奇影响最大的是他的母亲，虽然她很晚才有了这个孩子，但却从不溺爱，她知道儿子的自卑心理，并不打击他，她的关心逐步增强了韦尔奇的意志力。韦尔奇非常尊敬乃至崇拜母亲："她是一位非常有权威性的母亲，总是让我觉得自己什么都能干，是母亲训练了我，要我学习独立。每次当我的行为稍有越轨，她就立即予以纠正。她向来不说什么多余的话，总是那么坚决，我对她心服口服。"韦尔奇在他的自传中写到。

韦尔奇到了成年还略带口吃，但他的母亲说，这算不了什么缺陷，只不过是他想的比说的快些而已。母亲还经常鼓励他"只有面对现实，坚持多与别人沟通，让别人了解你，才能主宰自己的命运，别人才会跟你做朋友"。这位母亲把儿子的缺点变成一种激励，教会韦尔奇正确看待自己的缺陷，在此之后，韦尔奇再也不以口吃为耻，这是这个伟大而平凡的母亲给予韦尔奇的最大财富。

事实上，如果你自己不在意，那么这个缺陷也就不太重要了。略带口吃的毛病并没有阻碍韦尔奇的发展，实际上后来注意到这个弱点的人大都对韦尔奇很敬佩，因为他竟能克服这个障碍，在商界出类拔萃。

韦尔奇从小就喜欢体育运动，特别喜欢打曲棍球，经常到其他城市去参加比赛。母亲一直以一种宽松而包容的方式来教育他，别的孩子出远门父母都要陪着，可是韦尔奇的母亲很早就把他当大人看待，只是把他送上火车，让他独自去参加球赛，培养他独立生活的能力。在中学的时候，韦尔奇还当上了学校曲棍球队的队长，这些经历让韦尔奇受益匪浅，他开始初步对领导艺术有了一点概念。

中学毕业后，韦尔奇和其他学生一样想进入哈佛、斯坦福、耶鲁这些著名大学读书，但事与愿违，他只考上了马萨诸塞州大学。刚开始，他感到非常沮丧，尤其是很多往日的同学和好友都如愿以偿，让他很是不甘，但母亲“面对现实”的理论让他打起精神，还是进入了马萨诸塞州大学读书。

韦尔奇刚进学校没几天，他的沮丧就变成了庆幸，又一次体会到了母亲的先见之明。后来，韦尔奇说：“如果当时我选择了麻省理工学院，那我就会被昔日的伙伴们挤压，很难有出头之日，正是马萨诸塞这所较小的州立大学，让我获得了许多自信。”而所有的管理都是围绕“自信”展开的，人生的成功也不例外。

大学毕业后，韦尔奇接着攻读研究生课程，1960 年他获得了伊利诺伊大学化工博士学位，之后在许多可供选择的公司中，他把通用电气公司作为自己的第一选择，直到退休。

1960 年 10 月 17 日，韦尔奇正式成为通用电气公司的一员。他的第一项任务是找到一个制造 PPO(一种用于化工的新材料)的示范场地，然后把工厂建立起来。在一座破败的楼房里，他与另外一名化学专家为了建造这座工厂，花费了许多心血和精力。

一年之后，这座工厂终于建造起来，韦尔奇得到了公司高管很高的评价。但是，让他失望的是，通用电气公司只按照标准给他加了 1 000 美元。因为无论表现得好与坏，每个人都获得了同样的加薪。在这一刻，韦尔奇感到这个公司的官僚主义是如此严重，平均主义“大锅饭”体制是如此僵化，和他以前想象的完全不同。于是，他准备辞职，去伊利诺伊州国际矿物化学公司工作。

当时，作为部门负责人的鲁本·古托夫听到韦尔奇要辞职的消息感到非常吃惊，他决定不惜一切代价留住这位有才干、有能力的年轻人。于是，他在告别宴会的前一天，邀请韦尔奇夫妇共进晚餐。在就餐之际，鲁本·古托夫对韦尔奇展开长达四个多小时的说服工作。他向韦尔奇保证，他将使韦尔奇不受官僚作风的纠缠，并将利用大公司的资源为韦尔奇创立一个小公司的工作环境。鲁本·古托夫对他说：“相信我，只要我在公司一天，你就能利用大公司最好的部分进行工作，最差的部分将离你远远的。”

韦尔奇被鲁本·古托夫的诚意所感动。第二天，他决定留下来继续在通用电气公司工作。多年以后，鲁本·古托夫回忆说："我今生最成功的推销就是留住了韦尔奇，因为留住了韦尔奇，才留住了通用电气公司今天的辉煌。"当然这只是表面现象，实际上，鲁本·古托夫更大的功劳是留住了一种用人机制。在之后的几十年中，韦尔奇使大公司的实力和小公司的灵活性相结合的能力得到了验证。古托夫为韦尔奇创造了这种环境，韦尔奇又为更多的人创造了这种环境。

随后韦尔奇成了 PPO 工艺开发项目领导人，虽然这种材料看上去不怎么起眼，并且它很难塑造成型，所以市场不为人看好，但韦尔奇坚持了下去，终于制成了一种在高温下具有很高的强度并且容易塑造的材料。这种塑料制品的商业名称叫"诺瑞尔"。

据《杰克·韦尔奇自传》记载，1965 年，通用电气公司根据韦尔奇的建议，决定投资 1 000 万美元，建造一座诺瑞尔加工厂，但是诺瑞尔的市场如何，谁都无法预料，于是，在没人出头的情况下，韦尔奇毛遂自荐，成为这个厂的负责人。

韦尔奇非常清楚，这将是一场艰苦的战斗，但他却"明知山有虎，偏向虎山行"，对诺瑞尔项目充满了自信，当时所有的家用器具都是用金属制造的，用塑料代替金属能使产品变得既廉价又轻便，这将产生一次工业技术的革命。为了保险起见，韦尔奇推销的第一站就是通用的内部产业，但周围的人都对他这个大胆的提议将信将疑。

于是韦尔奇在他的工厂里用诺瑞尔制造出了电动罐头起子。他向人们展示做成的起子，让人们相信，塑料的用途远比人们想象的要多，甚至可以制造汽车车身和计算机外壳等。1968 年，因为推销诺瑞尔的成功，韦尔奇成为聚碳酸脂和诺瑞尔两种塑料制品部门的领导人，成为通用电气公司最年轻的一位总经理。

为了让自己的塑料事业走向成功，为了改变人们对塑料的认识，韦尔奇用尽了各种办法，他首先让那些婴儿奶瓶、汽车、小器具用品的制造商们了解，利用塑料来制造这些东西，不但便宜、轻巧，而且更加耐用。然后他别出心裁，用一则巧妙的广告来推销自己的产品：一头野牛冲进了一家瓷器用品店，结果店里所有的东西都摔得粉身碎骨，只有塑料制品完好无损。这个广告获得了空前的成功,聚碳酸脂的使用终于引发了制造业的材料革命,美国消费者对这种比金属和玻璃优点更多的材料十分青睐,它成了世界上最为重要的塑料。韦尔奇负责的塑料工厂首次升格为一个部级企业。

这次成功为韦尔奇的事业奠定了根基。他说:“我这一生中最兴奋,同时也是最值得纪念的时光,就是那段与工作小组的同事们共同努力的岁月。”

以全球公司为师

1971 年 12 月,韦尔奇成为通用电气化学与冶金事业部总经理。当时的通用电气公司总裁是雷金纳德·琼斯,这个擅长于科学管理的实业家做事总是一丝不苟。琼斯坚持挑选继任总裁必须经过对每个候选人长期仔细的考察过程,然后再理性地选出最具资格的人选。八年后,韦尔奇终于通过了琼斯漫长而严格的考核,成为通用公司副董事长。两年后,1981 年 4 月,韦尔奇成为通用电气公司历史上最年轻的董事长和首席执行官。那年他 45 岁,而这家已经有 117 年历史的公司机构臃肿、等级森严、对市场反应迟钝,在全球竞争中正走下坡路。

韦尔奇深知官僚主义和冗员的恶果,从他第一年进入通用时,他就已经尝到这种体制的恶果,现在终于可以实施自己的计划了。韦尔奇首先改革的就是内部管理体制,减少管理层次和冗员,将原来的 8 个层次减到 4 个层次甚至 3 个层次,并撤换了部分高层管理人员。此后的几年间,砍掉了 25% 的企业,削减了 10 多万份工作,将 350 个经营单位裁减合并成 13 个主要的业务部门,卖掉了价值近 100 亿美元的资产,并新添置了 180 亿美元的资产。

当时正是 IBM 等大公司大肆宣扬雇员终身制的时候,从通用电气公司内部到媒体都对韦尔奇的做法产生了反感或质疑:这是一个“优秀”的企业应该做的吗? 他是不是疯掉了? 因为太过于强硬的铁腕裁员,韦尔奇被人们气愤地冠以“中子弹杰克”的绰号。

"数一数二"市场原则是韦尔奇的经营理念。在全球竞争激烈的市场中,只有在市场上领先对手的企业,才能立于不败之地。任何事业部门存在的条件是在市场上"数一数二",否则就要被砍掉——整顿、关闭或出售。

竞争,对韦尔奇而言,已不只是获取成功的必由之路,它更是一种每天持续不断的工作状态。竞争越激烈,他的生活就越充实。他认为:"我们每天都在全球竞争战场的刀光剑影中工作。而且在每一回合的打斗之间,甚至没有片刻时间休息。"

没有竞争,就不会有发展。不仅国家经济是这样,一个行业、一个企业乃至一个人都是如此。正因为韦尔奇非常明白这一点,才会有那样大刀阔斧的改革。市场变化多端,没有一个企业能够成为安全的就业成长的天堂,除非它能在市场竞争中获胜。让韦尔奇自豪的是:"在通用电气,我不能保证每个人都能终身就业,但能保证让他们获得终身的就业能力。"

在公司管理上,韦尔奇更是创造了许多独特的方法,最为著名的莫过于"聚会"、"突然视察"、"手写便条"了。他懂得"突然"行动的价值。他每周都突然视察工厂和办公室,匆匆安排与比他低好几级的经理共进午餐,无数次向公司员工突然发出手写的整洁醒目的便条。所有这一切都让人们感受到他的领导力以及对公众的行为施加的影响。尤其是这些小小的便条,更给人以无比的亲切和自然感,形成了一种无名的鞭策和鼓励。

韦尔奇特别重视培养和使用人才。他说:"领导者的工作,就是每天把全世界最优秀的人才招揽过来。他们必须热爱自己的员工,拥抱自己的员工,激励自己的员工。"作为一个过来人,韦尔奇给公司领导者传授的用人秘诀是他自创的"活力曲线":一个组织中,必有20%的人是最好的,70%的人是中间状态的,10%的人是最差的。这是一个动态的曲线,即每个部分所包含的具体人一定是不断变化的。但一个合格的领导者,必须随时掌握那20%和10%里边的人的姓名和职位,以便做出准确的奖惩措施。最好的应该马上得到激励或升迁,最差的就必须马上走人。

直到现在,通用电气公司的每位员工都有一张"通用电气价值观"

卡。卡中对领导干部的警戒有9点:痛恨官僚主义、开明、讲究速度、自信、高瞻远瞩、精力允沛、果敢地设定目标、视变化为机遇以及适应全球化。这些价值观都是通用电气公司进行培养的主题,也是决定公司职员晋升的最重要的评价标准。

韦尔奇初掌通用电气公司之时,通用电气的销售额为250亿美元,盈利15亿美元,市场价值在全美上市公司中仅排名第十,而到1999年,通用电气实现了1 110亿美元的销售收入(世界第五)和107亿美元的盈利(世界第一),市值已位居世界第二。

1981年的通用电气公司旗下仅有照明、发动机和电力3个事业部在市场上保持领先地位。而如今已有12个事业部在其各自的市场上数一数二,如果单独排名,通用电气有9个事业部能入选《财富》500强。就在韦尔奇执掌通用电气的20年中,公司发生了巨大的变化,并因此连续3年在美国《财富》杂志“全美最受推崇公司”评选中名列榜首。

人们常说,创业难,守业更难。但韦尔奇改变了这个说法,他创造了这个奇迹,将通用电气这个“百年老店”经营得重放光彩。而他的贡献也远不止于通用电气一家公司。他所倡导和实行的管理的革命,重新弘扬了为股东创造价值这一企业经营的根本原则,扭转了第二次世界大战以来国际大企业普遍福利化的倾向,使企业获得了真正的动力;他创造了一个最有益于人才成长的文化,造就的不仅是一代企业家,更造就了一种积极向上的精神,今天的通用电气已经成为著名的“优秀经理人摇篮”、“商界的西点军校”,《财富》500强中有超过1/3的CEO都是从通用电气走出的;他的管理经验被越来越多的人采纳,几乎成为现代企业的一种典范模式。

韦尔奇也十分重视企业领导人的表率作用,他总是不失时机地让人感觉到他的存在。他向从直接的汇报者到小时工等几乎所有的员工发出的手写便条具有很大的影响力,因为这些便条给人以亲切和自然感。韦尔奇喜欢随手写便条,还通过传真机直接发给他的员工。他之所以手写便条,主要是为了鼓励和鞭策员工,有时也是向部下安排具体事宜。

通用电气公司除了严格淘汰的人才体制,最重要的就是这种无边界的学习型组织。在这样的组织下,每一个经理人无时无刻不在自觉地精心雕刻自己,从专业知识到职业技能,从管理手段到说话方式,从画好一张表格到接好一个电话、写好一封 E-mail，再到日常生活的一点一滴，目的是随时能够接受更高的挑战。

韦尔奇与其他企业领导人不同，他对企业环境中的变化持欢迎态度。他急于同其进行较量，热心于跟现实正面相对，根本不会转身逃避。对他来说，企业这个竞技场是对手相遇、发生冲突的运动场，输掉比赛的人是因为把脑袋埋在沙子下面，而赢得比赛的人是因为就对手的能力和比赛场地做出了精确的评估。韦尔奇领导的通用电气正在不断发展，其前景一片光明。相信韦尔奇身后留下的公司将成为日新月异的美国经济的代名词。

尽管韦尔奇和通用电气本身在过去 20 年达到了很高的高度，但韦尔奇却一直强调通用电气是一个无边界的学习型组织，一直以全球的公司为师。

韦尔奇说："很多年前，丰田公司教我们学会了资产管理；摩托罗拉和联信推动了我们学习六个西格玛；思科和 Trioloy 帮助我们学会了数字化。这样，世界上的商业精华和管理才智就都在我们手中，而且，面对未来，我们也要这样不断追寻世界上最新最好的东西，为我们所用。"

人们对他顶礼膜拜，对他无比崇敬，但这个优秀的老人却在 2001 年事业达到巅峰时选择了退隐。但是，韦尔奇的精神还在公司继续发挥着巨大作用，他所努力创造出的企业文化还在通用等其他企业中产生更深远、更悠久的作用和影响。正如沃尔特·迪士尼公司董事长兼 CEO 迈克尔·埃斯特所说："韦尔奇不仅仅是一个商业巨子，还是一个有心灵、有灵魂、有头脑的巨人。"

从个人财富来说，韦尔奇算不上什么大富豪，但"全球第一 CEO"和"企业界一代宗师"的殊荣，也足够让这个 67 岁的老人安度晚年了。

韦尔奇管理的三原则

韦尔奇在管理中主要遵循了数一数二市场，精简、速度和自信，开放坦诚、不分彼此管理这三个原则：

一、数一数二市场原则

通用电气现有企业中表现最佳的企业都符合以下四点要求:第一,在行业内数一数二;第二,具有远高于一般水准的投资报酬率;第三,具有明显的竞争优势;第四,能充分利用通用电气特定的杠杆优势。

通用电气有40%的员工隶属于生产企业,这些生产企业共占公司营业收入的30%。这些似乎并不耀眼的企业创造了通用电气公司引擎运转所需的燃料——现金流入。另外来自类似金融服务等热门行业的营业收入占通用电气总收入的30%,但员工仅占全公司的10%,这些高推动力的企业增长快速,其所需投入远超过本身的流入现金。对于整个通用电气王国而言,一方面有增长缓慢的生产企业提供燃料,另一方面有增长快速的热门事业提供动力。

到了20世纪90年代初期,韦尔奇认识到服务导向比产品导向重要。于是他决定将通用电气的重点从卖产品转变为向用户提供解决方案(solution)。1981年制造业的收入占通用电气总收入的一半以上,而到了1997年,通用电气2/3的收入来自于服务业。对于目前的通用电气来说,服务是为其取得持续性增长所采取的重要措施。这一措施已在很大程度上将通用电气的首要任务从提供产品并辅之以提供服务转变为除继续提供高质量的产品外还要提供那些以客户为中心、以信息技术为基础、旨在提高生产率的各种高价值的解决方案。预计今后服务业更将是通用电气高速发展的主要发动机,通用电气称:"21世纪的蓝图是,通用电气不仅将是一个销售高质量产品的公司,还是一个提供全球性服务的公司。"

二、精简、速度和自信原则

"成功属于精简敏捷的组织。"通用电气公司人非常讲究精简、速度和自信。韦尔奇相信,自信可以使复杂的问题简单化,而简单的程序可以保证快速的应变。用他一贯主张的速度原则表述便是:最少的监督,最少的决策拖延,最灵活的竞争。

韦尔奇认为,“精简”的内涵首先在于内心思维的集中。韦尔奇要求所有经理人员必须用书面形式回答他设定的5个策略性问题。扼要的问题使你明白自己真正该花时间去思考的到底是什么;而书面的形式则强迫你必须把自己的思绪整理得更清晰、更有条理。其次,是外部流程的明晰。韦尔奇要求为各项工作勾画出“流程图”,从而能清楚地揭示每一个细微步骤的次序与关系。对于速度,韦尔奇常用“光速”和“子弹列车”来描绘。他坚信:只有速度足够快的企业才能继续生存下去。迅捷源于精简,精简的基础则是自信。对于自信,韦尔奇给予了极大的重视,他甚至把“永远自信”列为美国能够领先于世界的一大法宝。

而培养企业员工自信心的办法就是放权与尊重。为了达到上述目的,韦尔奇对组织结构也进行了设计。之后通用电气的组织结构就像一个车轮,轮轴是韦尔奇和三名副总裁组成的总裁办公室,轮辐是通用电气的13个主要事业部。这种结构的最大优点是简洁。它使通用电气长久不消的官僚习性除去大半,创造出满足市场需要而非官僚制度需要的组织结构。同时,从1985年开始改组高层及一些重要职位,成立了企业主管委员会(简称CEC),每季度召开一次例会。CEC会议的唯一议题是:身为通用电气公司13项业务的主管,如何配合总裁、副总裁和其他的企业主管,共同将通用电气发展成为全球最具竞争力的企业?会议的目的是分享最佳的营运做法,促成通用电气公司多样化经营的企业之间能够有更好的协调。在CEC会议中,每个成员都知道其他所有成员每季度财务绩效的细节,并加以讨论,如果其中有一个企业主管遇到困难,其他人会帮助其提出解决方案。CEC虽然缺乏正式的权力,但它却成为影响通用电气这样的大企业的最有效的方式。现在通用电气公司的每一个企业单位,都有了自己的CEC会议。

三、开放坦诚、不分彼此管理原则

通用电气公司是个规模庞大的企业,而市场要求组织必须简洁,于是韦尔奇开始进行新的变革,提出21世纪的企业理想:21世纪的企业特色就在于不分界限。无边界企业能够克服公司规模和效率的矛盾，具有大型企业的力量，同时又具有小型公司的效率、灵活性和自信。企业必须在自由和控制之间取得平衡，但是你必须拥有以前想象不到的自由。韦尔奇非常强调看似矛盾的正反两面：企业的制胜之道需要具备庞大的力量与资源，同时也要有初创企业的灵敏。

目前企业界都已认识到响应速度对于企业在信息时代生存的重要性，而响应速度的高低在很大程度上取决于企业有无畅通的沟通机制。没有顺畅的沟通就谈不上敏锐的应变。韦尔奇说："我们希望人们勇于表达反对意见，呈现出所有的事实面，并尊重不同的观点。这是我们化解矛盾的方法。良好的沟通就是让每个人对事实都有相同的意见，进而能够为他们的组织制订计划。真实的沟通是一种态度与环境，它是所有过程中最具互动性的，其目的在于创造一致性。""无界限行为"的目的就是拆毁所有阻碍沟通、阻碍找出好想法的"高墙"。它是以这些理念本身的价值，而非依照提出这些理念的人所在的层级来对其进行评价的。

韦尔奇决心要做的，正是铲除所有阻碍沟通的障壁。他有一个形象的比喻："一栋建筑物有墙壁和地板；墙壁分开了职务，地板则区分了层级，而我要将所有的人全都聚在一个打通的大房间里。"通用电气公司一直通过群策群力的方法大规模清除企业的界限。这一做法被称为 Work-out 计划。从各个企业、各个层次来的员工济济一堂，发泄他们的不满，提出各种建议，清除一个又一个不具有生产能力的工作，员工不必担心因为发表意见而受批评。群策群力方法开放了通用电气的企业文化，使之能够接受来自每一个人和每一个地方的创意。

韦尔奇认为开放、坦诚、建设性冲突、不分彼此是唯一的管理规则。企业必须反对盲目的服从，每一位员工都应有表达反对意见的自由和自信，将事实摆在桌面上进行讨论，尊重不同的意见。韦尔奇称此为建设性冲突的开放式辩论风格。领导的作用是要表达出对未来远景的眼光，取得公司同仁的支持并加以执行。这需要与每一位员工保持开放、坦诚、不分彼此的关系，以及面对面的沟通。

通用电气为使这一方式取得最佳效果，改变了管理评价和奖励制度。新的全方位管理评价制度使领导注重发现和奖励那些表现出这样一种能力的人:他们能够使公司内的每一个人每天都在不懈地寻找新创意——寻找更好的方法。同时通用电气提出扩展性目标的考核法,韦尔奇认为:"年终时,我们所衡量的并非是否实现了目标,而是与前一年的成绩相比,在排除环境变化因素的情况下,是否有显著的成长与进步。当员工遭受挫败时,我会以正面的酬赏来鼓舞他们,因为他们至少已经开始改变。若是因为失败而受到处罚,大家就不敢尝试和行动了。"

韦尔奇认为任何企业都有两类问题:硬性问题和软性问题。硬性问题包括财务、营销、技术和生产等,而软性问题是关于价值观、士气和沟通等。硬性问题通常会影响企业的底线——利润线,而软性问题则会影响企业的上线——营业收入总额。韦尔奇认为每个组织都需要有价值观,精干的组织尤其必要,你必须在众人面前挺身而出,坚持不懈地传达你的价值观,价值观的形成是长远的挑战。韦尔奇从1985年开始,在公司年报中增加了价值观的声明一项。

企业文化与价值观是企业管理中最模糊的领域,也是迄今为止最具挑战性的一环。它关系到如何指导组织行为,有难以言传的价值和意义。主管的权力在这方面不太使得上力,部属的合作才是关键所在。这项工作的艰巨体现在,即使是革命性的领导者,通常也会将改革文化放在最后阶段。但是文化一日未变,改革转型便一日未完成。甚至当最剧烈的技术和政治改革已经被人遗忘时,企业文化可能还在指导组织行为模式。在改革企业文化方面,韦尔奇是从指挥全企业的理念对话着手的。他能够让员工思考大组织理念,让他们习惯有关自己工作的革命性思考理念。韦尔奇推行公司全面的辩论,探讨通用电气的价值观应该是什么,并始终坚信最好的主意经得起公开的讨论。这些方法合起来足以使理念转变成可以接受的习惯;当习惯养成时,文化也已经改变了。

群策群力方法开放了通用电气公司的企业文化,使之能够接受来自每一个人和每一个地方的创意,消除了官僚主义,并且使无边界行为成为公司文化中固有的一部分。所有这一切创造了一种乐于学习的文化,而这种文化又导致了下文要提到的六个西格玛质量标准的产生。

韦尔奇期望通用电气人能够清清白白地获胜,要求每个员工接受所谓的清白测试:你能每天面对镜子反省自己的所作所为后,还感到骄傲吗？韦尔奇相信：卓越和竞争力与诚实和清白是可以完全相容的；一个全球化的企业，不靠贿赂也能获胜，不论在何种情况下，只要同时拥有质量、价格和技术优势，便能赢得胜利。

六个西格玛质量标准

在20世纪80年代，韦尔奇通过群策群力规定了员工应如何行事。今天，六个西格玛质量标准又规定了通用电气公司的员工应如何工作。从1995年下半年开始，一项被称为六个西格玛的活动像熊熊烈火一样燃遍整个通用电气公司。如今六个西格玛已经成为这家大公司一切理想和愿望的中心环节，成为一种规范化的工作方法。通用电气公司的卓越领袖韦尔奇于2001年退休之时，把实施六个西格玛理论作为其通用电气生涯中辉煌的结局。

韦尔奇把六个西格玛应用于公司所经营的一切活动，如债务记账、信用卡处理系统、卫星时间租赁、法律合同设计等，通用电气公司借此活动基本消灭了公司每天在全球从事生产的每一件产品、每一道工序和每一笔交易的缺陷和不足。今后通用电气的每一种新产品和新服务项目都将是按六个西格玛标准设计的。

在如今的年代企业面临的挑战是，如何使公司的眼光从“由里向外”转变成“由外向里”。要以客户需要和工序为标准，并且在为他们服务时努力做到使偏差降低为零。实施六个西格玛，通用电气靠的是经过严格培训的被称为“黑带大师”和“黑带”的员工来带领和指导，他们时刻活跃于各种项目中，努力消除一切误差。到1998年年底，已经有5 000多名这类特殊员工。这些人现在已完成了他们作为“黑带大师”的轮职期，并已被提拔到各个业务部门的领导岗位上。在通用电气公司里，还有一支“绿带”队伍，他们用业余时间参加质量控制项目，而在工作时间做好各自的本职工作。

现在六个西格玛质量标准给通用电气公司在全球的每一个层次和每一种经营都深深地打上质量意识和工序意识的印记。当1995年六个西格玛质量标准刚刚出现时，通用电气的营业利润率为13.6%，营运资本周转次数为5.8次左右。到1998年年底，通过这项活动通用电气的营业利润率已上升为16.7%，营运资本周转次数提高到9.2次。从1995年到1997年，六个西格玛活动使通用电气从与质量相关的节约中得到大约7亿美元的收益。到1998年，它已为通用电气的营业收入提供了13亿多美元的回报。

通用电气公司成立了经营开发研究所，它也是一所商业学校，位于克罗顿维尔。公司每年拨款约10亿美元，每年在此接受培训者多达1万人，从高级干部到新任经理都有。韦尔奇直接听取研究所的汇报，并同研究所一起制订研修计划。在过去20年中，韦尔奇曾200多次出现在克罗顿维尔学校的教室里，向通用电气公司大约18 000名经理和行政管理人员授过课，这是不同寻常的。学员们在这里看到了韦尔奇身上的一切：管理学理论家、战略思想家、管理学老师和公司偶像。虽然他出生于工人家庭，但仍然成功地攀上了公司管理的顶峰。

发现和造就一大批精英人才

韦尔奇的成功很大程度上取决于他唯才是举、勤教严绳、刚柔并济的用人之道。韦尔奇说："我最大的成就就是发现一大批人才；他们比大多数的首席执行官都要优秀。这些一流的人物在通用电气如鱼得水。"

韦尔奇所创立的神奇的人力资源管理体系，使得通用电气公司成为一个名副其实的"造人工厂"，成为全球企业界藏龙卧虎、人文荟萃之地。

一、唯才是举

韦尔奇对通用电气公司和员工有无比深刻的了解，通用电气有十分广泛的业务，内容涉及金融资本、照明灯泡、机车、航空发动机、医疗器械、电视网NBC，等等。他是怎样领导强大的通用电气的呢？我们且听他是怎么说的："我对于怎样制作一台精彩的电视节目一点儿概念也没有……但是我很清楚谁是 NBC 的老板。这才是至关重要的。我的工作是挑选最称职的人员并为他们提供资金。这是游戏的规则。"他把大部分时间用在人事上。韦尔奇用人的条件是：关键在于你能干什么。通用电气对人才的选拔不注重学历和资历，看中的是实力。例如在决定管理 7 800 名财务人员的关键人选时，韦尔奇跳过其他几位候选人而选择了 38 岁的达莫曼，达莫曼当时的职务比该管理职位要低两个级别。他中选的原因在于他处理其他棘手任务的能力给公司领导留下很深刻的印象。

韦尔奇善于发现大批人才，1996 年公司的交通业务部门为了将一流的人才招到其在宾夕法尼亚州的总部，聘用了一些下级军官。他们发现这批军官的能力很强。通用电气公司的其他部门纷纷仿效，当公司聘用的下级军官达到 80 名时，韦尔奇将他们所有的人请到通用电气总部，跟他们聊了一整天。受聘者的业绩和素质给他留下很好的印象，于是他下令每年招聘 200 名下级军官。不到三年的时间通用电气公司招聘了 711 名下级军官，其中不少人已得到显著的提升。

韦尔奇对人的表现能力的关注在公司每年 4 月召开的董事会会议上得到最充分的体现。公司的最高领导层前往通用电气公司的 12 个业务部门现场评审公司的 3 000 名高级经理的工作进展，对最高层的 500 名主管则进行更严格的审查。会议评审通常在早上 8 点开始，晚上 10 点结束。业务部的首席执行官及高级人力资源部的经理参加评审。这种紧张的评审逼迫着这些部门的经营者识别出未来的领导者，制订出所有关键职位的继任计划，并决定哪些有潜质的经理送到通用电气公司的培训中心接受领导才能的培训。一份通用电气公司的人事档案绝不是随便收集的一些潦草的笔记。它包括通用电气公司主管的实际经营结果和工作目标的比较，以及为了报酬审查及年度继任与发展评估所做的鉴定。

这份报告最迷人的地方在于成就分析——一份由两名人力资源专家花费一周时间准备，长达 10—15 页的文件。内容包括详细而彻底地评定一个主管的优点和缺点，以及其他有关的资料，从财务绩效、心理状态到健康状况都包括在内。这些报告建议进一步的发展方向，譬如建议任职海外、到研究所进修，或是准时出席会议、尊重部属等基本事项。成就分析是在20世纪70年代为了评估主管们所设计的一种工具。到了韦尔奇手里,它已成为帮助主管们成长的一种工具,是通用电气用来发展主管所使用的密集反馈和教导过程的一部分。

在会议的进行阶段,韦尔奇会静下心来审读一本汇集了每一名雇员的考评档案,包括对他们的优缺点、发展需求、长短期目标及其上级的分析。同时,雇员的相片随附全部文档之后备查。接着韦尔奇会开诚布公地对那些即将提交的晋升、任务和计划提出挑战。由于韦尔奇每年平均会面或接触上千名雇员,因此他能对形形色色的经理做出睿智的评价。对选人韦尔奇有其深刻的见解,他说:"我们今天在通用寻找的是这样的领导者:不论在哪一个级别上,他们都能够激发活力、催人奋进,同时又有控制大局的能力,而不是那种使人懈怠、失望,只会控制人的管理者。"

韦尔奇一直都在寻找最好的员工,他说:"我想提醒你们我观念中的领导艺术是什么。它只是跟人有关。只是要得到最优秀的员工。没有最好的运动员,你就不会有最好的体操队、排球队或橄榄球队。对于企业队伍也是如此。"通用电气公司拥有世界一流的员工,所以它也是世界上最有竞争力的公司。

二、勤教严绳

韦尔奇在通用电气克罗顿维尔培训中心非常鼓励能增进总裁与高级人员互动的无拘无束的讨论方式。其目的在于灌输及培养自己最重视的价值观念:自信、坦率,以及面对现实的勇气,哪怕是身处艰困的逆境。例如,参加培训的基层管理人员和大学生曾经讨论过这样的议题:杰克·韦尔奇是通用电气公司有史以来最伟大的总裁。

通用电气的经营策略和目标简单明确,对达不到要求的部属,韦尔奇会毫不犹豫地予以惩罚。1981年他上任后就要求通用电气所有的事业部在自己的领域数一数二,否则将面临被撤掉或出售的命运。为此,通用电气总共撤走从煤矿到电熨斗等117个企业的资金。公司在1981年裁员了9%后,1983年和1984年又裁掉37 000人。韦尔奇是不会优柔寡断的,如在培训中心的一次提问会上,一位业绩不佳的部门经理问到其所在部门的前途时，韦尔奇说："你们部门已在出售之列，今天上午刚谈好这笔出售生意。"正如韦尔奇的一位合伙人所说的："韦尔奇会说是，不过他从不说也许。"

韦尔奇十分重视通用电气公司伦理道德的教育，从1985年起，公司要求主管必须对"不当领导及缺乏勤勉"而使部属从事不当行为负起责任。遵守伦理道德也成为工作职责和绩效评估的一部分。韦尔奇对通用电气的主管说："在有关清白和公司政策方面，信息非常明确。你们必须对自己组织的行为负责。擒贼擒首，公司对于任何人的任何违法行为，决不宽待。"若部门的业绩欠佳，韦尔奇还会给机会，但员工违反了职业原则，韦尔奇会立即将其开除。如以色列空军将领多藤与通用航空发动机企业的一名员工勾结，将超过3000万美元的美国政府基金转存入多藤的账户，多藤被以色列判刑，被起诉的通用电气公司员工则被开除。通用电气与联邦调查员充分合作，最后还签付了6900万美元的和解金。

三、刚柔并济

韦尔奇在管理上会给部属很大的自主空间，前提是要干得好。正如一位部门经理说的："如果你干得好，你会比大多数上市公司的经理有更大的自由。但是当一个部门表现欠佳时，控制权会被牢牢地收回。"

韦尔奇下面有20名左右的负责人，每一次加薪或减薪，每一份奖金，每一次优先认股权的授予总伴随着充满期望和坦诚的交谈。通用电气公司高级副总裁盖利说："韦尔奇总能刚柔并济，当他交给你奖金或优先认股权时，他同时也会让你知道他来年想要的东西。"

韦尔奇很高兴让员工从通用电气的发展中得到实惠，1998年通用电气确定了薪水增幅4%的目标，但是在无职位晋升的情况下，基本薪水一年中可增加25%，现金奖金在一年中的增幅可达基本薪水的70%到200%不等。他扩大认股权的范围，以前只有高级管理人员有资格得到，现在约有27000名雇员持有认股权。仅1998年第一季度就有3900名雇员获得认股权，其净收益达52亿美元，审阅奖金名单令韦尔奇高兴不已，他说："这意味着每人都得到了奖励，而不是我们几个人。他们有了孩子的学费,或能够买下第二栋房子。这才是真正的乐趣所在。"当然,韦尔奇依旧要求领导者给予手下的奖励应体现差别,不搞平均主义。

韦尔奇说:"我们应该创造一种气氛,任何人都可以在遇到问题时直接与能够解决问题的人对话。"他采取许多措施让工人参与生产管理,提高效率。使工人成为企业经营的直接参与者,使他们有高度的归属感和责任感。更快、更好地释放每个工人的能量、智慧和自信。

面对愈来愈激烈的竞争、变幻无常的经营环境,通用电气公司的成功给21世纪企业的生存与发展带来启迪。韦尔奇在通用最大的成功也许是把通用电气塑造成积极学习、善于学习的大家庭。

用使命感激发员工奋进

韦尔奇说:"使命感指引人们向何处前进,价值观则是引领人们到达目的地的行动准则。"

在他看来,价值观是一个被商界用滥了的词汇,也是一个被误解得最多的词汇。因此,他希望还原价值观的真实面目。

很多人认为价值观和使命感是一种虚无缥缈的东西,而韦尔奇将其视为实实在在的行动准则。当然,无论是谁,在谈论价值观时都无法回避对使命感的阐述。同样,韦尔奇认为使命感也是实实在在的,它指引着我们前进的方向。

"有效的使命感需要在可能的目标与不可能的目标之间寻求一种平衡,它既要给大家一个清晰的方向感,以赢得最终的商业利益为导向,也要充满雄心壮志,让参与其中的人们感觉到自己在从事一项伟大的事业。"同时,使命感决定着"我们应该如何去赢",它要求我们根据企业的经营状况做出取舍和选择,从而避免陷入常见的、盲目的陷阱之中。它要求我们异常清楚自身的优势和劣势,明白自己能够在哪种竞争环境下赢得胜利。

而"价值观是人们采取的行动,是具体的、本质的、可以明确描述的,它不能留给人们太多的想象空间。我们必须像执行军令一样奉行它,因为它是实现企业使命的办法、争取最终盈利的手段”。

使命感和价值观分别决定了我们的方向，以及走向这一方向应该采取的行动和准则。在实际运作中，企业的使命感和价值观必须融为一体、互相促进，唯有如此，才能够奠定成功的基础。很多企业就是因为价值观与使命感的冲突而遭遇了令人惋惜的失败。

（1）对使命感和价值观的描述必须清晰、具体和准确。

（2）使命感必须具备激发人心的力量。

（3）使命感和价值观必须真实、客观地呈现给员工。

（4）价值观的形成是一个反复实践的过程。

（5）价值观必须得到实实在在的贯彻和实施。

（6）使命感和价值观必须相互融合、相互促进。

（7）开除那些违背企业价值观的员工。

使命感界定的是企业发展的方向，因此，在确立价值观之前，我们首先应该明确企业的使命感是什么。那么，我们应该如何确定并传达企业的使命感呢？

首先，我们应该关注一个要点：使命感既要有激发人心的力量，使员工感觉到自己在从事一项伟大的事业，同时还要具备一定的可实现性。一个过于遥远或是与人们的工作和生活毫不相关的使命往往只会沦为无人问津的口号。例如，默克公司的“医病救人”就是一个非常出色的使命，所有的默克人都能够感觉到自己在从事一项伟大的事业，同时，“医病救人”又是默克人每天实实在在的工作。

其次，使命感必须拥有非常清晰、具体的定义，同时还应该表述准确、简洁易懂，不会引起员工的误解。例如，韦尔奇为通用电气公司确定的使命是“成为世界上最富有竞争力的企业”，几乎所有员工都能够理解这一使命。

再次，使命感必须能够融入员工的具体工作之中。使命感只有被全体员工接受和认可才能够产生作用，韦尔奇深刻地认识到了这一点。因此，他通过各种方式将“成为世界上最富有竞争力的企业”这一使命传达给通用电气公司的全体员工；他在每一个公开场合都会反复强调这一使命，并且通过“数一数二”战略来强化员工对使命感的认识，还将每项业务中的重要决策都与使命感相挂钩。

最后,确定使命感是企业高层管理人员的职责。韦尔奇认为,“你可以从任何地方得到相关的信息,也可以倾听各方精明人士的建议,但是确定使命始终是企业高层管理人员的职责,你不应该也不能够将其授权给其他任何人”。

企业有了使命感,明确了发展方向和目标,接下来,我们应该做的是为企业制定实现目标的行为准则和价值观。制定企业的价值观与使命感截然不同。

第一个不同之处在于:在价值观的制定上,公司内的每一个员工都应当有机会发表自己的看法和意见,因为价值观将指导着他们的做事准则和行为。而且,让员工参与价值观的制定还将产生一个令人兴奋的结果,即制定价值观的过程就是价值观获得认同的过程。

第二个不同之处在于:价值观的形成是一个反复实践的过程,而且随着市场和外界环境的变化,价值观也将随之有所调整。当然,一些根本性的价值理念是不能更改的,如诚信、共赢等。企业价值观的形成绝不可能一蹴而就,它需要企业领导层根据全体员工的建议,并结合企业内外的实际情况进行反复修正。

当然,价值观与使命感也有很多相似之处,它同样也需要被全体员工理解并认可。领导者应该运用各种方法在企业内部对最终确立的价值观进行传达,直到所有员工都能够理解并接受它。

同时,领导者应该维护企业的价值观,坚决让那些违背价值观的员工走人。在这一点上,韦尔奇毫不手软。很多人在处理这类问题时,往往会表现得犹豫不决,尤其是面对那些违背公司价值观却业绩突出的员工。韦尔奇尽管很喜欢能力出色的员工,但是如果他违背了公司的价值观,韦尔奇还是会毫不犹豫地请他走人。

为了维护公司的价值观,韦尔奇将经理人分为四类,分类的依据正是他们对待价值观的不同态度。

第一种经理人能够实现预期的目标,并且能够认同和奉行公司的价值观。这类人最受韦尔奇的欢迎,他们在通用电气公司的前途自然一帆风顺。

第二种经理人没有能力实现预期的目标，同时他们也不认同公司的价值观。对于这类人，结果可想而知。

第三种经理人是那些未能实现预期目标，但是能够认同并且严格奉行公司价值观的人。对于这类人，韦尔奇通常会为他们提供一些机会，而且相信他们最终能够获得成功。

第四种经理人正是我们前面提到的能够实现公司目标，取得出色的经营业绩，但是却不认同公司价值观的人。最初，韦尔奇对这类人也采取了容忍态度，可后来他发现容忍只会产生更糟糕的结果，最终他决定毫不犹豫地开除这些人。

1992 年，韦尔奇开除了四名经理人。在“博卡”会议上，他告诉大家开除这四名经理人的原因很简单，因为他们没有奉行通用电气公司的价值观。

最后，需要强调的一点是：领导者必须亲自参与到制定价值观的讨论之中。尽管每位员工都可以对价值观发表各自的看法，但是价值观是整个公司共同遵循的行为准则，作为领导者，必须从头至尾参与其中并最终审核。

遵循以上这些规则，经过反复实践和锤炼，在韦尔奇的领导下，通用电气公司花了大约三年的时间，最终制定了一套系统的价值观。韦尔奇非常重视这些价值观，他让人把它们印刷在塑封卡片上，以便员工随身携带。下面是通用电气公司的部分价值观：

（1）满怀激情地致力于促成顾客成功。

（2）看重六个西格玛品质，确保顾客是它的第一受益者，并用它加速公司发展。

（3）坚持做到卓越，绝不容忍官僚主义。

（4）按照无边界的方式行事，时时探索和应用最好的理念，无论它来自何处。

（5）珍视全球内的智力资本及其提供者，尽可能建立多元化团队。

（6）明了变化所带来的发展机遇，如数字化。

（7）建立一个清晰、简洁、以顾客为中心的愿景规划，并在实施过程中不断更新和完善。

但是，后来（大约是2004年）韦尔奇看到了美国第一银行的价值观，他不禁为之感叹，同时认识到关于价值观的讨论还可以走得更远。第一银行的价值观不仅全面，而且详细、明确。例如，其中有一条是“将心比心，竭诚为顾客服务”，在其他公司看来，这样已经足够生动和明确了，但是第一银行并不这样认为，他们围绕着这一准则进行了进一步的细化，明确了具体的行动纲领，从而使这一价值观变得栩栩如生：

（1）绝不能让利润中心产生的冲突妨碍对顾客的优质服务。

（2）对待顾客要友善、平等，建立伟大的顾客关系需要时间，不要以破坏与顾客之间的持久关系为代价而追求短期利益的最大化。

（3）不断寻求各种办法，让顾客感觉到与我们之间的交易简单易行。

（4）每天都要与顾客进行交流，使顾客一旦同我们建立了联系，就不再需要去寻找我们的竞争对手了。

（5）不要忘记说“谢谢你！”

这种细致入微的描述震撼了韦尔奇，同时，他也看到了这一描述方式中所蕴涵的能量。于是，他在确立价值观时需要注意的事项中又加了一条：对每一项价值观进行细致入微的描述，使它成为所有员工都可以理解并能够遵从的行动指南。

确立价值观和使命感的目的是促进企业的发展和成功。因此，对它们进行清晰的表述很重要，但是如果不能够在实践中坚决贯彻，那它们也只是一些纸面文章而已，不会产生太大的价值。在价值观的实践过程中，我们必须注意以下两点：

第一，奖励那些品行较好、业绩突出、严格奉行企业价值观的员工。同时，坚决处治那些违背价值观的员工。韦尔奇认为这是企业成功的关键点之一。

第二，价值观必须与使命感融为一体，并支持公司的使命。价值观与使命感产生冲突的现象在很多企业里都有发生，这一状况听起来似乎并不要紧，但是如果领导者对此撒手不管，它将严重损害企业的利益，甚至能够毁灭我们的事业。

管得越少，成效越好

“管得越少，成效越好”，这是韦尔奇的一句名言。这是一种境界，是一种依托企业谋略、企业文化而建立的至高无上的经营平台。

韦尔奇认为，事必躬亲，只会累坏自己。习惯于相信自己，放心不下他人，经常粗鲁地干预别人的工作过程，这是许多管理者的通病。问题是，这会形成一个怪圈：上司喜欢从头管到尾，越管越变得事必躬亲，独断专行，疑神疑鬼；同时，部下就越来越束手束脚，养成依赖、封闭的习惯，把主动性和创造性丢得一干二净。

美国著名的杜邦公司的第三代继承人尤金·杜邦，是个经典的喜欢事必亲躬、大包大揽的人。尤金·杜邦在掌管杜邦公司之后，坚持实行一种“恺撒式”的经营管理模式，“一根针穿到底”，绝对控制管理权力。公司的所有主要决策和许多细微决策都要由他独自制定，所有支票都得由他亲自开具，所有契约也都得由他签订。他亲自拆信复函，一个人决定利润分配，亲自周游全国，监督好几百家经销商，在每次会议上，总是他发问，别人回答。尤金的绝对式管理，使杜邦公司的组织结构完全失去弹性，很难适应市场变化，在强大的竞争面前，公司连遭致命的打击，濒临倒闭边缘。

与此同时，尤金本人也陷入了公司错综复杂的矛盾之中。1920 年，尤金终因体力透支而去世。其合伙者也均心力交瘁，两位董事长和秘书兼财务部长也相继累死。

显然，最终将管理者击垮的不是那些看似灭顶之灾的挑战，反而是一些微不足道的小事。追其根由，就在于企业管理者不善于授权。这也足以说明，合理授权对于管理者实现企业目标至关重要。

事必躬亲，最后定会积劳成疾，诸葛亮就是这样一个典型的例子。作为一个管理者，不能事必躬亲，要懂得授权。面对很多有才华的下属，为什么不授予他们权力，把事情交给他们来办理呢？这样，既有利于增强下属的责任感，又能充分发挥他们的积极性和创造性。一个企业领导如果不愿意授权或者不善于授权，那么他所领导的企业一定是一个缺乏活力的企业。

也不可能事事亲力亲为。韦尔奇说："领导的关键在于发展和培养伟大的领导者。假如你不给人们机会去试一试，你永远也不会知道他们能走多远。"

进行合理有效的授权。韦尔奇所倡导的"管得越少，成效越好"，实际上就是一种合理有效的授权。很多人担心授权会导致混乱，但韦尔奇却不这样认为。他认为，合理有效的授权只会使一切变得更加有序和顺畅。

要让身边的人成长

2004年6月，韦尔奇来到北京，与800多名中国企业界人士一起分享自己的成功之道。他在演讲时说："CEO的首要任务是一手抓种子，一手拿化肥和水，让种子成长。让你的公司发展，让你身边的人不断发展和创新，而不是控制他们。其实很简单的，就是找到最好的团队、最好的人才来调动他们的积极性，培养他们、发展他们，而且说到做到。"

韦尔奇还告诉中国企业家："我不是卖药来的，我说的是对我有用的管理理念。就像我面前的这杯水一样。如果你不喜欢就不要喝。"很显然，他的成功之道在于团队，在于用人与放权，而不是投其所好。

韦尔奇这些平淡无奇的话语背后有什么深意吗？团队、人才这些四处泛滥了的词汇又有什么不同呢？韦尔奇说，他有一半的时间花在员工而非财务数据上。"我说的这些，不可能为我获得诺贝尔奖，我说的是一些基本常识，你父母都可以告诉你。但重要的是你要去做。如果你从来不走到员工当中，征求他们的意见，祝贺他们的成功，仅在公司年报里说感谢员工是远远不够的。"

在韦尔奇看来，团队不是泛指任何一个在一起工作的集团，团队代表了一系列鼓励倾听、积极回应他人观点、对他人提供支持并尊重他人兴趣和成就的价值观念。即使在他成为通用电气首席执行官后，在每周一次的例会上，他仍会花半个小时与大家谈论上周末的高尔夫球赛。他说："我的目的就是要在公司里面创造一种一流的家庭般的闲适氛围"，因为这是创造卓越的前提。

在离开通用电气三年后，韦尔奇显然没有也不可能改变自己的观点。这不奇怪，如果你能像他那样，在 20 年的时间里，使通用电气的市值增长 30 多倍，达到 4 500 亿美元的话，你也不会轻易改变自己。

然而中国的管理者们显然在领导风格以及文化传统上与这些平淡无奇的理论存在着隔膜。在北京与韦尔奇对话的华润集团前总经理宁高宁的话很有代表性：中国有一种崇尚皇帝的文化，需要有人来做决定，需要有人发号施令。如果他们的上司不清楚地告诉他们怎么做，他们会觉得很不舒服。

但韦尔奇并不认为这是一个可以忽视员工积极性的借口。他说这种现象每种文化都有。20 年前在美国，老板就是皇帝，现在美国越来越开放，员工参与的程度也越来越高。"这是个斗争的过程。"

"新一代的企业家出现了，一些人崛起了，"中国的企业家们正在让杰克·韦尔奇刮目相看。他说，他第一次来华参加财富论坛时，还有许多人在作秀，现在他们更脚踏实地了。但他认为用四个 E 的标准（精力、激励力、决断力和实施力）来衡量，中国的企业家在第二个方面即激励调动员工的积极性上不是很出色。"很多管理者更懂得服从上司，但是没有调动别人的积极性。"

韦尔奇认为，让每一位员工全身心投入到工作中来是 CEO 工作中的一大块内容。把每个人最好的想法拿来，放在其他人中间交流，这就是秘诀。没有什么比这一点更重要的了。

我把自己比作海绵，吸收并改进每一个好点子。首先，要做到善于接受每个人、每个部门提供的最好的想法。其次，在整个机构中交流传播这些想法。"群策群力"推动了无边界行为，使这些想法和建议不断得到改进和发展，然后被付诸实践。我们用这个价值观严格地评估每一个人，以此强调它的重要性。把所有的会议联系起来（"运营系统"）——从人力资源到战略——使这些新的想法更加完善。克罗顿维尔的日子帮助我们相互学习，并找出了每个人的闪光点。寻找更好的出路，及早地把新知识拿出来与大家分享，在今天已成为通用电气的第二天性。

我们总是告诉我们的企业领导：“你拥有这个企业，但你只是在雇用人员。”我和比尔·康纳蒂都感到，我们担负着这750名最高层经理的人事责任。我们负责他们的成长、收获和进步，我们运行着一个人力资源工厂，造就优秀的领导者。

我们企业的CEO们明白，如果他们发掘出更大的潜力，是能得到回报的。我们的无边界文化改变了规则，将贮藏最优秀的人力资源变成了资源共享。

当然，在给某个领导者打电话说“很抱歉，您失掉了某某”时，有时我也会听到一声叹息。

放弃最优秀的人才当然不是正常的行为。过不了几分钟时间，我们就要谈到从候选人名单中选出谁来填补空缺。有着我们这样的候选人，后来的人比原先走掉的人干得更出色。

让合适的人做合适的事，远比开发一项新战略更重要。这一宗旨适用于任何企业。我在办公室里坐了多年，看到不少似乎很有希望却从来没有任何结果的策略。我们曾经有过一个关于超音速的很好的计划，但是，直到我们找到了一位这方面的专家，才使这个计划得以实施。在飞机引擎、动力能源和交通运输方面，我们有着多年的服务策略，但是，在我们找到一位有勇气打破陈规的人来领导这项事务之前，服务一直是“二等公民”。

我们费了很多周折，才知道我们获得了世界上最好的策略，但是如果没有合适的人选去发展、实现它，这些策略恐怕也只能“光开花，不结果”。

2001年在韦尔奇从他掌管了20年的通用电气首席执行官的位置上退下来的时候，他选择了伊梅尔特做自己的继任者。

韦尔奇说：“我退休的原因不是因为我年纪大了，身体不好，头发掉光了，我退休是因为新鲜的血液和思想。如果你待在这个职位上，不会有新的思想和新的血液出现，如果一个CEO或者一个创始人一直待在一个位置上，对企业是最糟糕的情况。该结束的时候就结束。让新的人上来做事，放手让他们做。”

做个领导者而非管理者

领导，就是影响他人的一种过程，是个体引导群体活动达到共同目的的一种行为。它在企业中处于核心位置，是生产力的中心环节。领导者是否卓越，将直接决定企业的成败。在现实生活中，企业的决策者却往往将“管理”与“领导”混为一体，从而忽略了领导过程应该产生的巨大能量。

韦尔奇说：“我不喜欢管理所具有的特征：控制、压抑人们，使他们处于黑暗中，将他们的时间浪费在琐事和汇报上。管理者紧盯住他们，无法使他们产生自信。”

韦尔奇所说的领导者，完全是领导，而不是管理。在他看来，“管理”这个词让人想起的全是传统意义上的意思，如“控制人，窒息人，使人处于黑暗中”。

韦尔奇特别强调“管理者”与“领导者”之间的区别。他说：“领导人，像罗斯福、丘吉尔和里根等人，他们有办法激励一些有才干的人，使他们把事情做得更好；而管理者呢，总是在复杂事务的细节上打转，这些人往往把‘进行管理’与‘把事业弄得复杂’视为同义。他们往往试图去控制和压抑，把大量的时间和精力浪费在琐碎的细节上。”

韦尔奇刚上任的时候，通用电气公司具有正式“经理”头衔的人就多达25 000多人，与美国其他大公司里的“管理者”一样，他们精通“数字”，可以绘制出各种各样精美的图形、表格，等等，对产品、服务或顾客却知之甚少，甚至漠不关心。他们扩大了本身的职权，对所属的各企业却一无所知，对员工的激励和恐惧也全无了解。在这种辖区内负责企业营运的管理人员知道，本身的业绩要按照财务标准来衡量，而非按照是否提高了技术水准、制造出质量最优异的产品，或是顾客的满意度。

韦尔奇很早就欣赏彼得·德鲁克的管理理念及其在管理方面的论述和实践，他与彼得·德鲁克的理论十分契合。在韦尔奇看来，彼得·德鲁克是世界上少有的“天才管理思想大师”，德鲁克也认为：韦尔奇就是他看好的那种“未来的经营者”的典型。

德鲁克写道：“我们要迈入第三个阶段了，将用这种指挥及控制的手段，来区分事业部门的组织，转变为以信息为基础的组织，这是一种知识型专家所构成的组织。”“这种组织的特征是让信息能在组织内以最快、最有效率的方式流通，以达到决策阶段。”

德鲁克指出，第三阶段的产业组织类似于一个交响乐团，各种乐器的专家集合在一起，一位指挥统筹引导。这是我们未来对管理组织的挑战。

事实上，那个时候的韦尔奇已经把通用电气公司组织向上述的“第三阶段”调整了。他拆除部分通用电气指挥及控制系统，废除一些“部”及“处”的组织，这被称为减少管理层级行动。这就与德鲁克所说的“以信息为基础的组织”不谋而合。韦尔奇希望组织里的经理人都是充满自信、有专业能力、有决策能力的人，也就是德鲁克所说的“知识专家”。

就在许多商业领导人针对领导艺术这一话题夸夸其谈的时候，韦尔奇已经在亲身实践了。他为通用电气创造了一个愿景：成为世界上最具竞争力的企业。他拥有巨大的能量，点燃激情，取得成功。同时，他积极寻找拥有这些素质的领导者。

韦尔奇说：“这就是领导艺术的精髓。吸纳每一个人，欢迎来自四面八方的伟大构想，因为商业的精髓完全在于从每个人那里得到伟大的构想，所以注意不要放过每一个人。很有可能你的团队中最沉默的那个人就有着最好的构想。”

把重心由管理转移到领导，这种方法常常会引起人们的疑虑，认为这样会导致失控，让企业陷入困境。对此，韦尔奇充满自信，他说：“人们常常问我：‘难道你不怕失控吗？你将无法衡量事情的好坏！’我想，对于这样的环境，我们不可能失去控制。100多年来，通用电气已经具有许多衡量事物的准则，这些准则早已融入了我们每个人的血液。你说我们会失控吗？”

在“以人为本”的知识经济时代，领导者表现出来的热情、激情以及灵感，对员工更具激励和鼓舞作用。而“领导者”绝对与“管理者”不同，只有做好领导者，才能引导员工朝着自己的愿景努力。

杰克·韦尔奇经典语录

- 管理就是把复杂的问题简单化，把混乱的事情规范化。
- 为了生存，为了活下去，有时候不得不让自己流血、自残，牺牲局部，保存本体。动物界如此，企业界也如此。
- 归根结底，决定成败的是人，而不是策略。
- 一个强大的企业必须有持续增长的收益和利润，收益的增加来自于源源不断的新主意和产品创新，利润的增长则来自于劳动生产率的不断提高。
- 成功属于精简敏捷的组织。自信可以使复杂的问题简单化，而简单的程序可以保证快速的应变。
- 我们能做的就是把赌注押在我们所选择的人身上。因此，我们的全部工作就是选择合适的人才。
- 一个首席执行官的任务，就是一只手抓一把种子，另一只手拿一杯水和一些化肥，让这些种子生根发芽，茁壮成长——让你周围的人不断地成长、发展，不断地创新，而不是控制你身边的人。
- 我们能够肯定的是，我们为客户所做的任何一件事，只要能让他们获得成功，那么财务上的利润自然就会反馈到我们身上。
- 始终使用最顶尖的业务人才，不惜代价挖到手。让优秀的人才在公司的主战场和第一线感受他们自己的价值。
- 与员工沟通，消除管理中的警察角色，不要一味企图抓住下属的小辫子。
- 公司的业务战略结合体中间每个部门都数一数二，那么在竞争中的定价权就会很大，公司结合体的风险就可以分散。
- 让合适的人做合适的事，远比开发一项新战略更重要。这一宗旨适用于任何企业。
- 我们费了很多周折，才知道我们获得了世界上最好的策略，但是如果没有合适的人选去发展、实现它，这些策略恐怕也只能光开花，不结果。

• 官僚作风往往令人窒息,非正式的管理方式则能让人呼吸顺畅。创造一种非正式的气氛更有利于竞争,而过于官僚化是最大的障碍。

• 经商不能没有乐趣。对于太多人来说,它只是"一项工作"。

• 一个真正想做到智能最大化的企业就不能让多种文化并存。在20世纪90年代末期国际互联网狂潮中,通用电气金融服务集团股票组中的一些人突然觉得他们是天才了。他们在投资通用电气公司的过程中,认为自己应该在公司里起一定作用。

• 在过去的20年里,我们确实获得了四项创意——全球化、服务、六个西格玛和电子商务。创意是永存的。它们使公司发生了巨大的变化。它们相互促进。通用电气运营系统中的一切都强调着这四个创意。此外,还需要短期的策略步骤来为一个职能或公司重新注入活力和能量。

• 不要去办一个食堂,应该让一个食品公司去做;也不要开一个打印车间,而应该让一家打印公司去做。应该明白自己真正的附加值在什么地方,这样才可能将最优秀的员工和最丰富的资源集中在那里。定义中的后院永远都不应该是最吸引自己的地方,而应将它转变为别人的前厅,因为这对他们来说正是最有吸引力的地方。

第二章

比尔·盖茨：给人才一个舞台

人物小传

比尔·盖茨,1955 年 10 月 28 日出生于美国华盛顿州西雅图,1973 年考入哈佛大学,1975 年与保罗·艾伦一起创建了微软公司,曾任微软 CEO 和首席软件设计师,并持有公司超过 8% 的普通股,也是公司最大的个人股东。在 1995 年到 2009 年的"福布斯全球富豪榜"中,他连续 17 年蝉联美国首富,14 年蝉联世界首富。2004 年被英国女王册封为"爵士"。2008 年 6 月 27 日退休,并把 500 多亿美元个人财产尽数捐给盖茨基金会,成为全球最伟大的慈善家。

比尔·盖茨 20 岁开始领导微软,31 岁成为美国有史以来最为年轻的亿万富翁,37 岁成为美国首富并获得国家科技奖章,39 岁身价超过股神巴菲特,14 次蝉联"世界首富"。盖茨的成功,验证了一条经济学的基本规律:如果市场起飞,那些恰好在起飞点进入市场的人,将会获得超过一般数学期望值的投资回报。正如历史上叱咤一时的石油大亨、汽车大王一样,盖茨把握了一个与新兴产业一起成长的市场机会,一飞冲天。

做自己最喜欢做的事

1955 年 10 月 28 日,比尔·盖茨出生在美国西北部华盛顿州西雅图一个温馨的中产阶级家庭里,他在家里排行老二,有一个姐姐和一个妹妹。

比尔·盖茨的父亲是一个非常勤奋而又有远大抱负的人。他青年时期曾在美国军队服过兵役,退伍后进入华盛顿大学攻读法律专业。大学毕业后就进入了法律界,从事律师行业。比尔·盖茨的父亲在律师界很有威望,他不仅担任过华盛顿州律师协会主席,甚至还出任过全美律师联合委员会主席,是盖茨创业早期处理法律纠纷的重要帮手。

比尔·盖茨的母亲玛丽是一位贤惠聪颖的女子。她是在华盛顿大学读书期间与比尔·盖茨的父亲相识的,大学毕业后不久两人就结婚了。玛丽曾经在学校当过教师。在盖茨出生后,玛丽就辞去了学校的工作,专心照顾家庭。后来在盖茨与IBM历史性的合作中起过关键作用。

盖茨从小聪明过人,极爱思考,一迷上某个事情便能全身心投入。从外祖母循循善诱的启蒙教育到父母不辞辛苦地为盖茨寻找适合他天分发展的社团与学校,无不为他天赋的发展提供了肥沃的土壤和环境。

外祖母特别喜欢和聪明的盖茨一起做游戏,尤其是一些涉及智力的游戏。她教小盖茨下跳棋、玩筹码、打桥牌。玩游戏时,外祖母总爱对小盖茨说:"使劲想! 使劲想!"她也常常为盖茨下一步好棋、打一张好牌而拍手叫好。外祖母还常常让盖茨读书,给他讲故事,使其从中受益匪浅。在外祖母的帮助与指导下,盖茨成了兴趣广泛、废寝忘食的读者。读书成了他打发时光的最好方式。盖茨十分喜欢他家附近一个图书馆举行的夏季阅读比赛,他参加过四次比赛,每次都得男孩组第一名,还夺得过一次总冠军。外祖母意识到盖茨在思维与记忆上的潜力,总是不失时机地予以激活。

随着盖茨年龄的增长,家庭中的环境已无法满足他天赋的进一步发挥。于是,父母便把目光投向社会,积极为盖茨寻找属于他自己的空间。在一次活动中,盖茨要给班上准备一份报告,叫《为盖茨股份有限公司投资》。这篇报告几乎成了全家人的事,他的外祖母帮着弄封皮,连父亲也插手帮忙,气氛很活跃。

小学毕业后,盖茨就到湖滨中学读书了,他在学校痴迷上了计算机,成为全校有名的"电脑迷"。

保罗·艾伦是他最好的同学,两人经常在湖滨中学的电脑上玩三连棋的游戏。那时候的电脑就是一台PDP8型的小型机,学生们可以在一些相连的终端上,通过纸带打字机玩游戏,也能编一些小软件,诸如排座位之类的,盖茨玩起来得心应手。

1972年夏天,比他大三岁的保罗拿来一本《大众电子学》的杂志指着一篇文章对盖茨说,有一家新成立的叫英特尔的公司推出了一种叫8008的微处理器芯片。两人很快就把这种芯片弄到手,摆弄出一台机器,可以分析城市内交通监视器上的信息,于是又决定成立一家名为"交通数据公司”。不过，两位少年的合作很快结束了，1973 年盖茨上了哈佛大学，保罗则在波士顿一家叫“甜井”的电脑公司找到一份编程的工作。

两位伙伴经常会面，探讨电脑的事情。1974 年春天，当《大众电子学》杂志宣布英特尔推出比 8008 芯片快 10 倍的 8080 芯片时，盖茨和保罗已认定那些像 PDP8 型的小型机的末日快到了。他们在新芯片背后已看到了对每个人来说堪称是完美电脑的辉煌前景：个人化、适应性强而且最重要的是不超出个人购买力。一句话，英特尔的 8080 芯片将改变整个工业结构。

还在哈佛上学的盖茨看到了商机，他打电话给 8080 芯片研制者埃德·罗伯茨，表示要给 Altair 研制 Basic 语言，罗伯茨将信将疑。结果，盖茨和艾伦在哈佛阿肯计算机中心没日没夜地干了 8 周，为 8008 芯片配上了 Basic 语言，此前从未有人为微机编过 Basic 程序，盖茨和艾伦开辟了个人电脑软件业的新路，奠定了软件标准化生产的基础。

1975 年 2 月，艾伦亲赴 MITS 演示，十分成功。这年春天，艾伦进入 MITS，担任软件部经理。念完二年级课程，盖茨也飞往 MITS，加入艾伦从事的工作。那时他们已有创业的念头，但要等到 Basic 被广大用户接受，此前他们是不会离开罗伯茨的，因为他们有待羽翼丰满。

微软诞生于 1975 年，但当时微软与 MITS 之间的关系十分模糊，确切地说微软“寄生”于 MITS 之上。1975 年 7 月，他们与罗伯茨签署了协议，期限为 10 年，允许 MITS 在全世界范围内使用和转让 Basic 及源代码，包括第三方。根据协议，盖茨他们最多可获利 18 万美元。罗伯茨在全国展开了声势浩大的宣传，生意蒸蒸日上。借助 Altair 的风行，Basic 语言也推广开来，同时微软又赢得了通用电气和 NCE 这两个大客户。盖茨和他的公司声名大震，腰杆子一下硬了许多。

盖茨和艾伦开始将更多的精力放在自己的公司上，但他们仍在 MITS 兼职。1976 年年底，MITS 内部出现波动。1977 年，罗伯茨将 MITS 卖给 Perterc 公司。Perterc 要把软件作为交易的一部分，但遭到盖茨的拒绝，最后诉诸仲裁。在盖茨父亲及其律师朋友的帮助下，盖茨侥幸获胜。若干年后，罗伯茨仍愤愤不平，觉得自己被人出卖了。因为 MITS 已经付足了 18 万美元，应该取得这批软件的所有权。“真是倒霉，这个裁决完全是错误的。"盖茨也承认这个裁决对罗伯茨是不公平的。

1977年元旦这天，艾伦离开了MITS，盖茨也正式退学，彻底解决了与MITS的关系后，两人齐心协力，准备大干一场。

早期的微机用户都是一些身穿牛仔裤、听摇滚乐、不满现实、怀着将"计算机还给人民"的信念、图谋改变世界的年轻人。他们依靠俱乐部和展销会，彼此交流，互购产品。他们拒绝赤裸裸的商业，他们不像盖茨那样雄心勃勃，追逐财富和成就，而是出于某种信仰，以及一种痴迷的爱好。当时最著名的家酿俱乐部，就主张开放制度，向所有的人免费传播软件编码和内部运行情况。正是这种开放的理想，促成了早期的个人电脑业，因为他们是早期最主要的消费者、发明者、革新者和制造者。

盖茨一方面赞同这种理想，因为可以帮助他的软件形成广泛的标准，但另一方面，他又不愿让自己的软件成为免费午餐，他要开启一个"钱眼"。

盖茨的精明，可以确保微软成为一家成功的公司，但是要成为未来软件业，乃至整个计算机业的霸主，微软却不得不依赖"神助"。

最早做计算机软件编程的不是盖茨，而是他的朋友和竞争对手加里·基尔代尔。这位海军研究院的教授，在个人电脑研制上起过重大作用。作为美国最伟大的程序设计员和设计家之一，他搞程序主要是出于对缜密思维的兴趣，而不是为了赚钱。他为英特尔8008芯片写出了PL/I这样大型的、复杂的计算机语言，他也是解释型Basic程序的发明者，他所开发的CP/M操作系统更是差点断了盖茨飞黄腾达的美梦。

如果20世纪70年代初王安能觉悟到个人电脑的力量，就不会有微软。而如果没有加里·基尔代尔这个堪称"个人电脑之父"的先驱，也不会有今天的微软。

在与MITS合作期间，盖茨和艾伦用Basic开发出一个简单的DOS系统，不仅使用不方便，而且居然和别的微机不兼容。

MITS的竞争对手IMSAI公司则找到加里·基尔代尔，以25 000美元买下CP/M的使用权，马上把盖茨的"杰作"给取代了。CP/M成了20世纪70年代末、80年代初最具影响的个人电脑操作系统，可在当时流行的上百种个人电脑上运行。

基尔代尔最大的遗憾就是错过了与 IBM 合作的天赐良机，而将这一机会拱手让给了盖茨。1980 年，IBM 准备进军个人电脑市场，想购买 CP/M 操作系统。盖茨表现出十足的骑士风度，愿为 IBM 安排与基尔代尔的会晤。因为此时，盖茨手中除了 Basic 还一无所有。

1981 年 8 月 12 日，IBM 个人电脑问世。负责这个项目的唐·埃斯特利奇成了个人电脑业的“教父”，他也是 IBM 中唯一让盖茨心悦诚服的人。这位“教父”在 1984 年就给 IBM 带来 40 亿美元的收入，光这一块就可成为美国第七十四大公司，也是仅次于 IBM 和 DEC 的第三大电脑公司。埃斯特利奇对个人电脑的眼光可以与盖茨媲美。只是 IBM 官僚病复发，换上了洛伊来取代他。洛伊对个人电脑几乎一窍不通，这位自以为很高明的人为微软留下了一个史无前例的空子。

1985 年 6 月，微软和 IBM 达成协议，联合开发 OS/2 操作系统。根据协议，IBM 在自己的电脑上可随意安装，几乎分文不取，而允许微软向其他电脑厂商收取 OS/2 的使用费。当时 IBM 在个人电脑市场拥有绝对优势。兼容机份额极低，洛伊几乎不假思索地同意了。而到了 1989 年，兼容机市场已达到 80% 的份额。微软在 OS/2 操作系统的许可费上，短短几年就盈利 20 亿美元。

当然，双方在 OS/2 上的合作未能持续下去。微软从 1981 年就开始开发后来被称为“Windows”的操作系统。

当然，微软的光芒也吸引了美国联邦贸易委员会的注意。1990 年，美国联邦贸易委员会开始调查微软的市场行为，主要是针对其 OS/2 操作系统与应用软件一起捆绑销售的方式，这种搭售方法正是《反垄断法》“专政”的对象之一。不过作为信息时代的美国传奇，微软习惯了法律对它网开一面的“照顾”。

1993 年，美国司法部接管调查工作，才使微软有点紧张起来。1994 年，司法部对微软的市场行为做出限制性裁决。尤其是当微软准备购并财务软件市场的领头羊——Intuit 公司时，司法部挺身而出，指控这起兼并为非法，微软不得不放弃了这个烫手的山芋。

如今微软已成为全球软件行业的霸主，除了主宰个人电脑操作系统和办公软件外，还涉足个人财务软件、教育及游戏软件、网络操作系统、商用电子邮件、数据库及工具软件、内部网服务器软件、手持设备软件、网络浏览器、网络电视、上网服务、搜索以及近20个不同的万维网站。拉尔夫·纳德说:“与约翰·洛克菲勒不同,盖茨清楚地认识到,他的垄断行为没有界限。”除了《反垄断法》,他已天下无敌。

信息是制胜的法宝

盖茨说:“谁最先掌握了信息,就意味着谁最先获取了胜利的法宝。”人们都知道当今是信息时代,谁掌握了最新的信息,谁就获取了取胜的筹码。所以,谁能把住信息的脉搏,谁就是赢家。

1987年,由于电脑市场的激烈竞争,个人电脑得到了飞速发展,微软的“Windows”1.0已明显滞后于市场。

由于OS/2推出的前景不妙,加上“Windows”1.0版本在市场上正走下坡路,有不少人认为“Windows”已经死定了。精明的盖茨却在这样对自己十分不利的信息中,发现了对自己十分有利的商机。

他在微软正带领他的伙伴们进行“Windows”新版本设计工作。这个时候,人们普遍认为“Windows”将成为OS/2的附属品,整个行业都明白IBM并非真正支持“Windows”,PM才是他们的战略王牌。微软希望软件开发商为“Windows”开发应用软件。因为没有应用软件,再好的系统软件也是空谈。但这些软件开发商都对“Windows”缺乏信心,他们对IBM的下一步行动持观望态度。

在这一关键的时刻,微软的高层之间出现了分歧。鲍尔默建议微软的Excel为IBM的PM而做改动,但总裁谢利反对这种投敌行为,他当然明白一旦PM取得主导地位,若Excel不迎合它,将会被竞争对手击个粉碎。谢利坚持这一原则是因为:“Windows”第一,PM第二。这正符合比尔·盖茨的思路。1987年10月6日,“Windows”2.0版正式推出。看来微软内部坚持与IBM分庭抗争的力量还是占了上风。尽管如此,微软与IBM软件大战的最终裁决权并不在他们自己手上,而取决于市场。一般来说,好的软件更易受到欢迎,但并不绝对。这涉及市场结构、消费者心态乃至营销体制等种种原因。

OS/2 单纯从技术指标而言，绝不逊于“Windows”3.0，但其后来所占有的市场份额却远逊于“Windows”3.0，这就是非产品质量因素造成的结果。

明察秋毫的盖茨早已洞悉个中奥妙，也可以说，是他一手导演了这场“战争”。就电脑产品而言，IBM 公司的主要业务范围是硬件，而不是软件。在硬件市场上，IBM 除了有苹果公司这个强仇大敌外，还有康柏公司，他们都是微软公司用来对付 IBM 公司的潜在盟军。

到 1987 年，康柏的个人电脑市场所占份额由 16.5% 升至 22.3%，而 IBM 则由 44.3% 下降至 39.2%，两者已从昔日小矮人和巨人的差别变成旗鼓相当的对手了。

此时的康柏早已不满 IBM 动辄发号施令的霸道作风，早就想发表一下自己的意见了。恰好微软的“Windows”与 IBM 的 PM 正在剑拔弩张，这使康柏看到了一个联手抗敌的机会。于是，微软“Windows”新版本一出现，康柏便联络一些硬件商，宣称将在其所售机型中捆绑微软的“Windows”操作系统。此外，IBM 的 PM 提供的图形用户界面很不理想，也让众多软件开发商深感失望。

微软软件公司的总裁说：“所有人都意识到个人电脑的未来就是图形用户界面。他们一直想拥有用户界面，这下，IBM 总算答应给他们了，但 IBM 给他们的不过是一个图形卡，而我们给他们的是一个图形的天空，由众多软件围绕的天空。”

在 1987 年，电脑界只有一个问题：到底将自己的产品建立在哪一种标准之下，是“Windows”还是 PM？

阵营很快一分为二：微软的软件对手们理所当然地反对“Windows”一统江湖的企图。于是，像莲花、阿森塔特这样的大软件公司投向了 IBM 的怀抱。相反，以康柏为代表的生产桌面型个人电脑的厂家，乃是 IBM 的天然对头，当然不愿依附在 IBM 旗下，他们旗帜鲜明地站在微软一边。

看起来双方的阵营旗鼓相当，但盖茨明白，这样的结果离取胜还十分遥远。因为系统软件可以帮助电脑更好地完成工作，但其本身不能工作，必须有更多的应用软件进入“Windows”才行。当然，盖茨心中笃定，决定这场战争胜利的，将是另一股力量——电脑消费者。

既然那些软件大户不肯帮助微软，盖茨只好一方面催促微软自行开发支持软件，一方面尽量寻找那些较小的合作者。这些小公司目前最大的欲望是生存而不是立旗号，所以，比较愿意傍着微软公司这棵大树。

1988年年初，OS/2正式面世。IBM断言它两年内将会取代DOS。盖茨也这么说："在10年内，数以百万的程序员和使用者将熟悉这个系统。"但只有他自己才明白这说的是不是真心话。

OS/2一上市，便受到市场阻击。首先，OS/2每份拷贝325美元的定价，比MS-DOS高出两倍，尚不包括为使用这套软件而必须付出的至少2 000美元的硬件升级费用。对大量使用电脑的公司用户而言，这意味着数百万美元。即便决定采用OS/2，暂时也没有足够的应用软件可用。除非OS/2真的将DOS逐出，软件开发商便只有死心塌地地为它开发软件。但现在DOS已根深叶茂，岂能那么容易被击倒，到OS/2问世时，已有超过200万台电脑在使用MS-DOS。即使盖茨愿意放弃，广大用户也不愿意放弃。人们有什么理由放弃一直用得好好的东西，而花钱去买一个并不比这更好的东西呢？

软件开发商也不得不看用户的脸色，一看风向不对，就不愿把自己绑在IBM的战车上了。到1989年，响应OS/2者已寥寥无几。当别人都对OS/2失去信心时，只有盖茨在唱反调，他还是表示看好OS/2。他大概是觉得未交锋便已获胜，有点意犹未尽。

但不管如何掩饰，微软与IBM的OS/2分手的时刻是越来越近了；业界的谣言四起，说微软和IBM两家公司已有了严重的分歧等。但是，谣言有时也能反映部分真相，因为微软公司与IBM的裂痕确实在慢慢扩大。此时，IBM的比尔·劳思已离任，接替他的是吉米·卡拉维罗。此人没有从事个人电脑的经验，但比劳思更懂技术，也更聪明，而且干劲十足。

卡拉维罗认为是盖茨误导了劳思，使劳思做出了关于OS/2的错误决定。这点盖茨不能承认，因为他曾反复告诫过劳思，但他的正确意见没有被采纳。

随着卡拉维罗的上任，双方的信任关系已荡然无存。不过，紧密合作的戏仍要继续演给观众看。在1989年11月的展示会上，盖茨与卡拉维罗还向30名软件供应商声称，IBM与微软在对OS/2的态度上有强烈的共识，卡拉维罗也对"Windows"表示赞赏。但双方都心中有数，不认为这些表面功夫是真实的，双方都在摩拳擦掌，准备进行最后的决战。

盖茨进一步充实了开发"Windows"的力量，他打算尽快开发出"Windows"3.0，以抢占市场，同时减少开发OS/2项目的人员。他已不在乎这将进一步激怒IBM了。至少，现在是IBM更需要微软，而不是微软更需要IBM。况且，"Windows"已有了两个版本，投入了6年的开发时间、上百万个工作日，一旦成为OS/2的牺牲品，一切就将成为泡影。盖茨岂会干这样的傻事？

盖茨之所以不惜冒着与IBM全面破裂的危险，是因为他心中早已断定，未来的赢家将是自己，而不是IBM。盖茨之所以如此自信，是因为他将取胜的基础建立在用户身上，而不完全依赖产品本身。这好比在两大政治实体的决战中，将取胜的根基建立在争取民心上而不过分依赖军队一样。"得民心者得天下"，这个道理在全世界的每一个地方都适用。可以说，是全球的电脑迷帮助盖茨取得了胜利。

知识是成就霸业的资本

如果说盖茨在软件世界里是一个天才，那么他在挖掘知识的领域里更是一位杰出的人物。

盖茨说："知识是成就霸业的资本。"能够促使微软得以崛起并不断创造出辉煌业绩的，是盖茨对知识的深度挖掘，这使微软在软件领域日臻成熟起来，从而占领更大的市场份额。

当今世界，你如果不掌握一门专业的知识，就很难实现你的理想和抱负。翻开盖茨的发展史，不难发现这位前世界头号富翁，既没有高大的厂房，也没有堆积如山的原料和产品库房，只有软盘和软盘中储存的知识。

他就是依靠着软盘和软盘中的知识，在短短的20年里创造了神话般的奇迹，到1997年年底，微软公司拥有资产460亿美元，其市场价值已超过美国三大汽车公司的总和。

微软的成功,表明了知识是创造财富的一种更为重要的资源。特别是信息高速公路联网后,知识对经济增长的贡献率将提高到90%以上,以知识作为主要生产资源的企业,比如微软、英特尔、IBM等信息产业企业,其生产总值已经超过通用、福特和克莱斯勒等汽车工业企业,成为信息时代的主导型产业。

在信息产业界,盖茨并不是专业技术的领先者,但他的商业天才是无与伦比的。他以高人一筹的市场远见与不凡的经营策略,成功地占领了信息产业的制高点。盖茨经营手法之凶悍与霸道,使别人几乎无处容身,业界人士只能无奈地表达他们的痛苦:“最好的市场就是没有比尔·盖茨的市场。”

如果说盖茨在软件世界里是一个天才,那么他在挖掘知识的领域里更是一位杰出的人物。

知识经济的理论家推崇盖茨为知识时代的英雄,并以此强调,与昔日的资金、劳动推动经济的模式不同,在知识经济时代,经济增长的原动力在于创新,知识的创新可以产生巨额的财富。但是,知识的创新只是使盖茨成为英雄的其中一个前提,如果离开了风险投资的物质支持体系,微软和盖茨的成功将无从谈起。

用创意打开市场

经营之道是与好的创意分不开的。聪明的人懂得如何用新颖的创意,为自己赚取财富和声誉。盖茨说:“如果你是一个真正的企业家,就会知道一个好的创意对一个企业的重要性。”

1983年,微软开发了“微软词”,为了让“微软词”击败“词星”,盖茨抛出了他的第一个创意。具体内容是在亚特兰大的康迪斯电脑大展上向用户免费赠送“微软词”。

在康迪斯电脑大展上,微软的软件大师西蒙尼骄傲地向人们展示“微软词”。只见西蒙尼敲打着键盘,向人们演示如何同时打开或关上“Windows”,以及在“Windows”上同时观看和编辑八个文件等。

盖茨开发“微软词”的目标是针对鲁宾斯坦的微处理公司。因为早在1978年，微处理公司成立时，盖茨和鲁宾斯坦打过交道。那时盖茨才出道，而鲁宾斯坦已是地道的行中老手了。在鲁宾斯坦从微软购买盖茨他们编制的Basic语言的交易中，盖茨有点像人们所说的：“把你弄去卖了，你还帮人家点钱呢。”因为当时鲁宾斯坦利用微软急于卖出软件，而盖茨又没有经验，这就让盖茨吃尽了苦头，却又对其感激不尽。

在谢利总裁召开的讨论会上，汉森建议“微软词”在用户对它缺乏了解和信任时先采取免费赠送的办法。但那时不知该用什么方式赠送。

谢利认为“顾客买软件，一般都是通过电脑杂志的介绍，或者朋友的推荐，才决定买哪一种。免费赠送，可以打出‘微软词’的知名度，增进顾客对它的了解，扩大影响面，这办法可以采用。”所以他表示同意，但却不知找哪家杂志社来合作。

当时，《个人电脑世界》的主编唐纳为了扩大杂志的订户正在找人合作，与微软的计划不谋而合，于是两家很快签订了合作协议，为了把宣传做得到位，微软也做了充分准备。

1983年，就在西蒙尼在康迪斯大展上演示“微软词”的同时，微软公司的“银弹攻势”也全面展开。在演示会上，微软向前来参观的经销商、传媒界人士、软件爱好者免费赠送“微软词”演示版。前后一周的时间共送出35万份，并且每份都附有厚厚的使用说明书。

而且，为了保证订户能收到“微软词”，微软专门设计了一种包装盒，用白色透明的硬塑料制作，里面封装一套“微软词”和一本《个人电脑世界》，美观、漂亮、安全，既保护了软件不受损害，也防止了丢失。

不久，《个人电脑世界》第12期发行，正式版的“微软词”随杂志一起送达订户手中。在不到一个月的时间内，微软计划的35万份“微软词”全部派送完毕。

1984年，在圣诞节期间，微软公司公开宣布：凡在12月31日前购买了“微软词”的用户，可以免费获得一份拼字检查软件。

1985年3月，微软公司包下中央公园附近的绿园餐厅，举行“超凡”软件的新闻发布会，盖茨邀请苹果总裁乔布斯参加，结果大获成功，引起轰动。5月，在亚特兰大康迪斯电脑大展上，“超凡”再次引起观众的热烈反响。这就是盖茨创意中的第一招。

盖茨的第二招就是开新闻发布会、演示会，现场培训，大造声势。盖茨决定于 1985 年 10 月 1 日让“超凡”同时进入全美电脑市场，他要求负责公关的汉森，在广告宣传上制造轰动效应。除了采用维格尼尔他们在法国使用的训练经销商的那一套外，还有新招。就是汉森、谢利、拉藤伯、布鲁门松等一帮人策划出的由盖茨审查的“先用对话，再用故事”的广告方案。

当日，纽约、芝加哥、洛杉矶、华盛顿、波士顿、费城等各大城市的听众，同时从广播中听到了一段节奏鲜明有力，类似军乐旋律的乐曲，随之而来的是一个庄严的男中音：“微软公司隆重推出‘超凡’软件，每个得到它的人将变得威力无穷。”

这时，出现了另一个声音：“真的吗？”

“真的！‘超凡’软件是个人电脑最杰出的电子表格软件。”

“哦。”

“漂亮的图形显示，高超的数据文字管理能力，简单方便的操作控制，妙用无穷。”

“每个人都可以随意购买吗？”

“不错！”

“‘超凡’软件可以帮助用户战胜竞争对手吗？”

“当然，每个人都有这样的机会……”

乐曲渐渐消失。

这则广告，以每天五次的频率，在各大城市电台的黄金时段播出，整整持续了一周。很快，几乎全美国的人都知道了“超凡”软件，知道了微软公司。

但是，事隔一年，盖茨再次为“超凡”展开宣传攻势时，选择了电视台。这项活动名叫“新系统的灵魂”。

于是，每晚 10 点，当全美各大城市的观众打开他们的电视时，就看到这样的故事：

一家大公司的办公室里，一名公司主管告诉手下员工，原有的电子表格软件用起来有些麻烦，想换一下，不知哪种好。

一个员工立刻回答：买“超凡”；另一个员工也说，“超凡”不错。

但是主管说没听说过“超凡”。他拿不定主意。这时下班时间到了，主管就回家了。

那两位员工下班后，偷偷把“超凡”安在了电脑上试用。

第二天，主管来上班，抱了一大堆材料要这两位员工处理，他原以为他们起码得花一天时间，不料他们中午就把活干完了。

主管十分惊奇，问他们为什么这么快？

“用上了‘超凡’。”两个员工齐声回答。

主管立即决定：“走！买‘超凡’。”

一时间，“超凡”家喻户晓。“走！买‘超凡’”更成了大大小小的电脑迷的口头禅。

借助广播、电视这一传播媒介，盖茨使自己的广告宣传带上了文化的色彩，一下子使“超凡”的影响跨出了电脑行业。

美国不少的大公司，如联合航空、波音、可口可乐等，就是在盖茨的宣传攻势后，接受了‘超凡’的。

也许正如盖茨所说过的“许多使用个人电脑的用户，并不一定就对软件有多大兴趣，他们不一定都关心软件业的发展，甚至个人电脑的发展。他们只满足于现成的东西”。那样，盖茨才把对“超凡”的宣传扩展到行业之外，采用了流行文化的传播方式。

速度制胜

俗话说：“先下手为强，后下手遭殃。”如果把这句话运用在激烈竞争的现代商战中，更加贴切。作为企业家，他的目的就是赚取更大的利润。而谁能抓住瞬息万变的市场信息，谁能以最快的速度开发出新产品，谁就能快速占领市场。

盖茨认为：“在激烈竞争的市场上，谁把握住了速度，谁就能最先占领发展的阵地。”身为软件王国一代帝王的盖茨，深知“速度”这个词对一个企业的重要性。它不仅能给一个企业带来巨大的利润，同时也是一个企业生命力的象征。

20 世纪 70 年代微处理器的诞生，标志着划时代的新技术已经到来。盖茨和艾伦比别人更明白这一道理：这一技术发展的结果必将对小型电脑中运行的软件带来更多的需求。盖茨广招人才，其机构不管如何扩大，它仍然有意地以小团体的形式出现，而上上下下的信息交流是频繁的、大量的、快速的，以至于对市场的感觉非常敏锐。盖茨及其下属认真地根据需要设计、修正其战略模式并以此来指导决策，使公司更具备各种应变能力。

在强大的反馈系统中，盖茨十分注意在公司内部设置反馈的渠道。他要求部下反馈给他有关产品开发、出差旅程、人员招聘、销售业绩等信息。而这些信息报告为他掌握许多具体细节起了十分重要的作用，而对微软的其他员工来说，信息反馈是一项十分必需而且又非常重要的工作。

微软的技术支持部门要广泛收集来自市场和用户的信息，他们想方设法甚至用金钱做诱饵从一些业内人士那里寻找数据。技术支持小组为支持者提供费用全报销的方式，使他们能够帮助处理产品使用中用户打来的电话询问。这种及时从用户中反馈过来的信息就可以使软件性能得到更好的改善。

由于市场的迅速发展，1994 年，个人单机使用环境的市场已经饱和，微软公司大举进入网络操作系统与网络应用软件市场。而且微软公司通过推出 NTServer、SQLServer、Exchange Server 等服务软件，成功切入由 IBM、Sun、网威、Oracle、Inforrmix、Sybase 等软件大厂所把持的商用服务器软件市场，使得微软公司的营业额持续飙升。

扩张是盖茨的经营理念。早在 1997 年，盖茨就开始大肆进军日本电脑市场，并取得了很大的成功。

对于东方，像中国这样的发展中国家，微软公司采取的是一种“培育市场”的长线式的战略发展方针。而且针对这些国家与美国本土的不同的特殊情况，微软公司采取了一系列有效措施。

首先，盖茨在微软公司开发本地化版本，尽管应用软件开发支持工作困难重重，但这些国家却也积累了相当的软件开发人才及丰富的本地化版本软件的开发经验，而且工程师们都熟悉当地的市场、文化、习俗。

为了提高开拓市场的速度，盖茨采取的方法是与这些国家软件业的佼佼者联手开发其本地化的产品，例如，在中国，微软公司的合作开发单位便有清华软件中心、新天地、联想、先锋、晓军等数家国内知名厂商，并联合推出了中文版本的 Windows 系统、中文 pce 办公应用软件系统等产品。

由于微软公司本地化工作做得十分到位，从而取得了成功。目前，就拿 Windows 系统等重要的软件来说，微软公司便能够提供美式英语、英式英语、俄语、西班牙语、德语，甚至阿拉伯语等不同版本。微软公司面对获取收益极少的国家也不遗余力地开发当地语言的版本。因为盖茨知道，只有当用户了解微软公司的产品后，才可能购买微软公司的软件，成为微软公司的客户。

微软公司除了在新闻媒介上组织专栏文章宣传其产品外，还与世界各国主要的出版机构合作，通过授权，联合推出了一批又一批的微软公司图书，让用户熟悉自己的产品。

微软公司的成功告诉我们，在“速度”制胜的时代，谁把握住了速度，谁就能在千变万化的市场中牢牢地抓住发展的机遇。

致力创新

“微软距离破产只有 18 个月”，这是盖茨的一句名言。

盖茨说：“如果对今后三到五年做个预测，相对较为悲观的人反倒是我和鲍尔默了。”正因为这种谦逊让微软取得了成功，也避免了很多失误。就像巴菲特曾说：“如果能告诉我会命丧何处，这也挺好，因为我就不到那里去。”

据《比尔·盖茨传》记载，盖茨每年都会抽出时间用“闭关”的方式独自思考问题，这被他称为“思考周”。之前，他会要求各部门精英在个人的专长领域给他提供大量阅读材料和技术建议。在“思考周”里，盖茨埋头阅读这些内容，记下自己的想法，并最终做出一些对公司技术战略有较大影响的重要决定。

盖茨认为，创业者必须花费大量的时间进行学习，领导艺术中最重要的问题就是如何把握组织机构的规模，以及从其他人的经验中学习如何发展壮大。在考虑问题时，盖茨说，控制时间是一个非常重要的问题，不能太过忙碌，要有时间学习和思考。

虽然微软已经在大风大浪中存活了下来，但直到现在，盖茨每天都会问自己："是不是做错了什么？"对于发生的每件事都要思考，它是否会是致命的一击。事情不断地变化，谁处于领先地位，谁又做了些什么？甚至夜里他都在思考这些问题。

这种如影随形的危机感也让盖茨对创新从来没有松懈过。他说："微软已经有30年的历史，我们最初的梦想是给所有人提供一台计算机。技术的根本受益者是消费者而不是生产者，我们低估了今后10年人们对于软件的梦想。与今天相比，技术的进步会创造更多机会，低成本的技术使价格不断下降，并让更多人使用。计算机技术将变得更自然并无处不在。我们希望改变电视和随身携带的设备，让它们更好地为公众服务。"

为了让搜索产品能更快速地反应，微软还建立了专门的快速反应团队。在中国，这个团队有二十多人，李津担任研发经理。李津说："我们负责对中国市场的特殊需求做快速反应，例如春节时我们会做春节搜索。"

在美国雷蒙德和加州硅谷、德国慕尼黑、法国巴黎和英国伦敦，微软的搜索技术中心也在做同样的事情。但对用户而言，这些思路的变化他们是看不到的。他们只需要微软拿出一个足够与众不同的产品出来。

因此在推出最终产品之前，微软试图从品牌上就能打动消费者。它们又一次打破了框架，这一次发布的不再是Windows 2000这样的系列代号，也不是程序员们偏爱的产品代码"Kumo"，而是一个更多普通用户会读、会喜欢的"Bing"。"你搜索的时候就想到要Bing一下，Bing！Bing！Bing！"鲍尔默说。这听起来和"Google一下"争锋相对，但对用户而言，Bing可比Live好理解多了。

在微软突破了自我后，现在轮到谷歌吃惊了。不过，真正可能让谷歌心惊肉跳的还不是搜索引擎市场份额的一点点变化，而是微软在商业模式上的创新。2008 年 2 月，盖茨提出要尝试 Cash Back 计划。这是一个通过微软搜索引擎购物返还现金的活动：微软和一些客户合作，当用户通过微软搜索进入到在线网站购买商品后，可以得到一定的返现。和微软合作的客户也因此需要为成功的交易支付给微软一定佣金。

微软这样做是因为，在执行谷歌规则的世界中，搜索引擎公司得到了用户点击广告链接产生的全部报酬，用户却无法参与。而微软现在希望改写利润分配模式，这样可以从广告主那里获得更多佣金，还可以借此将部分用户吸引过来。

时尚总是在不断变化。当年谷歌用广告费取代了向用户收费是一种时尚，现在微软又证明帮用户通过搜索引擎赚钱可能是另一种时尚。30 年来，微软从未放弃过向每一个用户收费的梦想，如果这个理想在互联网上复苏了——天哪，那将是多大的一个创新？

创新存在风险，尤其像微软这样以未来数年、数十年前沿技术为研发目标的团队，风险更大。如何降低这种风险是一个非常值得探讨的问题。微软有一整套完善的体系来确保研发项目的成功率。除了前面提到的"生杀大权"之外，还有项目论证机制、研发成果发表机制等，这些都可以帮助提高研发项目的成功率。

微软有一个类似于项目申请的流程：申报人需要介绍自己的新想法，并接受大家的质疑。实际上，这更像是一种探讨。我们鼓励坚持己见，但坚持已见不是就不用听各方的意见了，而是听了以后自己做决定。有时候可能不同意人家讲的东西，但是可以刺激、帮助你想到更多原本想不到的东西。这种讨论很重要。

除了这种微软内部的机制，通过对外发表研发成果，也是一种有效地提高项目成功率的方式。但是，并不是每一个公司都允许自己的员工这么做。科学成果一定要发表，基础科学要人类共享。科学走过的路，即使错的路，也要发表出来，因为这样能让别人少走冤枉路。如果科学成果没有发表，人类的发展不可能这么快。而且，一个公司发展到一定的地步以后，一定要有这样的胸怀。

发表研发成果会得到更多人的检验，还能通过这种方式找到研发方面的伙伴。科学家基于共同的兴趣进行的协作，能够提高项目的成功率，往往还能够收到“1 + 1 > 2”的奇效。如果仅靠微软自己，不管微软多大多强，想推动整个人类的基础科学进步是不可能的。今天 IT 产业之所以这么蓬勃，并不是因为某一家垄断，而是因为大家开放、共享。

盖茨现在虽然已经退休了，但仍是微软的“首席架构师”，主要工作是制定公司的长期技术路线图。他亲自带领技术团队，要求公司每个产品和技术部门都向他做技术汇报，并进行“头脑风暴”。项目团队为了准备回答盖茨可能问到的各种问题，必须在报告前彻底调研市场、技术、竞争对手等信息，避免了闭门造车的风险。他坚信技术带来一切，每年将大量经费用于研发。

与世界上的其他公司相比，微软投入的研发经费都要多许多。盖茨说：“当我开始自己的事业时，IBM 是巨型公司，我时常思考如何才能在 IBM 的世界里生存下去。我们渐渐长大，也许从员工人数上还不能与 IBM 匹敌，但影响力和利润上已经算得上大公司了。我们对未来比以往任何时候都要乐观，这就是不断增加研发投入的原因。”

给人才一个舞台

盖茨说：“一个企业的用人观，就决定了它的前途和命运。”

在 1981 年的时候，盖茨为了求得更大的发展，决定进军应用软件这个领域，并决定把微软公司变成不仅开发软件，而且具有零售营销能力的公司。他打算一边从事产品生产，一边从事产品销售，全面投入市场竞争。而让盖茨深感头痛的是：自己对市场营销一窍不通。

当时的微软在软件设计方面人才云集，而在市场营销方面，却找不出一个合适的人选。没有营销方面的人才，微软要想进入市场是很艰难的。

为了找到这样的人才，盖茨派人四处打听。最后，从肥皂大王尼多格拉公司挖来了一个大人物——公司的营销副总裁罗兰德·汉森。

虽然汉森在软件方面可以说是完全的“门外汉”，然而他对市场营销却有极其丰富的知识和经验。盖茨要汉森负责微软公司的广告、公关和产品服务，以及产品的宣传与营销，任命他为营销方面的副总裁。

“品牌会产生光环效应，只有让人们对品牌产生联想，产品才会更容易被接受”，当你用这个品牌推出新产品时，依靠品牌的荣光，它会更容易站住脚，更容易受欢迎。汉森给这群只懂软件不懂市场的“市盲们”，进行了一次生动的启蒙教育，在汉森的带动之下，微软公司决定，从今以后所有的微软产品都要以“微软”为商标，所有微软公司不同类型的产品，都打出“微软”品牌。

不久以后，这一品牌在美国、欧洲乃至全球，都成为家喻户晓的名牌。这样一来，市场销路才算是完满解决了。随着市场的日益扩大，尤其是海外市场的开发，微软公司的经营范围日益扩大，公司第一任总裁吉姆斯·汤恩显得江郎才尽，明显不适应形势的发展。年近半百的汤恩，采用正规企业古板规范方式进行的企业管理方式与当时的实际状况相差甚远。微软公司的成员都比较年轻，连董事长盖茨也才 20 多岁，公司具有无拘无束、自由浪漫而又充满创造精神的气氛。汤恩那种古板的管理方式无疑不受欢迎。所以，他主动提出辞掉总裁的职务。

盖茨绞尽脑汁、费尽心机，找到了坦迪电脑公司的总裁谢利，直截了当地要他到微软公司接受总裁的职务。

作为坦迪电脑公司总裁的谢利，和盖茨早就相识了，对微软的历史、人事工作作风了如指掌。尽管知道盖茨个性鲜明且难以共事，但同时也知道他很平易近人、信任自己，所以爽快地答应了他。

谢利刚一上任，就对微软公司的人事大刀阔斧地重新调整了一遍。他把鲍默尔提升为负责市场业务的副总裁，把事物用品供应商更换了，削减了 20% 的日常费用。微软在谢利的管理下，开始飞速发展。

1983 年，为了抢在可视公司之前开发出具有图形界面功能的软件，占领应用软件市场，微软开始了“Windows”项目，并宣布在 1984 年年底交货。

让人意想不到的是，直到 1984 年 8 月，“Windows”软件还没有开发出来，以致新闻界把“泡泡软件”的头衔“赠给”了“Windows”。正在这种进退两难的情况下，谢利经过仔细调查，发现了存在的根源：除去技术上的难度以外，开发“Windows”的组织和管理相当混乱。谢利马上动手，进行全面整顿，他把研究机构分成几个部分，指定专人负责；更换了“Windows”的产品经理，把程序设计的高手康森调入研究小组，负责图形界面的具体设计，盖茨则集中力量研究“Windows”的总体框架和发展方向。经过谢利这一番布置，“Windows”的开发立见奇效，各项工作有条不紊地展开，进展速度相当快。谢利的杰出管理才能令盖茨欣喜若狂。

1985年圣诞节前夕，微软推出“Windows”1.0版，随后是“Windows”3.0版，把盖茨要“啃一口苹果尝尝到底是酸还是甜”的誓言，变成了现实。汉森和谢利在微软向正规化公司发展的路上，作出了不可磨灭的贡献。

盖茨在关键时刻用人得当，使其充分发挥他们的才能，不仅使处在危机时刻的微软得到了挽救，同时也使微软公司的实力和声誉得到了空前的扩充。

给人才一个舞台，让其发挥才能，是有眼光的企业家必做的事。

从不浪费一分钱

盖茨连续14年蝉联《福布斯》全球富豪榜“世界首富”，事实上，富可敌国的盖茨夫妇生活十分俭朴，唯一可称得上奢华的只有他们位于西雅图郊区价值5300万美元的豪宅。不过据到过盖茨家的人介绍，豪宅内的陈设相当简单，并不像常人想象的那样富丽堂皇。盖茨曾说过：“我要把我所赚到的每一笔钱都花得很有价值，不会浪费一分钱。”

微软上市大赚一笔后，盖茨的母亲力劝他从事慈善事业。当时在场的一个人回忆说，一天晚上在盖茨父亲的律师事务所里，当盖茨的母亲劝他捐钱的时候，两人吵了起来。

这个当时在场的人说，盖茨嚷道：“我只是想经营我的公司。”盖茨表示，当时他并不反对慈善事业，他只是不想从微软的工作中分心。

最后，盖茨的母亲成功说服他在微软启动一个计划，为美国联合慈善总会筹集善款。他还跟随母亲的脚步，于20世纪80年代加入了美国联合慈善总会的董事会。

不过随着盖茨财富的增加，西雅图地区非营利机构请求捐款的信件像雪片一样飞来。盖茨说,他曾计划从微软退休后或是在60岁左右的时候,专心做慈善事业。

在盖茨的母亲被诊断患上一种罕见的乳腺癌之后,这个计划的进度就加快了。在她与疾病抗争期间,她仍在劝说儿子更多地投入慈善事业。1994年6月盖茨的母亲去世。

在他母亲去世6个月之后,盖茨拨出约1亿美元创建了一个基金会,让他的父亲经营。盖茨的父亲后来坐在厨房的桌子旁边,开出了基金会的第一张支票——给当地一项癌症计划捐款8万美元。

盖茨的父亲和一位微软前高管共同管理这个基金会,捐钱,监督数百名工作人员,将捐款范围扩大到教育和疫苗研制。

盖茨的父亲说,他一直没有忘记这样一个事实,直到他的儿子和儿媳接管之前,他都是在扮演看管人的角色。他知道要给儿子空间。盖茨对一些事情的看法非常顽固,他们家庭的活力就在于在这些事情上不要干涉他,因为这只会是浪费时间而已。

在过去几年里,盖茨把他的大量个人财富捐献给了慈善事业。据统计,盖茨至今已为世界各地的慈善事业捐出近290亿美元的财富,成为世界上最慷慨的富人。目前,以盖茨夫妇两人名字命名的"比尔和梅琳达·盖茨基金会"是全球规模最大的私人慈善组织,其基金规模是老牌的福特基金会的3倍、洛克菲勒基金会的10倍。2005年11月,盖茨在伦敦庆祝自己50岁生日的时候,对在场的记者表示,名下的巨额财富对他个人而言,不仅是巨大的权利,也是巨大的义务,他准备把这些财富全部捐献给社会,而不会作为遗产留给自己的儿女。

2008年6月27日,盖茨卸任微软执行董事长,自己连"人"带"钱"全部投入慈善事业。他将把80%的时间用于慈善事业,并将680亿美元的个人资产悉数移交至"比尔和梅琳达·盖茨基金会"账户名下。

从将近40年前用打字机为分时微型计算机编程开始,盖茨改变了计算、改变了商业和改变了我们的生活。在这个过程中,盖茨积累了美国当前最多的财富。同过去的商业巨头一样,盖茨将把他的财富捐献给慈善事业。

微软的五大经营法则

微软公司是全球软件行业的领跑者，它在技术上的突破一度影响和改变着我们的生活，IT从业者以进入微软为荣，企业以微软为偶像。微软的成功法则又是什么？

一、充满激情，不畏挑战

盖茨说："每天清晨当你醒来时，都会为技术进步及其为人类生活带来的发展和改进而激动不已。"盖茨的这句话体现了微软企业文化的精髓。

就是创始人盖茨这样的雄心壮志让微软一次又一次地向最困难的目标发起挑战。当DOS刚取得成功时，微软就果断地决定要取代自己的成功产品，开始发展Windows。当Windows还远远没有成型时，微软又决定花大量的资源做Windows版本的Word和Excel。那时，DOS版本的Word和Excel远远落后于竞争对手，而微软却把更大的投资放到Windows版本上，这等于是加倍了在Windows上投入的赌注。回顾这样的大手笔、大挑战，一位经理说："如果Windows失败了，就没有微软这个公司了。"在Windows之后，微软在Office、Windows NT、Internet、NET等机会来临时，一次又一次地"把公司当做赌注"，并一次又一次地在重重挑战之下给公司带来了新的生命力。

原微软公司全球副总裁、现创新工场董事长兼首席执行官李开复先生回忆说，微软公司不畏挑战的精神，可以从微软前景目标的演变中看出来。29年前，微软公司的前景目标是"让每张桌上都有一台个人电脑"。现在看来，这个目标并不稀奇；但这在29年前是一件令人难以想象的事情。在上述目标已经基本成为现实的今天，微软公司又有了新的前景目标，那就是"通过优秀的软件（在任何时间、任何地点、通过任何设备）帮助人们发挥潜力"。盖茨认为，人的潜力需要借助有效的工具才能淋漓尽致地发挥出来，而代表现代社会信息化进程的电脑以及优秀的软件产品就是这种可以帮助人们充分展示创造力和工作热情的工具。

微软公司一次次地面临重大挑战，一次次地推出成功产品，一次次地改变了人类的生活。这一切都极大鼓舞了公司员工的士气，带给他们高度的满足感，让每一个员工“为人类生活带来的发展和改进”、“为帮助人们发挥潜力”而激动不已。

二、自由平等，以德服人

微软公司拒绝一切官僚作风。公司高层放权给每一个人主导自己的工作。公司没有“打卡”的制度，每个人上下班的时间基本上由自己决定。

微软是这样一个崇尚技术、人人平等的公司。微软员工人人平等，中高层管理人员基本上没有“特权”，每个人的办公室基本上都一样大。

盖茨一贯主张实行“开门政策”，任何人可以找任何人谈任何话题。一次，有一位新来的女员工开车上班时不小心撞了老板盖茨停着的汽车。她吓得问部门经理怎么办？经理告诉她说：“你给总裁发一封电子邮件道歉就行了。”她发出电子邮件后，在一小时之内，盖茨回信告诉她，别担心，只要没伤到人就好，还对她加入公司表示欢迎。

一个平等的公司可以降低公司内部的信息阻塞，增加所有员工的主人翁精神，还能更早地发现公司在发展中遇到的问题。平等的公司可以说是微软发展的必备平台。

三、敢于自我批评，不断追求卓越

微软公司企业文化的一大特色就是自我批评。在科技呈指数趋势飞跃发展的今天，不愿意批评自己、不承认自己的错误、不追求卓越的公司将面临灭亡。

一个刚加入微软市场部的经理带着微软的产品去参加一个商品展。他回来后，兴高采烈地发了一封电子邮件给整个产品小组。他说：“我很高兴地告诉大家,我们在这个展览上获得了令人振奋的成绩。十项大奖中我们囊括了九项。让我们去庆祝吧!"但是,他没想到,在一个小时内,他收到了十多封回信。大家问他:"没得到的是哪一个奖?为什么不告诉我们?为什么没得到那个奖?我们得到什么教训?明年怎样才能得到那个奖?"在那一刻,他才理解了微软为什么会成功。

自我批评在公司早已被制度化、系统化。每一个产品推出后,会有一段特别时间空出来给产品团队做系统化的检验。所有小组成员都会被询问,什么地方可以做得更好,每一个动作和决定都会被分析,结果将在公司公布,以帮助别的小组避免出现同样的问题,让公司的项目能越做越好。

盖茨鼓励员工畅所欲言,对公司的发展、存在的问题,甚至上司的缺点,毫无保留地提出批评、建议或提案。盖茨说:"如果人人都能提出建议,就说明人人都在关心公司,公司才会有前途。"

微软开发了满意度调查软件,每年至少做一次员工满意度调查,让员工以匿名的方式对公司、领导、老板等各方面做出反馈。其中有选择题(如我对我的总裁有信心。以下选一:非常同意、同意、无意见、不同意、非常不同意),也有问答题(如你对公司战略有什么建议)。每个部门经理都会得到多方面的评判和客观的打分。公司高层领导和人力资源部都会仔细地研究每个经理的满意度调查结果,制定改进措施。

在微软除了自我批评,还要有能接受别人批评的胸怀,以及改变自己的魄力。1995 年,当盖茨宣布不涉足 Internet 领域产品的时候,很多员工提出了反对意见。其中,有几位员工直接发邮件给盖茨说:"这是一个错误的决定。"当盖茨发现有许多他尊敬的人持反对意见时,又花了更多的时间与这些员工见面交流,最后写出了《互联网浪潮》这篇文章,承认了自己的过错,扭转了公司的发展方向。

在微软,那些批评盖茨的人不但不会受到处分,反而会得到重用。从这个例子里我们看到的是:平等的环境、直接的沟通、宽大的胸怀、宏大的魄力成就了微软公司。

四、责任明确，目标具体

微软公司的领导者一旦确立了发展目标之后，就会强化领导的责任心，把事情做好。微软公司要求每一个部门、每一个员工都要有自己明确的目标，同时，这些目标必须是明确而具体的。

盖茨认为，只有每个人都拥有了明确的目标，并可以随时检查自己是否达到了预先设定的目标，公司员工才能在工作中体现出强烈的责任感和工作热情。

因此，他要求部门和员工制定的目标必须是可分享的，即每个人都应当通过某种渠道，如公司的内部网站等将自己的目标公布出来（需要保密的工作目标除外）。这样，当某位员工对领导或其他员工的工作方式不理解的时候，就可以去查看对方的工作目标，以寻求最好的沟通和理解。

除了针对目标、结果的负责，公司更需要在决策方面有负责的框架。在微软的"决策制定框架"下，每一项重要决策都有一定的制定流程和人员角色划分。每一个决策流程的推动人很自然的就是决策的责任人。对该决策有支持和认可权利的人是决策的审批者。对该决策进行核查、提出支持或反对意见的人是决策的复核者。在整个决策流程中，虽然复核者可提出反对意见，但审批者仍拥有决策的最终决定权。有了这样的框架，公司的决策流程更加清晰，人员责任更加明确，决策不会被轻易拖延或推翻，决策的效率也大大提高了。

五、悉心聆听客户意见，帮助客户解决问题

微软公司不仅对技术高度重视，而且对合作伙伴和客户也同样重视。作为软件平台公司，合作伙伴和客户都是公司的命脉。微软公司在价值观中强调，所有员工都要信守对客户和合作伙伴的承诺，而且在产品研发过程中，不仅要考虑到产品的技术特性，更要关注客户和合作伙伴最需要的功能。

微软的大企业产品部鼓励每一个员工在加入公司的前几个星期到技

术支持中心工作，帮助客户解决问题。无论一位员工的资历有多深，公司都希望他经过最基层技术支持工作的锻炼，能理解客户的困难。在大企业产品部的一万多名员工如果以前没有做过技术支持工作，在公司就没有晋升到某一级别的机会。

除了要求员工悉心聆听客户意见之外，微软的软件也会自动收集客户的反馈意见。几年前，当 Office 开发者无法决定该把哪些功能放进常用工具栏时，Office 的程序员制作了一套特别的 Office 软件。这套 Office 软件在用户允许的情况下，记录用户最常用的功能，传送到微软。最后，借助这些统计数据，开发者就可以决定什么样的用户界面才会对大多数用户有利。今天，微软把这个技术运用到所有的产品中。任何微软的软件碰到问题（如死机）时会搜集数据，并在用户的允许下经过网络把这些数据传到总部的服务器，以帮助开发人员诊断和测试软件。有了这样的技术，Windows XP 推出一个月后，微软就把用户碰到的一半问题都解决了，然后再通过网络自动帮助所有合法用户升级软件。此类工作集中体现了公司的创新精神以及借助软件技术解决问题的目标，当然也体现了公司悉心聆听客户意见的决心。

比尔·盖茨经典语录

- 我之所以取得了今天的成就，我并不认为自己是什么天才，我只不过是挖掘了自己潜在的能量。
- 所谓的成功，就是不断向目标前进的过程。
- 一个企业的用人观，就决定了它的前途和命运。
- 在激烈竞争的市场上，谁把握住了速度，谁就能最先占领发展的阵地。
- 如果你是一个真正的企业家，就会知道一个好的创意对一个企业的重要性。
- 生活是不公平的，你要去适应它。
- 这个世界并不会在意你的自尊，而是要求你在自我感觉良好之前先有所成就。

- 如果你陷入困境，那不是你父母的过错，不要将你理应承担的责任转嫁给他人，而要学着从中吸取教训。

- 在你出生之前，你的父母并不像现在这样乏味。他们变成今天这个样子是因为这些年来一直在为你付账单、给你洗衣服。所以，在对父母喋喋不休之前，还是先去打扫一下你自己的屋子吧。

- 电视中的许多场景绝不是真实的生活。在现实生活中，人们必须埋头做自己的工作，而非像电视里演的那样天天泡在咖啡馆里。

- 善待你所厌恶的人，因为说不定哪一天你就会为这样的一个人工作。

- 网络的神奇之处，不仅仅是缩短了物理距离，使得天涯若比邻，它还极大地增加了怀有共同想法的人们聚集在一起的机会，我们可以为了解决同一个问题，一起共同工作。

- 每天清晨当你醒来时，都会为技术进步及其为人类生活带来的发展和改进而激动不已。

第三章

雷蒙德·克罗克：把自己摆在顾客的位置上

人物小传

雷蒙德·克罗克，1901年10月出生在美国芝加哥一个普通的家庭里。从事过钢琴演奏、电台音乐指导、食品机械推销员工作。1954年，他买下了麦克唐纳兄弟出售麦克唐纳快餐的特许权；接着，又买下了麦克唐纳兄弟在美国的全部麦当劳快餐店，经过30多年的奋斗，麦克唐纳快餐公司在美国50个州和40多个国家和地区，开设了2万多家麦当劳快餐连锁店，每天销售汉堡包2亿个，每年销售额上百亿美元，成为世界500强企业。1984年1月14日，克罗克在加利福尼亚的圣地亚哥去世，享年81岁。

雷蒙德·克罗克28岁开始涉足推销工作，足迹遍及整个美国。53岁时购买麦克唐纳快餐特许经营权，开始饮食服务产业。60岁时成为麦克唐纳快餐连锁店真正的主人。他缔造了全球闻名遐迩的超大型快餐连锁企业，将金色的麦当劳旋风刮向全世界，在全世界演绎着它的传奇。从1955年开始，在不到50年的时间里，以经营汉堡包为主的美国麦当劳快餐店已经成为名副其实的“世界厨房”。1985年，克罗克被评选为美国历史上对美国社会影响最大的企业家。

眼光比别人看得远

提起麦当劳，在全世界可以说是家喻户晓。那个金黄色的“M”遍布世界每一个城市的角落，已经成为一个醒目的标志。但是说到麦当劳快餐帝国的缔造者雷蒙德·克罗克，知道的人可能就不多了。然而如果没有克罗克，麦当劳也许至今还是一家默默无闻的快餐公司，而不是麦当劳帝国了。人们常说，麦当劳兄弟创造了麦当劳，而克罗克创造了“麦当劳”这个世界名牌。任何一个世界品牌的路程都不是简单的，而克罗克打造麦当劳品牌的过程尤为艰辛。

雷蒙德·克罗克1901年10月出生在美国芝加哥一个普通的家庭里，少年时的克罗克是个很平常的少年，他与别人的不同之处在于，他经常胡思乱想，编织各种各样的梦想，冷不丁地冒出几个发财的小点子。17岁时，克罗克开始四处寻找工作，当时他对读书没有兴趣，于是就辍学了。他在几个旅行乐队里弹过钢琴，又在芝加哥广播电台担任音乐节目的编导。从1929年起的25年中，克罗克一直从事推销工作，先在佛罗里达帮人推销过房地产，后到美国中西部卖过纸杯。作为推销员，他几经周折，屡尝失败的滋味。克罗克后来回忆道："在佛罗里达推销房地产失败之后，我彻底破产，身无分文。那时，我没有大衣，没有风雨衣，甚至连一双手套都没有。我开车进入芝加哥穿过寒冷的街道回到家时，简直要冻僵了。"

但是有付出就有回报，直到52岁的时候，克罗克在事业上总算小有成就，有了一点积蓄，不再为晚年的生活犯愁了。这时候有人劝他停止奔波，该退居二线了，可克罗克是个闲不下来的人，生意对他来说比生命还重要，"一日不做，没米下锅"的中国式古训在他的头脑里根深蒂固，以至于他一生忙得连一张照片都没有照过，在他的个人档案里，找不到他的一张照片。

1954年的一天，53岁的克罗克在推销奶昔机时有了一个奇怪的发现：一家餐厅一下子订购了8台昂贵的奶昔机，这是从来没有过的大宗买卖。他很想弄清楚其中的原因，于是他悄悄来到这家餐厅的门外，像一个急于用餐的人一样站到了排得长长的队列中。这是一对犹太兄弟来到美国后开的一家汽车餐厅，用他们的名字麦当劳为餐厅命了名。两兄弟不销售别的，专门销售15美分一个的汉堡包，采用自助式用餐方式，不用刀叉不用勺，一套纸餐具足矣，这种快速的、独一无二的经营模式在当时经济刚刚复苏的美国大获成功，快吃快扔成了急躁的美国人一个有趣的亮点。赚钱迅速的麦当劳兄弟，见到每年20万美元的高营业额，兴奋得在当地一连开了10家麦当劳连锁店，还亲自设计了金色双拱门的门店招牌，以招人眼球。犹太人的经商智慧，令排在队列中的克罗克羡慕不已。可光羡慕不行，他此行的真正目的是刺探商业情报，弄清楚他们购买8台奶昔机的意图何在。

并不饿的克罗克故意大发牢骚说："我从来没有为买一个汉堡包而排过队。"他想引起别的顾客的注意，能向他透露一点秘密。在美国买汉堡包相当于在中国买油条、包子，排队的现象并不多。

果然，排在克罗克后面的一个先生搭话了，他说："先生，您也许不知道，这里的食品价格低，品质好，餐厅又干净，而且服务人员准备食品的速度很快，别看排队的人多，一会儿就能买到，不信你试试。"

"您是这里的常客吗？"克罗克问。

"是的先生，马上就该轮到您了。"

前面的人一个个都买到汉堡包走了，轮到克罗克时，他也煞有其事地买了一份，双手托着纸餐具里热乎乎的食品，坐在了干净舒适的餐桌前。他一边享用美餐一边留心观察，发现偌大的餐厅里人很多，一拨人吃完走了，一拨人又涌了进来，而那些收拾餐具的人更麻利，把纸餐具一卷就算完事了，全然没有那种杯盘刀叉交响乐的烦躁。克罗克暗暗叹服麦当劳兄弟的智慧，更惊讶赚钱竟然有这么容易的途径，哪像他一天到晚走街串巷，辛苦不说，有时还白跑。

吃完了汉堡的克罗克立刻找到仍在忙碌的麦当劳兄弟，用一个长者的口气问他们：为何不多开几家这样的餐厅呢？等到忙得差不多了，麦当劳兄弟才相继摇了摇头，他们指着对面的一个山坡让克罗克看，克罗克看到一个绿色矮山坡上有一座红顶子板房，红顶子在太阳照耀下泛着一层耀眼的红晕，在绿色的山林间，成了一朵高傲无比的牡丹花。

麦当劳骄傲地说："你看见那栋房子了吗？那就是我们的家。我们喜欢那个地方，要是连锁店开得太多，我们就忙得回不了家了。"对于一个遭受种族杀戮和一生漂泊的犹太人来说，能有一个固定的家就太珍贵了，谁不愿晚上搂着妻子躺在温暖的被窝里呢？

一生经商的克罗克也摇了摇头，他可是为麦当劳兄弟惋惜才摇头的。聪明的麦当劳兄弟挖出了一座金矿，却傻呆呆地躺在金矿的洞口上不思进取，这不是一种悲哀吗？大器晚成的克罗克可是发现了这座蕴藏极其丰富的金矿，他要竭尽全力挤进去、挖下去，他太渴望里面的金子了。

第二天，克罗克摇身一变，来找麦氏兄弟谈判，内容只有一项，他想购买麦当劳的连锁经营权。傻乎乎的麦氏兄弟并没意识到有人在抢他们的饭碗，而是满口答应给他在全国各地开办麦当劳连锁店的经营权。

有了特许经营权和样板店，克罗克就拥有了一切。他积极筹备后的第一家麦当劳特许经营店，不久就在芝加哥城的东北部隆重开张了，克罗克以其年龄的成熟和经营的老练为麦当劳倾注了更高的服务水准，这家店充分体现了克罗克对快餐店的理解，那就是重视品质、服务和卫生，他不像犹太兄弟那样只注重一个红顶子板房，他要把眼光放得更远，把规划做得更大，他要赚取全世界的红顶子板房。

有了立足之地的克罗克，终于结束了推销工作，全身心用在发展麦当劳的快餐事业上。他借了犹太兄弟一个“大鸡蛋”，用短短的五年时间，就孵化出228家麦当劳连锁店，销售总额突破3 800万美元。而麦氏兄弟，五年后仍然住在那栋有些陈旧的红顶子板房里，守望着他们少得可怜的几家麦当劳快餐店，过着他们安稳的生活。

令麦氏兄弟没有想到的是，加盟商克罗克竟然在暗暗地“吞食”他们的麦当劳，务必将他们兄弟俩赶过“乌江”自刎才罢休。克罗克始终对他不是麦当劳品牌的真正拥有者耿耿于怀，他做梦都想成为麦当劳真正的主人，而不是授权特许经营的“第三者”，只有把“麦当劳”发展成一个快餐王国，建成一个世界上最大的厨房，才是克罗克的最终目标。

克罗克忐忑不安地来找麦氏兄弟，想花重金把麦当劳品牌买断，他以为麦氏兄弟会不答应，或者把他赶出门去，这些结果他都有思想准备，毕竟他做得太狠了一点，可令他万万没有想到的是，麦氏兄弟满口答应了他的条件，面对270万美元的收购价，兄弟俩竟然激动得手舞足蹈起来，他们说：“我们有很多名车，也有很多房子，再要那么多钱做什么?”让克罗克笑得直不起腰来。

1961年，签完契约的克罗克终于成为麦当劳真正的老板，他可以大展拳脚了，他要把麦当劳快餐店开到全世界每一个城市，让每一个吃过麦当劳的人记住克罗克的麦当劳。

1984年1月14日，这位84岁的高龄老人依然不知疲倦，在加州圣迭戈巡视，仔细观察麦当劳的经营情况，还发现了几个缺点，当他准备写出来的时候，手中的笔滑落了，他倒了下去，再也没有站起来。克罗克为麦当劳工作到生命的最后一刻。1985年克罗克被评选为美国历史上对美国社会影响最大的企业家。

克罗克去世后，他的后任继承了他的遗愿。到1997年年底，麦当劳在世界上110个国家和地区开设了25 000家餐厅。据说目前世界上每隔四个小时，就有一家新的麦当劳餐厅开张，每天在这里进餐的人达到了2亿人之多。克罗克成功打造了一个麦当劳快餐帝国，并使其成为世界500强企业之一。

不断追求完美

麦当劳进入北京之初，曾有一些国内同行到这里来取经，最让他们感到惊奇的是这里的管理井井有条。餐厅制定了规范化的行为标准，员工们严格按标准的程式运转。

克罗克认为，快餐连锁店要想获得成功，必须坚持统一标准，并持之以恒地贯彻落实。在第一家麦当劳餐厅诞生后的第三年，克罗克就制定出了第一部《麦当劳营运训练手册》（*Q&T Manual*），该手册详细记载了麦当劳的有关政策、餐厅各项工作的程序和方法。在总结经验和吸取最新管理成果的基础上，公司每年都要对该手册进行修改和完善。40多年来，营运训练手册已成为指导麦当劳运转的"圣经"。

克罗克还制定了岗位观察检查制度，把全部工作分为20多个工作站。每个工作站都建立了岗位观察检查表，详细说明该岗位职责及应注意事项等。新员工进入公司，要接受岗位培训，包括看岗位标准操作录像带，进行有专人辅导的操作练习等。管理者要对员工的实际操作情况进行跟踪，员工的岗位完成情况要记入岗位观察检查表。据说这样做的目的，一方面有利于总结经验，追求科学完美的管理境界；另一方面，通过检查员工的岗位观察检查表，可以进行考核，决定录用、升降和奖惩。

麦当劳的管理人员都有一本《袖珍品质参考手册》（*Pocket Guide*），上面印有诸如半成品接货温度、储藏温度、保鲜期、成品制作温度、制作时间、保存期等指标，还有关于机器设备方面的数据。有了这种手册，管理人员就可以随时随地进行检查和指导，发现问题及时纠正，保证产品质量能够达到规定标准。

为提高管理人员自身的素质，为餐厅培养高级管理人才，克罗克设计了一套管理发展手册（MDP）。该手册实际上是具有麦当劳特色的餐厅管理教科书，即结合麦当劳的实际情况，讲解餐厅管理的方法，同时给出大量案例，要求经理们结合实际工作来完成。当管理人员掌握了一定的理论与实践知识后，还要系统学习一些相应课程，如基本营运课程、基本管理课程、中级营运课程、机器课程。在完成上述学习后，要想担任餐厅经理，还必须到美国汉堡大学进修高级营运课程。到目前为止，北京麦当劳已有上百人到美国汉堡大学学习过。2011 年 5 月，麦当劳中国汉堡大学与对外经济贸易大学正式签约，启动学分认证项目。麦当劳中国汉堡大学成为国内率先实施学分认证的企业大学，方便中国的学员学习。

据了解，麦当劳汉堡大学的课程在全球广受高等学府的认可，如最早成立的美国汉堡大学目前已获得了美国教育委员会认证的 50 个学分。此次中国汉堡大学与对外经济贸易大学的合作涉及 5 门课程的学分互换，每门课为 2 个学分。汉堡大学的毕业生可以通过选修以上 5 门课程，在对外经济贸易大学取得相应的课程学分；而对外经济贸易大学的学生也可以获得到麦当劳汉堡大学及麦当劳餐厅参观和实习的机会，有助于大学生提前接触社会、了解企业。

此外，克罗克还制定了一套十分严格的采购程序。麦当劳的口号是，“只有一个风味”。不论你在世界的哪个地方，只要走进麦当劳餐厅，汉堡包的味道都是一样的，这也是麦当劳品牌的价值所在。

克罗克说：“无论何时、无论何地、无论何人来操作，产品无差异。”要想做到产品一个风味，前提条件必然是标准化，特别是原材料的标准化。为此，麦当劳建立了一套严格的采购系统。按规定，餐厅所需原材料不能随意在市场上采购，必须由麦当劳分销中心提供。目前北京麦当劳餐厅所需的 200 多种原材料，就是由麦当劳设在北京的专门分销中心提供的。分销中心的原材料则由指定的厂商提供，目前麦当劳在北京的供应商有十几家，包括辛卜劳公司、百麦公司、怡斯宝特公司、卡夫公司和 O. S. I. 公司等。

麦当劳制定了严格的采购标准。麦当劳采购部负责对厂家的原材料进行质量监督和检查，发现不合格产品立即退回，并令其更正，如不能在限期内更止，则停止厂家的供应商资格。为保证供应渠道的顺畅，麦当劳提出与厂家建立"打开账本、共同成长"的关系，即双方对供应商的财务进行监督，共同控制产品成本，共同获利。事实上，很多麦当劳的供应商都是老客户，双方在长期的合作中建立了互信互利的合作关系。

薯条是麦当劳的主要产品。麦当劳所需要的马铃薯要求果型长、芽眼浅，固型物和含糖量也有一定的标准。麦当劳在北京附近建立的辛卜劳农场就是按照这一要求生产的。该农场引进了美国先进的农业机械，聘请了农业专家，实现了大规模生产，1998 年产量已达到 12 000 吨。麦当劳在北京郊区的薯条加工厂也已达到了一定规模。此外，在北京生产的原材料需按批号送质检中心进行检查，每月还要送香港的亚太中心实验室评估打分。麦当劳每年都要在北京举行两次产品评估会，届时由美国空运来标准样品，请供应商和采购人员进行比较，找出差距，制定改进措施。

有人问过克罗克，麦当劳成功的秘诀是什么，他坚定地回答：Completeness。这个词可以理解成"完整"、"全面"，但不如翻译成"完美"更加恰当，因为麦当劳所走过的路本身就是一个不断追求完美的过程。

公平互惠的特许经营观念

克罗克给快餐业带来了革命性的新观念。他以公平、互惠的精神订立特许经营合同。他的初衷很简单，那就是，要使麦当劳成为一个稳定且以质量标准统一著称的公司。为此，他必须能够在一定程度上控制前来购买特许权的投资人，因而也就必须放弃一些短期的利益。

在遍布全球的麦当劳餐厅中，有 70% 的餐厅是由特许经营者经营管理的。美国麦当劳的 1.3 万家门店中，特许经营比例高达 86%。麦当劳作为世界上最成功的连锁经营者之一，以其引以为傲的连锁经营方式，成功地实现了异域市场拓展和国际化经营。在其连锁经营的发展历程中，积累了许多非常宝贵的经验。

首先，克罗克改变了原来麦当劳系统中特许人与受许人互不相干的状况，他认为特许人的成功取决于受许人的成功。只有当每个受许人富裕了，整个特许经营系统才能变得更强大。因此，克罗克非常重视加盟店的经营情况。在早期，每一家加盟店的特许费只有950美元，其他费用是按加盟店的营业额的1.9%收取的，所以总部的利润与加盟店的经营状况密切相关，总部与加盟店的经济利益是一致的。

一般特许经营总部往往受金钱的诱惑而"剥削"加盟店，如收取很高的特许费，贩卖原材料、器材和成品给加盟店等，从而破坏长久的合作关系。克罗克坚决反对这种做法。在麦当劳特许经营系统中，总部收入的主要来源是加盟店交纳的特许费和权利金，以及为加盟店提供咨询和指导等各项服务的费用。虽然也向加盟店出售一些器材和产品，但坚持不牟取暴利。在采购方面，克罗克坚持不收回扣的原则，让各加盟店享受集体采购的优惠。

麦当劳的诚意换来了加盟者的忠诚。相互制约、共存共荣的合作关系，为加盟者各显神通创造了条件，使各加盟者的营销良策层出不穷，这又为麦当劳品牌价值的提升立下了汗马功劳。例如，风靡全世界的"麦当劳叔叔"就是由一个成功的加盟者与广告公司创造出来，并被总公司启用和推广的。"联合广告基金会"模式也是由麦当劳加盟者创立、被总公司采用的。英中创业实验室认为，正是加盟者对总公司的合理建议形成了动力，促进了公司的改革，从而增强了麦当劳品牌的市场竞争力，达到了双赢的效果。

其次，不采用区域特许权制度。尽管出售区域特许权更容易赚钱，但同时也增大了风险。如果一家加盟店不成功，麻烦还不算大；但是如果这家店拥有整个区域的特许经营权，那后果就可想而知了。在克罗克看来，"如果你卖出一大块区域的特许权，那就等于把当地的业务全部交给了他。他的组织代替了你的组织，你便失去了控制权"。因此，麦当劳一次只卖一个餐馆的特许权。同时，麦当劳规定，表现优异的加盟者可以拥有多家加盟店，而表现不好的加盟者只能拥有一家店铺。

最后，麦当劳对加盟者的财务状况有非常明确且严格的要求。在加盟之初，加盟者必须先支付加盟费。如果加盟者购买的是新店铺，则需要支付总成本的40%；如果是旧店铺，则只需要支付成本的25%。这些资金必须来自加盟者个人的自有资金，即加盟者所持有的现金、证券、债券等。由于每家店的情况不同，所以收取加盟金的多少也没有严格量化。通常个人非借贷资金在17.5万美元以上，麦当劳才会考虑其是否能参与加盟。少数情况下，麦当劳还允许设备租赁，这仅仅是针对那些特别优秀的候选人。这些人的自有资金可能无法达到麦当劳的要求，但他们在其他各个方面都相当优秀，甚至超过通常的标准。这种情况下，可以采用设备租赁的模式，即麦当劳先代为购买设备，而后将它们租给加盟者。不过即使如此，麦当劳仍然要求加盟者起码拥有10万美元以上的自有资金。当然，这些钱不是白白支付的。麦当劳为加盟者提供了一整套员工培训、人力资源、服务运作、设计、市场营销、机械设备和采购的服务，从而确保加盟店的表现和麦当劳品牌的一致性，确立麦当劳领先的地位。运作顾问从加盟者加入麦当劳体系之初就开始提供一对一的服务，帮助加盟者达到麦当劳的QSCV标准。近10年来，麦当劳于各区域设立国际汉堡大学，目前全球已有7所，分别位于德国、巴西、澳大利亚、日本、美国、英国和中国香港地区，每年有超过5000名来自世界各地的学生到汉堡大学参与训练课程。正是这样严格的挑选制度和完善的后续服务，保证了麦当劳往往加盟一家就成功一家。

在一盘给麦当劳兄弟的录音带中，克罗克说："这可能是美国竞争最激烈的行业。但是，我们的方法是最扎实可靠的。不少人只要卖出特许权就行，而不管所开的店是否能够生存下去。目前我就知道至少有四家店主也打着一毛五分一个汉堡包的招牌。谁知道这样的店还有多少？这是一个适者生存的行业，而我们将是最具生存力的特许经营商。因为我们拥有这一行业中唯一清白、诚实的特许经营制度。"

克罗克的特许经营制度有以下两个特点：

第一，规定表现优异的受许人可以拥有多家加盟店，而表现不好的受许人只能拥有一家店铺。

第二，谨慎挑选受许人，并严格控制加盟店的经营活动，丝毫不准越轨。

1965年4月15日，麦当劳公司股票上市时，每股为22.5元，不到一个月就涨了一倍。20年后,股价约为原来的175倍。

1968年,克罗克在波士顿大学的一次座谈会上说:“特许经营是实现美国梦的利器。”麦当劳的成功就是最好的例证。1968年麦当劳有1 000家店铺,1978年达到5 000家。经过40余年的发展,目前麦当劳已有25 000多家店铺,遍布全球110多个国家和地区,几乎达到了每四小时开一家新店的速度。

正是以这一套经营理念为核心,麦当劳创下了世界最大连锁体系的纪录,由一家默默无闻的快餐店迅速成长为今天的快餐业之王。麦当劳的成功是个奇迹,而克罗克正是奇迹的创造者。

世界创业实验室研究发现,不仅在美国,即使在日本,以麦当劳为代表的连锁经营的产业,也很少受到社会经济状况的影响。麦当劳的成功,已使其当之无愧地成为这一领域的标杆企业,值得后来的连锁加盟企业细细品味与学习。

让顾客体验麦当劳文化

克罗克从1959年起便把麦当劳的营销工作与圣诞节联系起来,在百万人的圣诞游行队伍中,前进着麦当劳“接待中心”的汽车,为游客免费提供食物,小丑罗纳德·麦当劳叔叔跳来跳去,做着逗人的怪模样。几年后,96%的美国学童便毫无例外地认同小丑麦当劳叔叔了。

麦当劳在生产产品的同时还在宣扬自己的文化:将自己塑造成一种现代生活标准化和例行化的象征。麦当劳有许多自创的新词汇,如“麦式思维”、“麦式神话”、“麦式工作”、“麦式精神”、“麦当劳化”,等等。

麦当劳制造了吃麦当劳长大的一代。对于这一代人来说,麦当劳代表着便利、乐趣、干净、现代、自在、放松,这一代人长大以后,他们对麦当劳由熟悉而习惯,并将影响自己的下一代人。有研究者把麦当劳当做社会组织化的“典范”,并认为,当麦当劳席卷全球时,“麦当劳化”现象成为一种不可阻挡的过程。

现在,无论是我们的孩子还是我们自己,当考虑到如何方便、卫生、快捷并愉快地解决吃饭问题的时候，脑子里总是不由自主地想到麦当劳，而这正是麦当劳的神奇之处。

从20世纪80年代初开始，克罗克就对中国市场产生了浓厚兴趣。他认为，随着中国经济的发展和人们生活水平的提高、生活节奏的加快，以及对西方文化的认识，在中国推广西式快餐是可行的。1984年，麦当劳引进了美国马铃薯品种，在河北围场县试种。1991年，麦当劳在经过多方选择之后，决定与北京农工商总公司合作，以双方各持50%股权的方式，成立北京麦当劳食品有限公司。

1992年，麦当劳在北京的第一家店开业，让北京市民开始体验到了以麦当劳为代表的西方快餐文化。在北京，吃惯了油腻中餐的大人、小孩，对简单方便又独具风味的汉堡和薯条由陌生到熟悉，由熟悉到喜爱。那一个个金黄色的大M，不仅成为街头的靓丽风景，也成了很多人时时光顾的去处。据统计，截至2009年，麦当劳的足迹已经遍布全国各大中城市，其连锁店达到1 050家，其中北京就有50多家。

人们不仅要问，是什么东西在支撑麦当劳以滚雪球似的速度向前发展，征服了一个又一个饮食文化？汉堡和薯条真的有那么大的魔力吗？谁都知道，中国在世界上以美食著称，而外来的汉堡和薯条不仅在中国大地上站住了脚，而且为越来越多的大人、小孩所津津乐道。麦当劳成功的原因究竟是什么？

答案在于，麦当劳有一套独特的经营理念，正是凭着这套经营理念，麦当劳走向一个又一个辉煌。简单来说，麦当劳的经营理念可以用四个字母来代表，即Q、S、C、V。具体来说，Q代表质量（quality），S代表服务（service），C代表清洁（cleanliness），V代表价值（value）。这一理念是由麦当劳的创始人克罗克在创业之初就提出来的。几十年来，麦当劳始终致力于贯彻这一理念，说服一个又一个的消费者来品尝他的汉堡。

- 质量。为保证食品的独特风味和新鲜感，麦当劳制定了一系列近乎苛刻的指标。所有原材料在进店之前都要接受多项质量检查，其中牛肉饼需要接受的检查指标达到40多个；奶浆的接货温度不超过4℃；奶酪的库房保质期为40天，上架时间为2小时，水发洋葱为4小时，超过这些指标就要废弃;产品和时间牌一起放到保温柜中,炸薯条超过 7 分钟、汉堡超过 10 分钟就要扔掉。

• 服务。麦当劳提倡快捷、友善和周到的服务。麦当劳餐厅的侍应生谦恭有礼,餐厅的设备先进便捷,顾客等候的时间很短,外卖还备有各类消毒的食品包装,干净方便。餐厅布置典雅,适当摆放一些名画奇花,播放轻松的乐曲,顾客在用餐之余还能得到优美的视听享受。有些餐厅为方便儿童,专门配备了小孩桌椅,设立了“麦当劳叔叔儿童天地”,甚至考虑到了为小孩换尿布的问题。麦当劳餐厅备有职员名片,后面印有 Q、S、C 三项评分表,每项分为好、一般和差三类,顾客可以给其打分,餐厅定期对职员的表现给予评判。

• 清洁。走进麦当劳餐厅,你会感觉到那里的环境清新幽雅、干净整洁。麦当劳制定了严格的卫生标准,如员工上岗前必须用特制的杀菌洗手液搓洗 20 秒,然后冲净、烘干。麦当劳不仅重视餐厅和厨房的卫生,还注意餐厅周围和附属设施的整洁,连厕所都规定了卫生标准。麦当劳老板认为,如果一个顾客在用餐之后,走进的是一个肮脏不堪的洗手间,很难想象他下次还会再光顾这家餐厅。

• 价值。所谓价值,就是说要价格合理、物有所值。麦当劳的食品讲求味道、颜色、营养,价格与所提供的服务一致,让顾客吃了之后感到真正是物有所值。同时,麦当劳还尽力为顾客提供一个宜人的环境,让顾客进餐之余得到精神文化的享受,这是无形的价值。一位北京市民在接受媒体采访时说:“与中式快餐比较,麦当劳确实贵了点,但我们全家人都愿意到这里来吃快餐,因为麦当劳的食品和服务是质价相符的,简单说就是一个字:值。”

舍小利赚大钱

一个中国老人去美国看望儿子时,美国人所谓“不赚钱的经营之道”给他留下极深的印象。

例如,在麦当劳,10 个鸡块卖 3 美元,就像是不识数。

又如,一个麦当劳鸡翅,这个店卖2美元,那个店只卖1美元,美国人好像不会算账。

再如,在美国买东西可以随便退。有的中国学生写论文,买了一台计算机,论文写完了,计算机也退了。

更有甚者,有人拿减价券买东西,退货时售货员没仔细看,按原价退给他,结果,他反倒赚了钱。这一切难免使外人产生疑问:美国人在经营上是不是傻?

美国确有这些情况。有一个叫"汉堡包大王"的连锁店,以推出99美分的汉堡包而闻名。这种汉堡包里面夹着牛肉饼、生菜、西红柿、酸黄瓜、一大片奶酪和沙拉油,还外加一包番茄酱,既好吃又实惠,营养也丰富。吃这种汉堡包的,有学生、职员,还有开着"奔驰"高级轿车来的,可见很受欢迎。可是我们计算了一下,按美国的物价,卖这种汉堡包充其量也刚刚够成本。美国的一般职员,月工资在两三千美元,花99美分买个汉堡包当一餐饭,真够便宜的。可这样经营又怎么赚钱呢?

对于这些看起来不赚钱的经营方法,仔细想一想,就可以发现其中的门道。美国的竞争很激烈,商家要想在市场上站住脚,除了信誉、质量、态度外,还要有吸引顾客的本事。有些商品价格压得很低,即使不赚钱,只要能吸引顾客,就可以在别的方面得到补偿,如吃99美分的汉堡包的人,总还要吃点薯条、喝点饮料,那就有钱可赚。即使这次不吃别的,但总会有下次。

在美国,除了吃的东西不能退货外,其他东西都可以,包括大减价的商品。退货期限有的是一个月,有的是半年甚至一年。退货不需要理由,就是因为不喜欢了,也可以退,当然质量有问题就更不用说了。售货小姐连看也不看就把钱退给你,还要说"对不起"、"谢谢"。

美国市场上,进货的渠道多,价格自然也不一样。大包装的货物价钱便宜,却不见得比小包装的赚钱少。在市场上,顾客是第一要素,这里真正体现了"顾客是上帝"。只要你的商品有人买,你就得从各方面来满足顾客的要求。货物不但要质量好,品种货样还要多,停车还要方便。要顾客买东西放心,就必须允许退货,退货的损失并不完全由商店来负责,商店会把这些退货再退到生产厂家。厂家就要根据顾客的退货情况改进质量，并不断创新，推出更好的产品。

麦当劳在中国的快餐店除了打折外，还向前来消费的小朋友赠送一些小玩具、小礼物，吸引了众多小朋友。其中有不少小朋友都是冲着麦当劳赠送的这些精美的小玩具、小礼物而来的。

一天，克罗克从旧金山开车绕道回洛杉矶时，看到一处光秃秃的山上，排满了上千台风车，让人想起风车王国荷兰。但这里的风车不是木制的，都是钢筋铁骨。漫山遍野的风车随风飞转，场面真是壮观。原来，这些风车都是发电用的。风力发电的好处很多，一是靠自然动力不费钱，二是没有任何污染。可就是造价太高，据说搞这种风力发电的商人，十几年来虽已联网发电，还一直在赔钱，直到最近才收回了投资，今后就是赚钱的时期了。老人终于明白了：美国人在经营方面并不傻，只是他们的眼光长远一点罢了。他们的“傻”其实是在布诱饵，他们的不赚钱正是为了来日方长赚大钱。

中国有句俗语叫：“舍小利，赢大利。”“送”给顾客一点蝇头小利，为的是建立商家的品牌，为将来赚大钱做铺垫。这就是克罗克的经商之道。

品质上乘，服务周到

• 坚持品质上乘。克罗克从卖汉堡包的第一天起，就“坚持品质上乘”的经营原则，非常注意食品质量，力求食品标准化。在麦当劳，每一个产品都有严格的质量标准，有规定的具体操作规程和细节，如：牛肉原料不能含动物内脏，脂肪含量不超过19%，牛肉绞碎后一律做成重47.32克的肉饼，该饼的直径为9.85厘米、厚度为6.65厘米；炸薯条，要选好马铃薯，为了调整马铃薯的淀粉和糖的含量，购进的马铃薯要稍加贮存再用，薯条用特制的可调温炸锅来炸，以适应不同含水量的马铃薯。麦当劳还规定：汉堡包出炉后10分钟、炸薯条出锅后7分钟，若仍未卖出去，就一律废弃掉。这就保证了食品的质量、口感和新鲜程度，使消费者放心、满意。

• 保证服务周到。克罗克说过：“一个经营有方的餐馆，就要像战无不胜的棒球队那样，充分发挥每个成员的聪明才智，抓住每一个稍纵即逝的机会来加快我们的服务工作……你要想生意兴旺，就非得把你的每项基本功打得扎扎实实不可。”为此，他强调人员的挑选和培训。他挑选来的人，一是要懂得人际关系，善于接待顾客，并规定一系列要求，如“收款员的目光必须注视每个顾客，并面带笑容”等；二是必须接受专门训练。一般店员，招来后要经过10天培训，合格者方能上岗。上岗后，还得一项一项地在实践中不断学习，如一位工人说：“刚进店，就让我戴一顶写着‘学员’字样的小白帽，干的是最简单的炸法式土豆条。然后调我去搅牛奶冰激凌。就这样干下去，一直到让我掌管小圆面包和煎牛肉饼。我的工间休息室只是一个小房间，里面放有一台电视机和录像机，反复播放在麦克唐纳快餐店干活的方法。”作为经理人员，则必须经过“汉堡大学”的专门的培训，成绩合格，授予“汉堡大学”的学士学位，才能上岗工作。麦克唐纳公司特设的“汉堡大学”，共有18门课程，并有现场实习教学，如业务座谈、现场监控、市场评估、管理技巧等，都是为了使学员了解快餐市场的特点和态势，弄清麦当劳的成功秘诀就是供食迅速、清洁、服务周到、价格低廉，学到“质量、服务、清洁和价值的准则”，掌握经营管理和市场竞争的本领。从经理到工人，都经过认真挑选、严格培训，这样一支高素质的队伍，当然能以世界一流的服务，保证麦当劳打遍天下无敌手了。

- 坚持店堂清洁。顾客走进快餐店吃东西，对于清洁卫生是十分注重的。因此克罗克制定出严格的卫生标准：工作人员不准留长发，女职工要戴发网，餐馆内不许出售香烟和报纸，所用器具全用不锈钢制作，客人一走马上清理桌面，客人丢弃的纸屑立即捡净。麦当劳快餐店窗明几净，食品卫生，环境清爽，让顾客心舒气顺，食欲大增。

麦当劳之所以能够获得成功，靠的是克罗克根据消费者的心理，总结出的一套快餐经营绝招：“品质上乘，服务周到，清洁卫生。”

麦当劳的七条经营准则

麦当劳作为世界上最成功的特许经营者之一，以其引以为傲的特许经营方式，成功地实现了异域市场拓展、国际化经营。在其特许经营的发展历程中，积累了许多非常宝贵的经验。

1. 标准化生产

对于麦当劳而言，其每一片汉堡中肉的厚度、重量都是一定的，即便是生产一万个汉堡都是相同的品质。麦当劳亚太、中东及非洲地区副总裁马子义博士曾经笑着对记者说，他痛恨那个说麦当劳“全世界都是一个味道”的人。作为负责供应链管理的副总裁，“一个味道”给他造成了很大麻烦，“中国和美国的牛吃的东西不一样”，味道怎么可能一样。但麦当劳偏偏就是要做成“一个味道”。

麦当劳对薯条的规格都有量化的要求，长度为5英寸的要达到20%左右，3—5英寸的要达到50%左右，3英寸以下的比例在20%—30%之间。而中国的马铃薯一般都是拳头大小，做成薯条明显不符合长度标准。为此早在1983年，麦当劳便来中国培育适合的马铃薯苗，而麦当劳在国内第一家店到1990年才在深圳开张。

在麦当劳“一个味道”的背后，是其严格的标准化流程操作。以汉堡中的生菜为例，在麦当劳的《全面供应链管理手册》中，规定从源头步骤选土开始，详细记录地段和土壤的资料，其后每一环节——养土、选种、播种、种植、灌溉、施肥、防虫——也一一详细记录，再加上完善的产品回收计划，包括定期模拟测试，万一有问题发生，可用最短的时间有效找到每一片菜叶的来源并及时解决。

2. 把自己摆在顾客的位置上

克罗克提出一句口号“把自己摆在顾客的位置上”，要求员工“将心比心”，事事时时为顾客着想。为此，麦当劳采取了许多措施：为了“快”，一律采用“自我服务”形式，顾客排一次队，花一两分钟即可将热乎乎的快餐拿到手中，各连锁店门上都挂“M”霓虹灯标志，服务人员都穿着统一制服，便于顾客寻找快餐店，公路两旁开设许多联号，距店10来米处装上对讲机，写上食品名称和价格，汽车经过时只需通过对讲机报上所需食品和数量，店内即用塑料袋装好，甚至连饮料杯也预先划好十字口，车开至店侧小窗口，乘客即可一手交钱，一手取物，一点儿也不耽误赶路；各连锁店内设儿童游乐园，孩子由专人看管边吃边玩，也可举行孩子生日庆祝会、聚餐会，这样，家长就可以舒适进餐了，省心又省力。

古语云："得人心者得天下。"克罗克深知这个道理，所以他十分重视人才。因为保证质量、服务周到、清洁卫生，都是靠"人"来实现的，离开了员工的积极性，麦当劳便寸步难移。他非常信任员工，鼓励和支持他们的积极性和创造性，对成绩出色的人，发给一定的奖金和奖牌，以示荣誉。正是靠这批人的积极努力，麦当劳遍布全世界；正是靠这批人的顽强拼搏，克罗克得以日进斗金。

3. 规范化管理

克罗克制定了麦当劳的黄金准则是"顾客至上，顾客永远第一"。麦当劳为保障食品品质制定了极其严格的标准。例如，牛肉食品要经过40多项品质检查；食品制作超过一定期限（汉堡包的时限是10分钟、炸薯条是7分钟），即丢弃不卖；规定肉饼必须由83%的肩肉与17%的上选五花肉混制，等等。严格的标准使顾客在任何时间、任何地点所品尝的麦当劳食品都是同一品质的。

4. 专业化供应链管理

在物流供应上，麦当劳利用外包供应商为其各个餐厅完成订货、储存、运输及分发等一系列工作。通过它的协调与联结，每一个供应商与每一家餐厅达到畅通与和谐，为麦当劳餐厅的食品供应提供最佳的保证。克罗克认为，餐厅经理订货量太多太少都是不允许的，过多会增加成本，积压资金，使产品品质下降；不足则会使营业额和利润下降，并对公司信誉和员工士气产生不利影响，而紧急订货成本就会上升。

麦当劳的配送车队在每天晚上11点到凌晨1点之间必须完成送货。准点率在98%以上才算符合服务质量要求，因为麦当劳的员工是按小时付薪的，每天晚上11点之后安排几名员工接货，如果在这个时间内不能将货送到，员工的超时工资要由供应商承担。

在麦当劳，有个天条是必须遵守的，那就是保证供应。麦当劳无法想象，有消费者来买汉堡时，服务生说"卖光了"。

保证供应听起来很简单，但具体运作却非常麻烦。麦当劳在全球拥有1万多家连锁店，目前在中国有1 000多家连锁店，尽管通过POS机能够实时知道每一种商品的销售情况，但是如何运输、怎样在全国范围内建物流中心、如何协调社会性物流资源、如何在运输的过程中做到严格的质量控制，这都需要有极好的供应链管理能力。

5. 严格的检查监督制度

为了使各加盟店都能够达到令消费者满意的服务与标准化，除了上述理念和规范以外，克罗克还建立了严格的检查监督制度。麦当劳体系有三种检查制度：一是常规性月度考评，二是公司总部的检查，三是抽查（在选定的分店每年进行一次）。公司总部统一检查的表格主要有食品制作检查表、柜台工作检查表、全面营运评价表和每月例行考核表等；公司总部的抽查资料有分店的账目、银行账户、月报表、现金库和重要档案等，详略不等。而对每个分店一年一次的检查一般主要由地区督导主持，主要检查现金、库存和人员等内容。地区督导常以普通顾客的身份检查食品的新鲜度、温度、味道，地板、天花板、墙壁、桌椅等是否整洁卫生，柜台服务员为顾客服务的态度和速度等。

6. 完备的培训体系

克罗克非常重视员工培训，并建立了较完备的培训体系。这为受许人成功经营麦当劳餐厅、塑造麦当劳品牌统一形象提供了可靠保障。麦当劳的培训体系是在职培训与脱产培训相结合。脱产培训主要由位于芝加哥的汉堡大学完成。汉堡大学是对分店经理和重要职员进行培训的基地。1992 年在北京开办的中国第一家麦当劳餐厅的四名管理人员就毕业于汉堡大学。汉堡大学提供两种课程的培训，一种是基本操作讲座课程（BOC），目的是教学员制作产品的方法、生产及质量管理、营销管理、作业与资料管理和利润管理等；另一种是高级操作讲习课程（AOC），主要用于培训高层管理人员，其内容包括 QSCV 的研究、提高利润的方式、房地产、法律、财务分析和人际关系等。

7. 联合广告基金制度

设立广告基金是麦当劳的重要营销策略。由于大部分加盟者只有一家或少数几家店，不可能负担大部分广告费用，而大家联合起来，就可以筹集到较丰厚的广告基金。为了能够让麦当劳在更大范围内做电视广告，1966 年麦当劳总部决定建立联合广告基金制度，并组建了麦当劳全国加盟者联合广告基金会，基金会的资金来源于参加这一计划的加盟店和麦当劳公司直营店，其额度大约占每年总营业额的 3%—4%。麦当劳除了总公司广告部以外，在美国各地还有若干个广告基金。这样，品牌宣传的广告经费就充足了。经营者们利用这笔巨大的款项，可以做强势广告宣传。

在宣传麦当劳品牌的过程中，坚持统一广告与区域性广告相结合的原则，即不同的地区、不同的广告基金，在宣传同一个品牌时可以实行不同的创意。也就是说，各个地区是根据自己地域的促销重点和当地价值观、消费习俗等做不同的广告设计来对同一个汉堡包进行宣传的。这也是麦当劳公司特许经营体系独具特色之处。

雷蒙德·克罗克经典语录

- 蠢材妄自尊大，他自鸣得意的，正好是受人讥笑奚落的短处，而且他往往把应该引为奇耻大辱的事，大吹大擂。
- 在公司的管理方面，我相信少就是多的道理：你抓得少些，收获反而就多了。
- 工作之于生活犹如肉之于汉堡。
- 我对麦当劳餐厅的期望就是尽善尽美。
- 我确实是一夜之间成功的，但是30年是多么漫长的一夜啊！
- 不管是谁，只要具有常识，忠于原则且乐于吃苦，都能做出一番事业。
- 想要了解竞争对手的经营情况，只需看他的垃圾箱即可。
- 你要想当大公司领导，就必须忍受挫折；你的职位升得愈高，失去的朋友也就愈多。
- 钱会惹出麻烦。钱越多，带来的问题就越大。
- 世上什么也替代不了坚韧不拔，才干替代不了，那些虽有才干却一事无成者，我们见得最多；天资替代不了，天生聪颖而一无所获者几乎成了笑谈；教育也替代不了，受过教育的流浪汉在这个世界上比比皆是，所以唯有坚韧不拔、坚定信心才能无往不利。
- 把自己摆在顾客的位置上。

第四章

亨利·福特：为百姓制造物美价廉的汽车

人物小传

亨利·福特(1863 年 7 月 30 日—1947 年 4 月 3 日),福特汽车创始人,出生在美国密歇根州格林费尔德城。他潜心设计汽车,1896 年试制成一辆二汽缸气冷式四马力汽车。1898 年辞职,成立了全球第一家汽车公司,但只生产了 25 辆汽车后便于 1900 年破产。1903 年 6 月 16 日,福特再次成立汽车公司,并一直担任总经理。同年,公司生产出第一辆福特牌汽车。1908 年,生产出世界上第一辆 T 型车,彻底改变了美国人的生活方式。1911 年在密苏里州堪萨斯城建成第一家汽车装配工厂。1919 年福特买下了公司其他股东的股份,独占了该公司。他还利用花旗银行的资金扩大再生产,使公司成为 20 世纪世界最大的汽车公司。福特本人也被称为"汽车大王",其家族成为美国几个主要财团之一。1947 年 4 月 3 日,福特去世。1999 年,《财富》杂志将福特评为"20 世纪最伟大的企业家",以表彰他和福特汽车公司对人类发展所作出的贡献。2005 年《福布斯》杂志公布了有史以来最有影响力的 20 位企业家,亨利·福特名列榜首。

亨利·福特从一个爱鼓捣机械的小男孩成长为全球闻名的"汽车大王"、美国汽车界第一个亿万富翁,他的个人奋斗历史已经成为许多年轻人津津乐道的传奇。福特给后人留下的,也不仅仅是关于汽车的东西,还有更多。他所取得的成就辉煌无比,他的思想与独到见解更闪耀着夺目光彩。在中国汽车界,福特的管理方法被看做是学习管理的入门教材。

亨利·福特先后受到三位总统的赞誉,并被美国著名的《财富》杂志评为"20 世纪最伟大的企业家",戴尔·卡耐基和拿破仑·希尔更是将他推崇为"人类最伟大的成功学导师"。

热衷机械的天才技师

1863 年 7 月 30 日，福特出生在美国密歇根州的一个农庄。他的父亲拥有 730 亩土地和一栋两层楼。福特的祖辈是爱尔兰人，在 19 世纪 40 年代，因为家乡流行马铃薯中毒和伤寒病，他的祖父带领全家人远渡重洋，移民美国。福特的母亲是荷兰人，担负了一个农妇所能操持的一切家务和农活。

在福特小的时候，父亲总是叫他学习农场事务，希望他能继承自己的土地，成为像自己一样富有而且尊贵的农场主。但是，福特对开垦土地和挤牛奶、养马、管理鸡舍之类的农活十分厌恶，颇让父亲失望。他无心农作，而对摆弄机械兴趣极浓。他对“滴滴答答”走个不停的钟表特别好奇，总爱拆开来探个究竟，家中几乎所有的钟表都被他拆得七零八落。因此，家里人只要看见福特回来，便立刻慌慌张张地把所有钟表都藏起来。年仅 7 岁，他就成为当地的天才少年技师了。

后来，他的兴趣又扩展到机器制造上。一个北风呼啸的冬日，小福特在底特律火车站，第一次看到了火车头。他立刻被这个大怪物迷住了，恳求列车长允许他进入火车头里看看。

据福特自传《我的人生和工作》记载：福特在 12 岁时就建立了自己的机械坊，让父亲感到惊讶的是，这个孩子居然还亲手制造了一台内燃机。17 岁那年，福特独自一人到底特律密西根汽车制造公司学徒。但只干了 6 天就辞职了。原因是“该公司最优秀的员工需要花费好几个小时才能修复的机器，我只要 30 分钟就可以修好，因而其他员工对我十分不满”。

到了 23 岁，制造经验日渐丰富的福特开始研制由内燃发动机带动的交通工具，从此与汽车结下了不解之缘。但是他的父亲仍然希望他回到农场经营农业。这一年父亲给他 40 亩木材地，条件是让他放弃做一名机械师。“作为权宜之计我同意了。”福特后来回忆道。回到农场，他砍下木头建筑了自己的“婚房”，却在里面藏了个工作间。在这段隐居的日子里，福特开始试验双缸发动机，掌握了汽车生产、装配的关键，熟悉了流程的每一个细节。

1891 年，他接到爱迪生照明公司月薪 45 美元的聘书，40 亩地的木材这时也全都砍完了，从此他告别了农场，一边工作一边去夜校学习。他最大的愿望是“不屈居于人下，被别人利用而过一生，要自己开一家制造机械的工厂”。

1892 年，他的第一辆汽车造成了，可乘坐两人，与农民使用的两轮马车很相似。1903 年，他用 10 万美元创办了福特汽车公司。所有的专家都预言，他半年后将破产。而实际上，福特这位天才的组织者后来统治着世界上最大的汽车帝国，并使他的公司成为最完善的工业公司。

赌出来的胜利

1896 年春天，福特的第一辆两缸气冷式四马力汽车试制成功。1899 年，福特又成功地制造出了三辆汽车。他觉得可以“自己开一家制造机械的工厂”了。1899 年 8 月，37 岁的福特从电力公司辞职，与别人合作成立了底特律汽车公司并任制造部经理。从此将全部精力投身于汽车事业，也获了妻子坚定的支持。

控制企业的钱袋是这个技术专家实现梦想的第一步。他起初在底特律汽车公司（卡迪拉克公司前身）当总工程师，三年作坊式的生产之后，他再次辞职，决心“再也不受别人的指挥了”。1903 年福特汽车公司成立，资本金 10 万美元，他的初始股份是 25.5%。

“尽管有以前的教训，但我仍然想发展一个自己的股权少于控股权的公司，”福特后来回忆，“不过，很快我又发现自己必须拥有控股权。”当产量达到一天 100 辆的时候，有些股东感到强烈的不安，他们试图阻止福特管理公司。而他的回答则是：“我很久以前就希望一天能生产 1 000 辆。”

1906 年，福特用赚来的钱增持了 51% 的股权，没过多久又增持到 58.5%；1919 年，他的儿子埃德塞尔以 7 500 万美元买下了余下的 41.5%

的股票。

“一个工厂为了获得真正的经济效益，必须全力以赴地生产一种产品。”福特认定，“金融策略是由我的销售策略决定的，我相信薄利多销比厚利少销要好得多”。这也意味着他将面临前所未有的风险。如果当时的福特公司受制于投资基金，在稳定盈利后就很难进行“惊人的一跳”，进军前所未有的“大众消费品市场”——这意味着简单品种、超大规模生产、低价销售网络。

福特公司魔法般地快速发展起来。既然历史是由胜利者书写的，既然成熟市场曾经只存在于福特的脑海中，既然他赢了这场赌博，因此他是对的。

1920年年末，战争中膨胀起来的汽车制造业遭遇不景气，华尔街预测福特公司需要大量的周转资金。此前福特家族买下了公司的所有股份，而在1921年年初的几个月要支付5 800万美元——此时福特公司银行账户上只有2 000万美元。

考虑到福特长期以来对于金融资本、借贷行为的偏见，华尔街兴高采烈。一个救治方案是：借钱。以巨额贷款换取银行代表担任福特公司财务主管。

福特发起了挖掘企业内部潜力的战斗。他把儿子任命为公司的财务主管，清理战争时期的冗余，收回国外的钱，出售自由公债并卖掉副产品。

1921年1月下旬，全公司1万名骨干（工头、初级工头和助理工头）聚集在核心工厂开工。每辆车的间接费用从146美元削减到93美元（每天的产量超过4 000辆）；通过改进货运，生产周期从20天缩短为14天，这一项就盘活了2 800万美元！最终结果是：福特公司偿还债务后还剩2 730万美元现金。

开创现代工业的革命

1908年10月1日，福特公司推出了一款T型汽车。伴随着这款“世纪之车”,工厂的生产管理日渐稳定。每个工头每天都记录他的部门的效率。监工有一个囊括各种内容的表格,如果一个部门有什么地方不对劲,产量表格马上就能显示出来。

对于汽车制造这件麻烦事,“流程分解、优化”推进得坚决而彻底,而且效果惊人。以活塞杆组装为例,按照老式的方法,28 个人每天装配 175 只——每只 3 分 5 秒;工头用秒表分析动作之后,发现工人有一半的时间用于来回走动,每个人要做 6 个动作,于是他改造了流程,把工人分成 3 组——再也不需要来回走动了,凳子上装了滑轮传动——现在 7 个人就能每天装配 2 600 只。

几乎每个星期,福特公司都对机器或工作程序进行某些改进。生产规模很小的时候,工厂曾需要 17 个人专门清理齿轮的毛边;有了专门的机器,4 个人就能轻松干几十个人的活。

对生产流程的彻底分解和优化,预示了生产史上最具有颠覆性的力量。福特在此基础上,创造了前所未有的流水线。

福特是那个时代最优秀的大魔法师之一。流水线模式使汽车生产从作坊跨进了工厂时代,进而为现代工商业带来了革命。

“从变化中我们能明白我们付出了远比该付的大得多的代价,明白人们得到的工资远比他们该得到的低得多,也明白还有多么广阔的领域等着人们去开发利用。”福特在回忆录中写道:“福特汽车公司只是沿着这条道路走了一小段而已。”

福特坚持自由经济,反对垄断(他吃过“行会组织”的苦头);坚决反对投机主义,并把投资称为“投机”;他建立的职业学校为数以万计的贫困孩子提供了学习和工作的机会,修建的医院、铁路则为同行树立了标杆。

除了管理企业,福特还用很多的时间思考政治经济学问题。作为一个理想主义者,他梦想着“把苦役从劳动中清除出去”,对民主制度、工资与福利的本质、慈善事业、机器与人的关系等都有阐述。

对车型进行不断改进

1903 年 6 月 18 日，福特公司成立的时候，厂部设在底特律麦克大街上一家改造过的货车车间，最初的时候仅有 10 个雇员，公司的标志是一个蓝色的椭圆形，商标是蓝底白字的英文“Ford”字样，被艺术化了的“Ford”形似活泼可爱、充满活力、美观大方的小白兔。“Ford”犹如在温馨的大自然中，有一只可爱、温顺的小白兔正在向前飞奔，象征福特汽车奔驰在世界各地，令人爱不释手。从此，这个“Ford”标志就成了福特汽车公司的象征，直到今天。当时，正是汽车公司快速发展、快速淘汰的时代，1903 年就有 80 多家汽车公司诞生。在这种情况下，福特公司感到巨大的压力，将生产的方向定位为高端车型。

福特公司生产的第一辆车是“1903A 型车”，它被媒体称为“市场上最完美的机器”，并且“简单得连 15 岁的孩子都能驾驶”。可是，这种既“完美”又“简单”的车，并没有给福特公司带来好运，相反的是，门可罗雀，公司几乎将投入的资金全都赔光了。如果不是及时收到芝加哥一位牙科医生——他是第一个从公司买车的人——寄来的 850 美元的支票，那么，福特公司的股东们不一定有信心继续支撑下去。

面对这样的不利局面，福特和他的工程师开始思考失败的原因，于是决定多研发几种新车型，以此来探测市场和消费者的需求。1903 年和 1908 年间，福特的 A 型、N 型以及 K 型车陆续生产出来，这些用字母来命名的车，分别代表三种不同的档次，其中高档车主要为富人服务。生产高档车带来的利润很大，但顾客数量有限。其中一部分只是实验品，并未投放市场。

在实验运营中，早期生产的车中销售最成功、最理想的要算是 N 型车了。这是一种小型、轻便的四缸车，最重要的是，它的市场售价只有 500 美元，可以说是一种适合大众消费的车型。而其中最惨的，却是售价为 2 500 美元的豪华车——K 型车。

K 型车的失败，给福特和他的工程师们带来了重要启示，那就是“消费者是我们工作的中心所在”,没有消费者的认可,再豪华完美的车也只能放在仓库里落满灰尘。福特从此坚持认为公司的前途就在于面向大众市场生产物美价廉的汽车。

认准了发展方向,就要坚持下去。在公司会议上,福特对各位股东说:“美国地域辽阔,生活着很多人,大多数是工人、农民。他们才是汽车的真正需要者。我主张多生产低档车,特别是标准化的大批量生产,把便宜实用的汽车卖给这些人。这才是我们公司长期的战略!”

可是,这一决定却受到公司的一位股东底特律煤炭经销商 Alexander Malcomson 的强烈反对,并与福特之间产生了不可调和的矛盾,虽然 Malcomson 在公司拥有举足轻重的地位,掌握着部分股份,但福特仍然坚持自己的决定,生产适合大众的车型,而不是急于占领高端车市。结果,Malcomson 离开了公司,而福特得到了足够的股份,使自己持有的个人股份增至 58.5%。福特在 1906 年成为总裁,取代了 John S. Gray——一位底特律银行家。

一旦从实践中得出了“消费者是我们工作的中心所在”这一结论,福特便再也没有改变过,而且不断对车型进行着改进。可是,小小的福特公司毕竟不可能完全占据全部汽车市场,必须突出重点。那么,生产什么车为主呢?

福特经过仔细考察之后,认为应该使构造简单化,简单了才容易修理,一旦哪部分出了问题,换个标准零件就够了,最重要的是,简单的设计更容易满足大众需求,而且也适于大批量生产,当生产量增大时,生产成本自然就会降低,那么汽车价格也顺理成章地变得更低廉。

为了生产出这种简便耐用、容易修理,而且还能在崎岖不平的乡间路上奔驰的汽车,福特对零件提出了新的要求,还有更重要的一点,这种车必须便宜,让家家户户都能够买得起,因此,在设计的时候,福特将重点放在经济因素上,经过几次修改,福特新的设计定型了,并且顺着英文字母的顺序命名为 T 型车。

这种 T 型车的性能得到显著提高,但改进的方向却一直没变,那就是满足消费者的需要。福特公司工作的中心是消费者而不是公司,也不是公司的某个重要人物。在这个理念的支撑下,福特公司也因此取得了成功，在第一年就生产了10 000辆车，打破了当时的行业纪录。而福特的T型车也名留汽车史，几乎成为汽车的代名词。但是，车还是没有满足市场需求，因为用手工造车的效率实在是太低了。

为了满足消费者的需求，福特开始改进工作制度，他将不同的工作根据个人特长分配给不同的工人，并要求在规定的时间送到规定的地方。1913年，经过将近三年的开发，他和他的员工设计出了一套汽车生产流水线系统。这套批量生产的系统最终使得公司可以在可接受的价格下提供大众所需要的车。

从1908年诞生到1927年，福特生产的T型车数量是整个世界汽车总量的一半，直到今天还没有哪一个车型能望其项背。那时候，美国人说自己有一辆汽车，那一定是福特的T型车。福特以其傲视群雄的气概一跃成为汽车大王。同时，福特汽车公司也理所当然地坐到了美国汽车业第一大公司的宝座上。

在汽车工业的发展史上，福特的大规模流水装配线带来了生产方式的革命，深深地影响了人类的生活方式。目前，福特公司是世界最大的汽车企业之一，比较为人所知的品牌有福特、林肯、水星、阿斯顿·马丁、捷豹、马自达、沃尔沃和陆虎，其制造和装配业务遍及30多个国家，产品行销200多个国家和地区。

这位汽车制造业国王在1943年丧失儿子之后重新领导他的帝国，直到1947年因患脑溢血去世，终年83岁。他是素食者，每天早上6点30分起床，从不喝酒、吸烟。他说，"喝酒、吸烟、玩弄权术是人生失败的主要原因"。

在福特下葬的那一天，美国所有的汽车生产线停工一分钟，悼念这位汽车王国的缔造者。半个世纪之后，《财富》杂志称其为"20世纪最伟大的企业家"；在《福布斯》杂志评选的"有史以来最有影响力的20位企业家"中，他的名字赫然列在榜首。

福特在工作之余，完成了《我的人生和工作》(1919年)、《今天和明天》(1926年)以及《前进》(1930年)三本著作。他总结自己成功的秘诀在于：把自己的脚放入他人的鞋子里(站在他人的立场，为他人着想)。这句话现在已成为企业经营的宝典。

消费者是我们工作的中心所在

"消费者是我们工作的中心所在"是福特为福特公司确立的经营理念。他说:"我们在工作中必须时刻想着我们的消费者,提供比竞争对手更好的产品和服务。"这种理念不仅使得美国中产阶级日益壮大,也带动了内需和良性经济循环,同时,这种价值观和国民车的概念还在很多国家都得到了广泛推广,比如德国的大众、意大利的菲亚特。

一百多年来福特公司一直秉承着"消费者是我们工作的中心所在"这一理念,始终以制造百姓买得起的车为动力,这是因为,这一理念是经过许多次惨痛的失败和精心的研究而得出的,使福特公司走过了风雨之程,而且,也为福特公司带来一次又一次的成功,直到它稳稳地落座于《财富》杂志世界500强排行榜名单上。

从福特公司以及福特的经历中,我们可以得出一个结论,那就是,公司成立之初,许多方面都还不成熟,诸如工作部门、规章制度刚刚建立,工厂也很破旧,但是,营销思想却不能不成熟,而且首先应该确立的就是营销理念,只有在经过市场调查、真正了解消费者的需求后,才可能在发展中占领市场。

从表面上看,福特似乎是凭借着低价来实现汽车的生产,以及降低生产成本,但是,如果单纯用低价来理解福特的成功之道,那就太过于肤浅了。福特不止一次说过:"我要为大众造一种汽车",而且他反复向公众描绘他梦想中的那种将要改变美国甚至整个世界的交通工具,"它的价格会非常低,没有一个薪水过得去的人会买不起"。

最值得人们思考,也最值得中国企业家学习的是,福特公司从1908—1916年把汽车价格降低了58%之后,公司的订单已经远远超过了生产能力,当这个供不应求的局面出现之后,福特汽车完全可以提高价格,但是,其价格却不涨反降,依然坚持"让每一个人都买得起车"的信念,始终围绕"消费者是我们工作的中心所在"这一理念,改进车型。

福特的营销哲学是:"我认为我们的汽车不应该赚这么惊人的利润。

我主张最好用合理的小额利润，销售大量的汽车……因为这样可以让更多的人买得起，享受使用汽车的乐趣；还因为这样可以让更多的人就业，得到不错的工资，这是我一生的两个目标！”福特的这一营销哲学值得企业家好好学习。

悉心聆听客户意见

福特说：“一个好的公司提供完美的产品和服务，一个伟大的公司除了提供完美的产品和服务之外，还努力把世界变得更加美好。”

福特认为汽车不仅仅是为消费者提供一种交通工具，而且是为消费者提供一种崭新的生活方式，一种不同于以往的感受和体验。

在营销界，有一种营销金字塔图表，塔的每一层代表一种营销理念，同时也代表着不同理念不同的重要性。这个营销金字塔的基座，也就是变革的出发点，就是“消费者是我们工作的中心所在”这一理念，其余还有五个须努力的方面：强有力的全球品牌、出色的消费者满意度和忠诚度、为顾客提供最佳价值、在各个水平上领先、全员合作，再往上依次是改革和成长、世界领先的消费者公司、出色的股东回报。

从这个营销金字塔图表中，我们也可以清楚地看到，对于一个企业而言，消费者有多么重要，企业的一切营销策略、营销手段，以及所有的技术创新、制度改革，都是为了吸引消费者的注意，赢得消费者的信赖，总之一句话，就是为消费者服务。不然，这个企业的存在也就没有什么意义了。

最初的时候，福特只注重汽车研发与生产，注重对某个畅销产品的生产，哪个车型卖得好，就依据规模经济原则全力生产哪种产品，结果，造成市场容量饱和，不得不降价出售，以至于损失利润。在这样的关键时刻，福特为公司确立的理念“消费者是我们工作的中心所在”给了福特汽车新的契机，他们转向注重消费者的需求。比如，福特意识到消费者多样化的需求，凭借平台战略，生产出一个又一个新的车型，结果是每个车型出来，都有很多人喜欢。

当然，“消费者是我们工作的中心所在”并不仅仅是低价和车型简便，而且也包含着福特为消费者提供的优质的售后服务。这也是福特曾经忽略的地方，在20世纪三四十年代，由于营销思想的偏误，福特与通用在汽车公司的竞争中遭到惨败，1940年，通用公司的汽车将福特汽车从冠军宝座上挤了下来，销量跃居世界第一，而福特公司的销量则惨跌。

在总结了经验之后，福特意识到问题的症结所在，便开始对员工进行严格的素质培训，其中一项就是有关“消费者是我们工作的中心所在”这一营销理念的学习。因此，从福特汽车的成长史中，可以看到围绕这种人性化的个性特征，展开策划和传播，是品牌培育和营销的过程中不能不考虑的一个方面。

消费者满意到底有多重要？福特用“100－1＝？”这个简单的等式告诉了我们，他的答案不是99，而是0。他认为在服务领域里，消费者对任何一项服务质量的满意度不是按减法递减，而是全面否定，从而会永远失去这位顾客的信任。这种说法未免有些夸张之嫌，但事实是，如果哪位消费者对服务非常满意，他至少会与周围12个人分享，当他们有相同需求时，大约有10人会选择这家企业；相反，哪位消费者对服务质量非常不满意时，他至少会把不满告诉20个人，这些人在产生相同需求时几乎不会光顾被批评的企业。由此可见，消费者的满意度对于一个企业有多么重要。

反过来说，当企业服务水平一般时，消费者的反应不大，一旦其服务质量提高或降低到一定限度，消费者的赞誉或抱怨将呈指数倍的增加。所以说，消费者是不是满意也给企业本身带来启示，对改进产品质量、价位、营销理念、公众形象和服务态度等都有很高的参考价值。在消费者选择企业的时代，消费者对企业的态度极大限度地决定着企业的兴衰成败，营销之于消费者的基本思想，就是努力将潜在顾客转化为顾客，将满意顾客转化为忠诚的终身顾客。

正是深谙此奥妙，很多企业主管都要亲自阅读顾客的来信，接听并处理顾客的电话，因为他们心中有一笔账：开发一个新顾客的成本是留住老顾客的5倍，而流失一个老顾客的损失，只有争取10个新顾客才能弥补！

而福特将消费者作为工作的中心所在，在保证产品质量的同时，悉心聆听客户意见，还为客户提供优质的售后服务，解除他们的后顾之忧，这是福特的成功基石。

永不停止的革新

与福特不停息的发明相比,他的商业思想也在不断革新。面对雪片般的订单,福特在欢喜的同时也在发愁,因为工厂里原始的组装技术根本无法应付这种大规模的机械化生产。

但是一个偶然之间看到的现象给了他灵感。有一天,他路过一个屠宰场,看到牛送进来以后先用电电击,然后放血,将牛吊起来,然后用锯开膛剖腹,最后分割,这个过程分别是由不同的人来完成的。福特心想,我可以将这种既有连贯性又有工作效率的流水作业的方式运用到我的汽车制造上。这样产品的因素、技术的因素、制造过程控制的因素都加起来以后,一个汽车不就完成了吗?

在福特想法的支持下,在公司人才的帮助下,1913 年春,世界上第一条汽车流水装配线在福特的工厂里诞生了,大规模流水装配线带来的是生产方式上的革命,福特公司连创世界汽车工业时代的生产纪录:1920 年 2 月 7 日,一分钟生产一辆汽车;1925 年 10 月 30 日,10 秒钟生产一辆汽车,这样的速度让同行为之震惊,让世界为之震惊。而这种以流水装配线的生产方法和管理方式为核心的福特制造,为后来汽车工业的发展树立了楷模,掀起了世界范围内具有历史进步性的“大量生产”的产业革命。

不仅如此,福特还很注意工人的生活,他想:我造出来的车如果自己的员工都买不起,我生产车还有什么意义呢?我必须要让我的员工首先买得起我所造的车,只有这样循环才能启动公司的发展。而在当时,美国工人的工资是很低的,每天 1—1.5 美元,一个月一天不休息,也只有几十元钱。于是福特让公司的公关经理把所有媒体的记者都请来,他说,从今天开始福特车所有的生产线上的员工每人每天的工资上涨到 5 美元,这句话惊呆了所有在场的人。当时,一辆福特汽车大概要卖 200 多美元,如果一个员工一天挣 1 美元,那么他一辈子也买不了一辆车,反过来讲,如果一天挣 5 美元,立刻就可以变成福特汽车的买主。

福特真正希望的是他生产的产品是有人要、有人用的，一般的社会大众能够把它当做交通工具，而不是奢侈品。他刺激汽车行业发展的方法不是车本身降价，而是把员工的工资涨上去。因此，福特是聪明的，他不是把汽车制造当做简单的做生意，而是要将整个汽车行业带动起来，创造这个市场。

“5 美元工作日”这个新奇的提法，引起了全美暴风骤雨般的热烈反响。工人们无不拍手称快，他们从此以后可以过上真正体面的生活，可以挺起胸膛做人了。无数工人从全国各地涌向底特律，要求在福特汽车厂工作，以至于福特不得不把“雇员已满”的牌子挂到工厂大门口。而新闻界对此给予了罕见的赞扬，记者们一个个激动万分。“新的经济时代已经来临!”记者们在各大报刊头版新闻中纷纷给予赞扬。当然，最后受益的还是福特。

福特在 20 世纪的商业史上干了三件惊天动地的事情：第一，他创造了生产流水线，这成了 20 世纪大部分规模生产的基础。第二，他宣布愿意支付工厂工人每天 5 美元，远远高于当时的平均工资水平。第三，他普及了汽车。1908 年推出的 T 型车是为美国大众生产的第一辆车，它彻底改变了美国的社会生活。

亨利·福特的成功法则

1. 无惧未来，不忘过去

一个人如果惧怕未来、害怕失败，他就会作茧自缚。失败是更理智地东山再起的唯一机会。失败并不丢人，丢人的是害怕失败。过去的经验，只有能为未来指明方向和出路时才是有价值的。

失败是难免的，关键是能不能化失败为财富，而不是带着失败这个包袱。福特也失败过。在创办福特汽车公司之前，他加入底特律汽车公司（后来的卡迪拉克公司）就不是一次成功的经历。

这里，福特还不仅仅强调不怕失败，他更强调的是面向未来。因为面向未来，过去的失败就不可怕；因为面向未来，过去的经验也可以抛弃。当他准备为大众制造汽车时，他无视根据过去的经验得出的大众买不起汽车的结论。

2. 不要纠缠于竞争

不论是谁，如果能将一件事干得更好，就理应由他去完成这件事。试图破坏他人商业活动的行为是一种犯罪——这是出于个人的利益妄图降低别人的竞争条件，这是用权力使坏而不是用智力较量。如果企业的目的不是利润，而是为社会作贡献，是创造顾客，那么就不应该把竞争者看做敌人。竞争者是同行、是同志，为了一个共同的目标——创造顾客——在奋斗。

3. 服务第一，利润第二

没有利润，企业无法生存，因此谋取利润当然没有错。诚实经营的企业不会得不到利润的回报的，但利润必须作为良好服务的报酬而实现。利润不是服务的出发点，而是结果。这是在惠普的帕卡德之前，就明确提出利润是结果，而不是目的。

4. 拒绝低买高卖

做生意是这样一个过程：以公平的价格买进原材料，以尽可能低的成本把这些原材料转化为可消费的产品，再把它提供给消费者。赌博、投机和损人利己的交易，只会阻碍商业的进一步发展。这是拒绝投机、拒绝没有增加价值却获得利润。没有服务、没有增加价值而获得利润是可耻的。

5. 对利益相关人负责

福特说："我相信一个好企业与一个伟大的企业是有区别的：一个好企业能为顾客提供优秀的产品和服务，而一个伟大的企业不仅能为顾客提供产品和服务，还竭尽全力使这个世界变得更美好。"

企业社会责任通常包括三点含义：企业全球事务的基本价值、政策及实践；从原材料到产品处置所形成的各个合作环节所涉及环境、社会等事务的管理；企业为促进社区发展而发起的志愿行动。简而言之，就是：企业要对范围更广泛的利益相关人负责。

亨利·福特经典语录

• 一个有工作能力和思考能力的人,是注定要成功的。

• 一个害怕未来、害怕失败的人,会使他的行为处处受到限制。失败是更富智慧的行为再次开始的唯一机会。诚实的失败并没有什么不光彩,丢人的是害怕失败。

• 把服务置于利润之前。没有利润,企业就无法存在。获取利润并不是注定错误的。诚实经营的商业企业不可能得不到利润回报,但利润必须依靠良好的服务而获得。它不能是基础,而必须是服务的结果。

• 如果将用于慈善事业的资金投入生产,我们可以创造更多的财富。

• 被击败比失败更厉害。他们所需要的不是智慧、金钱、才智或者"推动力",而仅仅是毅力。这是一种粗糙、原始、简单的力量,我们又把它称为"咬定青山不放松"的力量,是无冕之王。

• 商业的实质功能是为消费者提供产品,而不是赚钱或者投机。为消费而生产,意味着产品要质优价廉——产品是用来为人们服务的,而不只是为生产者服务的。

• 不能降低产品质量,不应减少工人工资,不应增加消费者的负担。把脑子用在更好的生产方法上,多动脑子,把事情做得比以前任何时候都好,采用这种方式,将会使企业的各方面都有所受益。

• 有抱负的年轻人应该把目光放得长远一些,从而为事业的发展留下充分的时间。

• 机会只有在经过艰苦的劳动之后才会到来。只有那些能够经受得住日常的辛劳并且依然能够保持生机和机警的人,最终才能赢得机会。

• 任何一个有创造性头脑的人,都没有理由去做单调的事情。因为有创造性思维的人，到处都需要。对于有技能的人来说，绝不会没有出路，也绝不会没有施展才能的机会。

- 如果有了一个好主意，最好是集中精力把它完美地做出来，而不是把时间花在四处闲逛、寻找出更好的主意上。一次只坚持一个主意，这是一个人能做好事情的最重要的基础。

第五章

稻盛和夫：敬天爱人，以德生财

人物小传

稻盛和夫，1932 年出生于日本鹿儿岛，1955 年毕业于鹿儿岛大学工学部。1959 年创办京都陶瓷株式会社（现在的京都陶瓷公司），1984 年创办第二电电株式会社（现名 KDDI，目前在日本为仅次于 NTT 的第二大通信公司），这两家公司又都在他的有生之年进入世界 500 强之列，两大事业皆以惊人的力道成长。

在日本四大“经营之圣”（另三位分别是松下公司的创始人松下幸之助、索尼公司的创始人盛田昭夫、本田公司的创始人本田宗一郎）中，他是年龄最小的。事业成功之余，稻盛和夫于 1984 年创立“稻盛财团”，同年创设“京都赏”，以表彰对人类社会发展具有卓越贡献的人士。他的主要著作有《活法》《活法贰——超级企业人的活法》《稻盛和夫的哲学》《企业家成功之道》《敬天爱人》《愣头青的自传》《稻盛和夫的应用哲学》《你的愿望一定能够实现》等。

稻盛和夫是日本“经营四圣”中唯一在世的实业家，他白手起家创办的京都陶瓷株式会社与 KDDI 株式会社均进入世界 500 强企业，并创造了企业 50 年无亏损纪录。2010 年 2 月，78 岁高龄的稻盛和夫再度出山，出任破产重建的日航 CEO。

著名学者季羡林先生说：“根据我七八十年来的观察，既是企业家又是哲学家，一身而二任的人，简直如凤毛麟角。有之自稻盛和夫先生始。”

“人生方程式”与“阿米巴经营”

稻盛和夫最为知名的两种实战方法论就是“人生方程式”与“阿米巴经营”。他的成功方程式需要有极其敏锐的头脑和极其柔软的心，需要用神经、眼睛、身体、耳朵、嗓音去全然地感知。

稻盛和夫不属于聪明人，初中、高中、大学考试常常不及格。他在读大学期间，曾经学到过有一种名叫“阿米巴原虫”的虫子，这种虫子可以随时按照外界变化而改变自身，不断分裂，以便存活。这与孙悟空七十二般变化的本领有异曲同工之妙。于是，稻盛和夫参照“阿米巴原虫”，开始了对企业管理方式的改革。

稻盛和夫大学毕业后原本想当个医生，可是却只能在一家陶瓷厂找到一份工作。工厂濒临倒闭发不出工资，员工士气低落，常常以罢工来宣泄。跟稻盛和夫一起去的4个大学生全辞职了，他却留下了。他吃住都在实验室，不断地去思考，一次又一次地在头脑中模拟推演，那些开始只出现在梦境里的东西逐渐清晰起来。

稻盛和夫体悟到了超越现实的想象力和创造力产生的真实过程。他知道追求尽善尽美的强度，决定了一个人和一个公司的前景。一次，一个跟他同时大学毕业的同学在京都陶瓷公司领军做一个新产品的研发，他和技术人员历经几个月的艰苦努力，终于拿出了完全符合客户要求的产品。但是，稻盛和夫却以这不是他梦里所见的鲜亮陶瓷为由把设计打了回去，那个同学简直是怒气冲天，但不得不回去研制稻盛和夫“梦里看到的鲜亮陶瓷”，最后历经磨难终于拿出了完美的产品，给快要倒闭的工厂带来了生机。

自1959年创立京都陶瓷公司，稻盛和夫几十年来一直是京都陶瓷研发带头人。他发现，一旦发疯似的投入工作之中，对某个目标有强烈的渴望，就会在脑海里形成一个意象，这时，神灵就会给你一把照亮前途的火炬，智慧之井就会向你洞开。

与传统的西方经理人不同，在稻盛和夫的管理中，他并不会直接给员工任何解决方式，而是培养员工自己去寻找问题答案的能力。在与员工们确立了发展目标和规划后，他就放手让他们自己尝试，启迪其心智，开阔其眼界，给他们充分的自由度，并充分相信他们的潜能。每一个员工都像是公司里的一个小“阿米巴原虫”，所有的决策都由大家共同完成，但每个人又都有自己可以发挥的部分。相互监督，独立成长，每个人都是公司的主角，而不是集体项目中的配角，但是，集体又都会参与到经营管理的决策过程当中去，保证集体的活力，依靠集体智慧完成目标。

最终，京都陶瓷与KDDI公司的每个岗位上，都像存在着另一个“稻盛和夫”，在努力为公司作出贡献。京都陶瓷与 KDDI 的成功，也证明了稻盛和夫经营方法的成功。

稻盛和夫的体悟，给了我们一个相当重要的启示。当对一个目标有着强烈的、持续的渴望时，苦苦思索体悟，就可能在事先“清晰地看见”那个崭新的结果。相反，如果事先没有清晰的意象，就不会有崭新的成果出现。这是稻盛和夫在人生的各种经历中体验到的真实。

这似乎很悬很神秘。稻盛和夫没有停留在灵感的顿悟上，而是继续深入觉知，在实践中摸索出了一个创造力方程式：创造力 = 能力 × 热情 × 思维方式。

“能力”主要指遗传基因以及后天学到的知识、经验和技能，“热情”是指从事一件工作时所拥有的激情和渴望成功等因素，“思维方式”则指对待工作的心态、精神状态和价值偏好。一个人和一个企业能够取得多大成就，就看三个因素的乘积。

其中，能力和热情的取值区间为 0—100。因为是乘法，因此即使有能力而缺乏工作热情，也不会有好结果；自知缺乏能力，而能以燃烧的激情对待人生和工作，最终能够取得比先天资质更优秀的人更好的成果。思维方式的取值范围则为 -100— +100。改变思维方式，改变一个人的心智，人生和事业就会有 180 度大转弯；有能力，有热情，但是思维方式却犯了方向性错误，仅此一点就会得到相反的结果。

这个成功方程式，不是稻盛和夫用来展示自己理论的坐标，而是在实践中考察提拔干部和选聘员工的标尺。从这个等式出发，稻盛和夫坚持在公司中不用聪明人，不用一流大学毕业的学生，更不用有资深背景的人。在他看来，这些通常让人们引以为傲的东西，恰恰是专注做事的障碍。如果不能调动全身的感觉和能量潜身于细节之中，就不会有持久的热情和到位的思维。他一再强调：“我希望人们铭记这个‘神秘预言’，人生与心意一致，强烈的意念将以一定的现象表现出来。”

发明“阿米巴经营”方式的过程，则更为有趣，其来源是中国文学名著《西游记》。稻盛和夫一向重视公司经营、生产与销售各个环节的现场，曾经说过“现场有神灵，答案永远在现场”。但苦于分身乏术。一次在阅读《西游记》的过程中，他被孙悟空拔一根汗毛可以变出千百个小猴子的情节深深吸引，不禁遐想，如果在公司管理过程中能够同时出现千千万万个自己，那么公司的效率就会大大提高。

2010年，日本其他三大“经营之圣”都已先后辞世，当规模庞大、几乎相当于半个国企的日航宣布破产后，首相鸠山由纪夫出面邀请稻盛和夫重出江湖，担任关系到社会稳定的日航的掌门人。

阔别商海13年后，稻盛和夫再次出山。2010年2月1日，他正式出任日航新任董事长兼首席执行官，这一天恰好也是他78岁的生日。

在就任仪式上，他出言谨慎，称“也许我并不称职，但我将以我的方式尽最大努力来拯救日航的员工”，并提出两个要求，一是不收取分文报酬，坚持零薪酬；二是不带任何旧有经营团队进驻日航。言语间潜台词明显：这一次，包袱实在太重，即使是稻盛和夫，也不敢贸然托大，揽下责任。“经营之神”第三次出征，能否再续神话？

自利则生，利他则久

在商海中历经浮沉的稻盛和夫，即使在最忙碌的时刻，也没有忘记心灵的追求。他一直在潜心研究哲学与宗教，始终都在追问一个终极问题：“作为人，何谓正确？”“稻盛哲学”的根本就是——“敬天爱人，自利利他”，这不仅是他的人生哲学，也是他经营哲学的根本。

“敬天爱人”也是京都陶瓷公司的经营座右铭，来自于19世纪日本“明治维新”的领袖西乡隆盛。西乡隆盛是中国哲学家王阳明的忠实信徒，所谓“敬天”，即遵从事物自然的发展规律，不逆天而行；而“爱人”，便是由人的本性出发，自然为人。

而“自利利他”，即“自利则生，利他则久”，就是人须利己，但只有同时具备利他之心，才能真正幸福。自己获利的同时，也要造福他人。无论京都陶瓷还是KDDI，都属于行业内利润率高，但绝不刻意抬高价格或是采取恶性竞争手段的公司，经商道德有口皆碑。

在实际经营中，稻盛和夫始终谦卑、谨慎，遵循“为商必先为人”的准则。这并非他随口一说。在数次金融危机中，他坚持不开除包括钟点工在内的任何一名员工，因为“公司永远都是保障员工生活的地方”。在日常经营过程中，他提倡稳健经营，公司永远保留大量现金，以应付不时之需。

IBM（中国）全球企业咨询部运营战略首席顾问白立新先生认为，自利利他本是商业的起点。初期的资本主义旗手是虔诚的新教徒。根据马克斯·韦伯的观点，新教的宗旨是贯彻基督教所倡导的“博爱”，须遵守严格的伦理规范，并且将经济活动中获取的利益用于社会的发展。“奉献于社会，奉献于人类”的利他精神曾经是初期资本主义的伦理规范，也推动了资本主义初级阶段的经济发展。

在市场经济初期，当商业的时空范围都比较小，即“空间可见、时间可限”的情况下，利他即自利，两者的矛盾并不突出。

亲缘利他是基于亲缘关系或者小范围的协作关系，比如原料供应商与生产厂之间，可以彼此牺牲一些短期利益，以维持长期的关系。

互惠利他是指当市场体系基本成形之后，各个利益相关方之间的合作越来越频繁，在“空间可见、时间可限”的情况下，一方可以为另一方的利益牺牲自己的暂时利益，以期得到对方更多的回报，同时这种利他的行为，也简化了彼此的沟通程序。

纯粹利他是指在共同的宗教精神指导下，从业的商人相信，今天的利他善举可以在未来的天堂得到回报。此时，任何损人利己的行为都会受到抵制和鄙视，因而在一个彼此了解的范围内，形成一个利他的氛围。

最初，人们在自利利他的原则指导下发展起了工商业，社会得到快速发展，人们也掌握了商业这一新工具。有伟人说过，资本主义在不到一百年的时间里所创造的生产力比过去所有世代创造的全部生产力还要多。

当人们的活动远远超过“空间可见、时间可限”的时空局限时，利他的回报越来越不可靠，利己的收益则近在眼前。比如湖北的一家化工企业花1 000万元建立了污水处理装置，以避免对长江水质的污染，可是它很难从这一善举中快速得到好处。反过来，如果它省下了这1 000万元的污水处理费用，即便其污水殃及了鱼群，其后果也是在多年之后、几千公里以外的长江下游才能展现出来。

随着商业活动范围的不断扩大，原有的“自利利他”价值观逐渐被削弱了。但是,我们也面临着全新的机遇。

1983年,日本京都的企业家们为了能系统研究学习“稻盛哲学”,自发成立了“盛友塾”,后易名为“盛和塾”,稻盛和夫在此与他们讨论“稻盛哲学”。如今,“盛和塾”已拥有60余间分塾,除了日本本土,美国、巴西、中国等地,也都有了“盛和塾”的身影。在“盛和塾”中学习过的企业家,接近6 000人次。

阿里巴巴公司董事局主席马云,也曾亲自飞赴东京,向稻盛和夫请教“稻盛哲学”,日后他总结,“和稻盛,我必须要和他在哲学层面、人的层面、道的层面上交流”。稻盛和夫的《活法》《人为什么活着》《干法》等阐述自己哲学与具体事例的书,也在中国书店里持续热销。

如果稻盛和夫只扮演了一个“高级成功学讲师”和“畅销书作者”的角色,他也绝不会受到各路名流如是追捧。他为世人尊崇,在于他拿得起又放得下的超脱。

1997年,在京都陶瓷与KDDI都如日中天之时,稻盛和夫在日本京都圆福寺剃度出家,仅担任京都陶瓷与KDDI两家公司的名誉总裁。在寺庙中,他与其他僧侣的待遇一般无二,都身穿麻衣、脚着草鞋,平常甚至还需出外化缘。身家以百亿日元计数的稻盛和夫,会为老妇人施舍的100日元而感动。

稻盛和夫的经营哲学在道与术的权衡中,似乎更倾向于前者。他认为人必须努力工作、反省自身、保持谦虚、多行善举,但其经营哲学有一个终极的归宿,即利他主义。稻盛和夫认为必须以关爱之心、利他之心经营企业,动机至善、私心了无。他在其著作《活法》中说,在经营的过程中间,如果经营者的理念是利他的——所谓利他,即不是从自己的个人私利出发来经营这个企业——这个企业可以取得很大的成就。

这看上去违背了经济学的基本规律,至少不符合大多数企业家对经营行为的理解。稻盛和夫自己也说:“在弱肉强食的商业世界里,我整天把利他、爱、为人着想之类的话挂在嘴边,不免有人质疑我老是把话说得那么漂亮,背后到底隐藏着什么目的。”

追求利益是经营事业与人类活动的原动力,因此,有获取利益的“欲望”其实无可厚非。只是,不能让这个欲望局限在利己的范围内,必须把对方的利益也考虑在内，以这种“大的欲望”为出发点去谋取公益。这样的利他精神最终也会为自己带来好处，而且利益范围还会比原先更为扩大。

稻盛和夫以自己创办 DDI 电信（即现在的 KDDI）的实践来说明这个听上去很抽象的观点。在 20 世纪 80 年代中期以前，日本通信领域的商机一直是由国营公司日本电信公社独占的。后来，政府进行市场化改革，民营公司得以进入。但由于当时市场已经形成了一个巨头 NTT，一旦进入市场，必须和长期享有独占地位的巨人共同竞争。其他企业的参与热情因此受到打击，政府借民营化改革降低资费的愿望眼看要成为泡影。

“既然如此，不如由我来做吧！”这个念头在稻盛和夫脑中一闪而过，做陶瓷化工的京都陶瓷决定进军电信市场。与 NTT 竞争无疑是一场蚂蚁对抗巨象、实力悬殊的战役，更何况对来自不同行业的京都陶瓷而言，那根本是个未知的领域。然而，从零开始的逆境并没有形成阻碍，DDI 打从开始营业，业绩就一直在所有新进业者中居于领先地位。最终 DDI 经过一系列并购后成为与 NTT 分庭抗礼的日本第二大电信公司，并进入世界 500 强。

当时不断有人问起成功的原因，稻盛和夫的回答总是：那只能归功于一个为国民尽力、毫无私心的动机。稻盛和夫认为：“利他的德行，会形成一种跨越困难、带来成功的强大原动力。这是我参与通信事业过程中所得到的亲身体验。”

在理解稻盛和夫的利他主义时，参加报告会的中国社科院工业经济研究所所长金碚认为，利他主义一旦上升为一种企业价值，而非仅仅是一种工具时，企业的竞争力就会发生很大变化，导致竞争力的逻辑也会发生很大变化。

面对 2008 年爆发的这场空前的金融危机，稻盛和夫认为，导致危机的不是经营手法、管理手段的问题，而是经营哲学的问题。也就是，人类应该何去何从，资本主义应该如何发展，企业经营应该遵循怎样的原则，经营者应该怎样修炼自己的灵魂。

如果多数企业家能够认识到自利利他的价值，并借此构筑利他竞争力，商界会多一些和谐，世界将会因此而改变。也许这样的观点对于中国大多数企业家来说，并不容易消化。30年来残酷的市场竞争已经使他们中的大多数变得无比现实，大多数经营者充其量也只能达到“主观为自己，客观为别人”的境界——如果不是完全以自身利益为出发点的话。稻盛和夫认为利他主义其实是资本主义发展初期的伦理规范，也正是它促进了资本主义的快速发展。而现在经济领域出现的诸多问题，正与利他主义这种资本主义传统被人们逐渐遗弃有关。他用自己创办京都陶瓷和KDDI的经历证明，利他主义可以在商业社会获得成功，并且是真正的长久之道。

让对方信任和尊敬您

稻盛和夫27岁时，在朋友的援助下，创办了京都陶瓷公司，当时是生产电视机显像管使用的绝缘零部件。之前，他曾在松峰工业工作过一段时间，负责从产品的研发、生产到销售等一系列工作。

当时就企业经营而言，稻盛和夫没有任何经验和知识。因此，在京都陶瓷成立之初，准备工作该如何进行，他一无所知。从创业后的第一个月开始，京都陶瓷公司虽然只有28名员工，但如何向他们支付工资、奖金，资金如何核算，他都一窍不通。

公司产品唯一的客户是松下电子工业，稻盛和夫忙于去交货，忙于收取货款……作为经营者，他对此烦恼不已。

稻盛和夫在自传里说：“其实，从根本上思考事物应有的状态这种习惯，从松峰工业时期已经具备了。那时，松峰工业连续亏损，工资都付不出，常常拖延一个星期，甚至两个星期。奖金更不用谈了。企业与工会总是纷争不断，公司内红旗招展，一年到头罢工不停。我想离开这家公司，但却不能如意，公司分配给我的工作，是开发新型陶瓷材料，我不得不投入这项研究。公司待遇低，缺乏像样的研究设备，条件恶劣。在这种情况下，要想做出出色的研究成果，该抱有一种什么样的心态投入工作呢？这个问题我每天都在思考。”

为了做好工作，从那时起，稻盛和夫每当有所感悟时，就把自己的想法记在笔记本上。当他开始经营京都陶瓷时，就常常把记录了工作要诀的笔记本拿出来看，再添上经营中新的体悟，将这些要点重新加以整理。这就形成了所谓的哲学。

稻盛和夫全身心投入工作，埋头经营，在实践中反复思考究竟该怎么做工作和经营才能顺利开展？在这一过程当中，他终于领悟了有关工作和经营的理念、思维方式以及具体的方法模式，归纳起来就是哲学。

京都陶瓷创业后的第九年，在现在的硅谷的斯坦福大学附近成立了事务所，在美国开展营业活动。当时它还是一家中小型企业，在日本企业中，也算是最早进军美国市场的。那时正好是硅谷的“黎明时期”，事务所的周围还是樱桃园，种了很多樱桃，稻盛和夫就是在这样的环境下营业的，雇用了当地的一位日裔员工，面孔和日本人完全一样，但思维方式完全是美国人的，各方面都与他们持有不同的意见。

稻盛和夫不能不面对这个问题。后来，稻盛和夫在圣地亚哥市场聘用了一位美国人做厂长，但与他也总是意见对立，格格不入。因为有了上述的经验，稻盛和夫认识到在海外经营企业，归根到底就是如何治人的问题。当时，只要现场一发生问题，他立刻飞往美国，穿上与生产工人一样的工作服，到车间巡视。看到工作态度差的员工，就要他们改进。

比如，看到当地的女工在进行装配时手忙脚乱，稻盛和夫会走到她身旁，教给她作业方式。这时，身穿西装的当地经理就会过来说：“稻盛社长，您这样做让我们很难堪，您只要到办公室听我们汇报就可以了。您穿着工作服到工厂，和女工们做一样的工作，会被人小看的。”稻盛和夫并不介意别人怎么想，此后还是同在日本一样，深入现场，与员工们一起拼命工作。

怎样才能让对方信任和尊敬呢？稻盛和夫认为，那就是优秀的人格。要想赢得外国人的尊敬，必须具备特别优秀的人格，即具备做人的德性。这个“德”字超越国界，普遍适用，不能以德治人，企业在海外的运行就无法成功。

经营为什么需要哲学

经营为什么需要哲学呢？稻盛和夫认为有三个理由可以说明在企业经营时，经营哲学是不可或缺的。

“首先，所谓经营哲学，应该是经营公司的规范、规则，或者说是必须遵守的事项。”经营公司无论如何都必须有全体员工共同遵守的规范、规则或事项。这些作为哲学必须在企业里明确确立起来。但事实上，公司的这种规范、规则或者说必须遵守的事项并不明确的企业比比皆是。就是由于这个原因，无论古今东西，各式各样的企业丑闻不断发生。历史上一些有名的大企业甚至因为这类丑闻而遭到无情的淘汰。

在多数企业里，首先没有经营者向员工们提出“作为人，何谓正确”这个问题。而稻盛和夫思考的所谓哲学，却正是针对这个问题的解答。同时这也是孩童时代父母、老师所教导的做人的最朴实原则，要正直，不能骗人、撒谎，等等。这么起码的东西，还需要在企业里讲吗？或许有人感到惊奇，但是正因为不遵守上述理所当然的做人的原则，才产生了各种各样的企业丑闻。

其次，稻盛和夫认为所谓哲学是用来表明企业的目的、企业的目标，也就是要将这个企业办成一个什么样的企业。京都陶瓷公司刚诞生的时候，在日本古都京都西侧中京区西京原町建了一座木结构的房屋，当时员工还不到100名。面对他们，稻盛和夫反复强调，要把京都陶瓷这个公司办成西京原町第一的企业。成为西京原町第一企业之后，就要成为中京区第一，接着就是要成为京都第一。实现了京都第一之后，就是要成为日本第一。成为日本第一之后，当然就要成为全球第一。“这在当时宛如一个梦想，但这既是给员工的一个梦想，也是为了鼓励作为经营者的我自己。”他说。

京都陶瓷还是中小型企业的时候，稻盛和夫就立志把京都陶瓷打造成为世界第一的精密陶瓷企业，为了达到这个目标，必须有这样的思维方式、这样的方法模式，这种思考归纳成为哲学，就是适合于京都陶瓷攀登高山时所需要的装备和准备。“要攀登什么样的山峰？你想创办什么样的公司？由于目标的不同，规范公司所需要的哲学思想也不同。一旦确立了远大的目标，那么很自然的就需要与之相适应的思维方式以及方法论。”稻盛和夫说。

最后，由于哲学可以赋予企业一种优秀的品格，就像人具备人格一样，企业也有企业的品格。企业经营需要非常优秀的哲学，这是因为这种哲学可以赋予企业优秀的品格。人要具备优秀的人格，企业要具备优秀的品格，要做到这一点就要明白做人应有的正确的生活态度，而哲学就是社会意识的具体存在和表现形式，是追求世界的本质、来源、共性，从中归纳出正确的为人之道。这种正确的为人之道在普遍的伦理观之上，所以这种哲学超越国界，在全球性经营中也能有效发挥作用。

稻盛和夫举了个例子：有一次他到京都陶瓷的海外工厂视察，发现一个美国籍员工工作非常不认真，随意丢弃昂贵的材料。他勃然大怒。后来他才知道，这位员工是经历日本冲绳战役的勇士，经常用“东洋鬼子”这样的词羞辱他的日本雇主。稻盛和夫说：“作为企业领导者，可以随时解雇这个员工，可以用权力进行统治。但采用这种方法后只要我一转身，员工就可以阳奉阴违，事情肯定做不好。我意识到最重要的是在海外企业工作的员工们，对我、对日本常驻人员是否信任、是否尊敬，这才是问题的关键。”

用心做人做事

稻盛和夫说：“无论做人还是做事，我们讲求的是用‘心’。”心理作用是影响一切的根基。在市场中做企业，在企业中做员工的“心”理工作，是简单而复杂的事情。“复杂”是因为作为企业管理者要根据不同员工的情况，进行“心灵”上的经营。“简单”是因为我们只要掌握多数员工的心理共性，施以影响，便会产生很好的效果。企业只有对“心灵”进行经营，才能使员工感到自身的幸福与公司的发展是紧密联系的。只有坚持为全体员工谋求物质和精神两方面的幸福，并以此为企业的奋斗动力，才能使全体员工与企业同心协力，共同前进。

1971年5月，稻盛和夫收购了美国圣地亚哥一家经营极差的工厂。这个工厂每个月都有10万—20万美元的赤字，员工零散操作，全厂一片混乱，死气沉沉。稻盛认为人的本质都一样，在京都陶瓷推行的管理方式，在美国也行得通。

稻盛和夫先选出50名能接受京都陶瓷思维方式的员工进行培训，并派原主管保曼担任厂长，希望他能够领悟京都陶瓷的哲学。可是工厂一开始运营，就显露出美国人和日本人之间思维方式的差异，导致彼此纠纷不断，结果使工厂每月赤字上升到20万美元以上。

痛定思痛，稻盛和夫决定不顾美国人的反感，完全聘用日本管理人员来建立一个全新的公司，于是一个完全由日本人组成的领导体制建立了起来。

第一次听到“你们辛苦了”这句话，美国员工吓了一跳，但年轻的日本管理人员愿意在生产线上与员工同甘共苦的诚意，令人感动。他们穿着和员工一样的制服，并且丝毫没有架子，员工们也自然而然地产生了认同感和团结一致的决心。

当工厂业绩逐渐好转时，稻盛和夫买了很多比萨在餐厅里和员工们一起吃饭。第二天，员工们就带着自己做的饭菜招待稻盛和夫。自此，他们经常利用各种机会举办联欢会。

稻盛和夫在工厂业绩上升后，把每月销售额的20%当做奖金发放给员工，这使所有人都认识到，公司的发展与自身的幸福是紧密联系的。

1974年年底，石油危机席卷全球，日本也受到巨大影响，经济第一次出现负增长，社会上甚至出现抢购卫生纸的风潮，京都陶瓷当年的利润也减少了50.36亿日元，纯利润下降11.31亿日元。稻盛和夫面对如此困难的局面，把它当做“上帝给我们的考验”勇敢地接受了。首先，他把营业员、科长、部长的工资削减了10%，并制定了严格的规章制度以求节省，而且他宣布京都陶瓷即使只靠苔藓生存下去，也绝不停工，绝不裁员。

稻盛和夫把因产量减少而多余的人员全部编入总务部管辖之下，禁止他们进入厂房。这主要是因为，订货量下降，如果还用以前的人手，每人所分担的工作量减少了，工厂内紧张忙碌的气氛就会消失，生产效率也将随之下降，一旦订货量恢复时，就不能马上进入增产体制。

稻盛和夫对多余人员所采取的对策可谓一箭双雕，不仅让员工有绝对不被裁员的安定感，而且使员工明了不景气的事实。维持生产现场的紧张感，使得京都陶瓷在不景气结束之后能够马上恢复元气。现在，稻盛和夫领导的京都陶瓷在多个领域都大施拳脚，取得了巨大的成功。稻盛和夫始终不渝地为全体员工谋求物质和精神两方面的幸福，并以此作为自己的奋斗法则。

敬天爱人，以德生财

让敬天爱人的理念发扬光大。稻盛和夫一生培育了两个世界500强企业，被誉为当代的松下幸之助。稻盛和夫不仅是一位卓越的企业家，还是一位企业思想家，从企业家上升到思想家是他成功之根本。他的经营哲学集中到一点就是："敬天爱人"，这对企业家们很有启发，使他们深受教育。

所谓"爱人"，就是按人的本性做人。这里的"爱人"就是"利他"，"利他"是做人的基本出发点，利他者自利。要从"自我本位"转向"他人本位"，以"他人"为主体，自己是服务于他人、辅助于他人的。对于企业来说就是"利他经营"，这个"他"是指客户。广义的客户包括顾客、员工、社会和利益相关者。要从"企业本位"转向"客户本位"，全心全意为客户服务。当然首先要为顾客服务，一切从顾客的角度考虑问题，满足顾客的要求。只要为客户创造了价值，企业也就可以从中分享价值。

稻盛和夫在各种艰难、复杂的决策面前，始终坚持"作为人，何谓正确"这个根本的判断基准，即出发的"原点"。"敬天爱人"就是稻盛经营哲学的原点。事物的本性、人的本性往往是最简单的，是"归零"的，这就是"道"。万"术"不如一"道"，公平、公正、正义、诚实、勇气、谦虚、博爱、勤奋等都是最根本的"道"。守正于道，真心通天。

"君子散财，行之有道。"这句话一直是稻盛和夫坚守的商业伦理观。

稻盛和夫崇尚"敬天爱人"的信条，行事往往以"精神自然和社会共生,着眼于人类社会进步”为大前提,这使他在商场上屡创奇迹。

1984年,日本决定对电信事业实行民营化,允许新企业加入长途通信业。很多大型民企因考虑到要承担的巨大风险,都不愿参与其中。稻盛和夫则出于“减少民众长途电话费用”的心愿,与其他两家公司共同创立第二电电株式会社(DDI)。这个决定遭到强烈反对,但稻盛和夫却没有动摇。他一方面不断给予员工鼓励,一方面从零开始发展长途电话业务,同时又开发移动通信业务,后者更成为企业最赚钱的部分。

另一件可见证稻盛和夫理念正确的事件,则是对美国AVX公司的收购。20世纪70年代初,AVX提出要废除一份双方以前签署但他们却认为不合理的协议。AVX的这种要求,其他企业一定不会予以理会,但稻盛和夫却承认对方的观点,还在放弃己方巨大利益的情况下,对协议进行修改。结果这次让步,为他在10多年以后,带来数倍的收益。1989年,京都陶瓷对AVX提出收购意向,至1996年,AVX给京都陶瓷带来了346亿日元的股票利润。

稻盛和夫说:“这是利他之心的回报,为对方着想似乎伤害了自己的利益,但却带来意想不到的成果。”

稻盛和夫认为作为一名企业家要想让自己的企业基业长青,必须培养感恩、仁爱、勤奋、慷慨、正直、慎独、守信等七种道德品质。

(1)要感恩。企业家所获得的一切成就都是社会赐予的,你应当从内心里感谢社会和他人给你的厚爱。

(2)要仁爱。企业家与员工要有“同心之情”,要有“仁爱之情”,要“筑建一个互相信任的同志式共同体”。“仁爱”可以消除隔膜,减少磨合成本,创造精神财富,是形成企业合力的不竭源泉。

(3)要勤奋。一般而言“业精于勤,荒于嬉”。企业家的勤奋,事关责任心、事业心、工作毅力等优良品质,是企业家必备的品质。如稻盛和夫像艺术家那样“为工作而倾倒,迷恋上工作”,“让自己所有的热情和能量都能在工作中去完全燃烧”。

(4)要慷慨。人的社会性要求在权利与义务、索取与奉献、为人与利己上要有符合国家和集体的价值取向。正如稻盛和夫所提倡的“利他经营”的企业哲学,他将“利他经营”的概念解释为:只有“利他这样一个目的，才具有普遍性，才能得到大家的共识”。

（5）要正直。正直与诚实不可分，正直与坦荡相辅相成，正直是自信和力量的表现。企业家人格的魅力是由正直坦诚的人品折射出来的。稻盛和夫认为做事要正直，要光明磊落，要“坚韧不拔地去把它干到底，直到把它干成功”。

（6）要慎独。自我控制，能够抵制本能的冲动是人与动物的根本区别所在。是检验企业家是否真正坚定、磊落的试金石。高级管理人员如果没有慎独的品质，根本无法授之以权利，委之以重任。

（7）要守信。诚实守信是修身之本、做人之本。守信是对企业家考核的重要条件。稻盛和夫的“以心为本”，就是要求企业家与企业、社会成为相互信任的同志共同体，“大家都在为共同体而工作”。

让每个员工都成为稻盛和夫

把员工作为碎片还是作为整体人？这是平庸与卓越的分水岭。50年前，稻盛和夫提出让每个员工都成为稻盛和夫。50年后，他完美解答了这道证明题。其中若干精要对中国企业有着重要的启示。

1959年4月，稻盛和夫和7位志同道合者贷款300万日元做资本，用一家公司的仓库做厂房，建立了京都陶瓷公司。50年来，京都陶瓷公司已经发展成为世界上最大的集成电路陶瓷部件生产商。在创业初期，稻盛和夫一无资金，二无经营常识。稻盛和夫说他依赖的是“人心”，把人心作为经营的基础，因而非常重视同员工建立互相依赖的关系。

创业时，稻盛和夫处处冲在第一线，是研发、制造、技术服务等的排头兵。但是公司扩展成了100人、200人、300人，他再有本事，也忙不过来了。公司经营管理到底靠什么？

中国的《西游记》给稻盛和夫很强的启示。孙悟空一遇险情，就会拔出一把毫毛来一吹，每一个敌人面前便都有一个孙悟空在那里与其对垒。稻盛和夫就想，“我能不能学学孙悟空，也拔出一把毫毛来一吹，每一个业务现场都有一位稻盛和夫？”“每一个业务现场都有一位稻盛和夫”这个想法把他自己惊呆了。是的,京都陶瓷公司是大家的公司,公司管理又全凭彼此之间心与心的连接和信任,为什么大家就不是稻盛和夫呢?这样反过来一想,问题就更明白了。

稻盛和夫是从一线技术攻关的排头兵起步的。在松峰工业快要倒闭的时候,正是他这个排头兵冒着当"工贼"的风险,不去参加罢工,而是一心研究新产品,结果给公司带来了源源不断的订单。关键现场的关键员工,只有把公司当做自己的公司,把自己当一个经营者而努力工作,公司才有生命力。

稻盛和夫想,既然我一个人能够管理100名员工,而一些中层人员只能管理二三十人,为什么不把公司分解成若干小集体呢?何不放权给这些小集体让他们自己管理呢?

世上变化最快的是人心,而世上最可依靠的也只有人心。一旦人心连接起来,将是世上最坚不可摧的东西。以心为本开始在稻盛和夫心目中生根。

注意力在哪儿,认知就到哪儿。当稻盛和夫发誓要让每个人成为经营者的时候,他创造了阿米巴经营模式,创造了以心为本的经营体系,同时还找到了把他的梦想落地的教练式文化。

迄今为止的公司领导,大概有以下几种类型:统一指挥命令型、英雄型、教师型和教练型。指挥命令型:政令统一,在一个庞大的体系中能够给出清晰而明确的指令,什么时间做出什么事情来。这不是简单的东西,而是一个完备的体系在运转。英雄型:跟我冲,身先士卒。不一定每个现场都要去,但是要有这种冲锋状态。教师型:遇事给出答案。师傅带徒弟,徒弟不会,要教会他。教练型:遇事不给答案,只是提供支持。由当事人自己去发现问题,找到答案。

稻盛和夫就是京都陶瓷公司的一个总教头。他把公司为员工发展的目标定下来,把对每一个员工的假设定下来,然后就去启迪他们的心智,激发他们的潜能,由他们自己去发现问题、解决问题。他喜欢给员工上课和交流。京都陶瓷每个员工在上班开始的半小时,都要晨读《京都陶瓷哲学》。

在你要去一线用你的左脑的时候,他先给你个机会让你用用右脑,提升一下你的能量级。这样在工作中左右脑结合，成为一个整体人，就总能做出点不一样的创新来。

应对经济萧条的五大策略

京都陶瓷在这50多年间没有出现亏损，实现了基业长青的发展目标。回顾这半个世纪的历史过程，稻盛和夫曾遭遇过两次石油危机、日元升值危机、日本泡沫经济危机、IT泡沫危机等五次严重的经济萧条。但经历了这些危机后，他的企业都得到了快速发展。2008年爆发的百年一遇的全球金融危机，使得京都陶瓷的销售额和利润虽然一时下滑，但从2008年下半年开始，其利润又快速回升。这对于他特立独行的经营哲学来说，更是一次无言的证明。

那么，当萧条的风暴席卷而来的时候，稻盛和夫是如何应对经济萧条并实现质的飞跃的呢？2009年6月9日，稻盛和夫在清华大学经济管理学院的一次演讲中讲述了他应对萧条所采取的五大策略，现摘录如下，让我们共同分享稻盛和夫先生带领京都陶瓷和KDDI在经济萧条中飞跃的大智慧。

对策一：全员营销

萧条时期，全体员工都应成为推销员。员工平时有不同的岗位，平时都会有好的想法、创意、点子，这些东西在萧条时期不可放置不用，可以拿到客户那里，唤起他们的潜在需求，这件事全体员工都要做。

营销、制造、开发部门不必说，间接部门也要参与，全体员工团结一致，向客户提案，创造商机，直到拿到订单，向客户交货为止。这样做，不仅让客户满意，而且当事人本人也能掌握整个商务流程。不是陪着销售人员跑客户、当助手，而是将自己平时好的想法、创意、点子结合到商品中向客户推销。萧条时期这件事应该让全体员工都主动思考。

京都陶瓷遭遇石油危机大萧条时就是这么做的。

京都陶瓷平时的研究、开发、生产、销售都分工明确，但当石油危机使订单大幅下降时，我就提出建议："让我们实行全员营销吧！"

号召对营销完全没有经验的现场生产人员“去卖产品”，过去向人打招呼都会脸红的人、只会埋头现场工作的人也要去拜访客户，努力向客户提出建议：“有活吗？有什么可以让我们干的吗？我们什么都干！”就这样拼命争取客户的订单。

这样的做法产生了意想不到的效果，一般来说，生产和销售往往是一种对立的关系，比如，订单不多时生产会对销售发牢骚“销售卖得不好”，销售反过来又怪生产“你们没有生产出能畅销的产品”，互相之间会争吵起来。但当生产人员也去卖东西时，他们就会明白营销不容易。由于生产人员也有了销售的经验，就更理解销售人员的辛苦，销售人员因此会感谢生产人员，这样就会促进两者的和谐，有利于双方更好地配合、更好地展开商务活动。

通过全员营销，大家就会产生一种同感：即使是最尖端技术的企业，卖东西、销售产品仍然是企业经营的根本。

有些名牌商学院毕业、担任企业重要干部的人，到客户那里推销产品却不懂得要低声下气。应该像小伙计一样，低头搓手道：“能不能请您下一点订单呢。”必须低头恳求，这是商业活动的基础。

我常对员工们讲，营销的基本态度就是要当“客户的仆人”，只要是为了客户我们什么都干。要完全像一个仆人，如果缺乏为客户尽心尽力的精神，在萧条期要获得订单是不可能的。让缺乏这种经历的人当企业的干部，公司很难经营得好。不管是搞生产的还是当会计的，任何部门的人，让他们都经历在别人面前低头讨订单的辛苦，这是非常重要的。正是要在萧条期让全体员工都懂得要订单有多难，经营企业有多难，特别是营销部门以外的干部，让他们有切肤般的体验是很重要的。

对策二：全力开发新产品

萧条时期全力开发新产品非常重要。平时因工作忙碌而无暇顾及的产品、没空充分听取客户意见的产品，都要积极开发，不仅是技术开发部门，营销、生产、市场调查等部门都要积极参与，全公司团结一致共同开发。

萧条时期客户也会有空闲，也在考虑有无新东西可卖。这时主动拜访客户，听听他们对新产品有什么好主意、好点子，对老产品有什么不满或希望，把他们的意见带回来，在开发新产品和开拓新市场中发挥作用。

现场许多技术开发人员平时就考虑过开发这样那样的新产品，希望有机会向某种新技术挑战，因为太忙总不能着手研发。比如做糕点的店家，很想使用新材料做些新式点心，但因为老产品一直畅销，平时做老式点心已忙得不可开交，但萧条期就是好机会，可以试做试卖了。萧条期有了空闲反倒可以进行新的尝试，能够发起新的挑战。

同时，萧条期把这些新想法拿到客户那里，因为萧条，客户也没事干，闲得发慌。在仔细听完你的意见后，他们也会提出新的创意。这些会催生意想不到的订单，从而可以更大地扩展业务的领域。

实际上曾有过这样一件事。萧条期开发出用于钓鱼竿的陶瓷导向圈。

京都陶瓷创业后不久，曾经利用新型陶瓷的特性，生产出用于纺织机械的零件。在纺织机械上，因为纱线高速运行，同纱线接触的零件很容易磨损，用不锈钢做的零件也只能用一天就会因磨损而断裂，而以硬度高、耐磨性好的陶瓷零件来代替，效果极好。

但到石油危机时，纺织机械一下子滞销了，京都陶瓷也断了订单。此时他们就实行"全员营销"、"全力开发新产品"这两个举措。

我们有一位营销员去拜访某家渔具制造企业，看见一种钓鱼的渔竿附有卷线装置，其中天蚕丝线滑动的接触部位使用金属导向圈。这位营销员注意到这一点，提出建议："我们公司具备新型陶瓷技术，利用这项技术，纺织机械在与高速运动的纱线接触的部位，就用我们公司耐磨的陶瓷零件。你们渔竿上与天蚕丝线接触的金属导向圈，改用陶瓷试试怎么样，一定非常适合。"

但是渔竿上的导向圈，并不像纺织机械因为纱线不停的高速运转而很快磨损，只是投竿时滑动一下。所以对方回答说："用陶瓷的价格高，没必要。"

但这位营业员不死心，为了引起对方的兴趣，继续耐心地动员说："用陶瓷零件不仅不磨损，而且可以减少与丝线之间的摩擦系数。"实际上钓鱼时先要挥舞渔竿让鱼钩飞出去，如果摩擦系数大，丝线滑动阻力大，鱼钩就飞不远。还有一点，现在的金属圈，在钓到大鱼时，因摩擦力大，丝线会“啪”地一下断掉。钓到大鱼时兴奋不已，但偏偏在此关键时刻线断了，多扫兴！

为什么渔线会断，因为钓到大鱼时，线上突然产生很大的张力，线与圈上的压力大增，这么拉着，摩擦生热，就把天然蚕丝的渔线熔化了，线瞬间断裂。

渔具企业的领导人听了这位营业员的话就同意试试。先用原来的金属圈，加上负荷用力拉，果然渔线发热断裂，然后换上陶瓷圈，一点问题没有，非常理想。

“就是它了！”渔具企业领导人一锤定音。附带陶瓷导向圈的钓鱼竿在钓鱼比赛中大获全胜，渔具企业更加信服了。从此这家渔具企业决定采用陶瓷导向圈。

这一新产品对萧条期京都陶瓷的订单、销售额的扩大作出了很大的贡献，而且效益继续扩大，现在凡是高级渔竿，全都用上了陶瓷导向圈，达到了全世界普及的程度。陶瓷导向圈的价格并不高，但直到现在每个月仍要销售500万个，对我们的经营持续作出了贡献。

这个例子说明萧条期开发新产品，并不是手忙脚乱去开发全新的东西，利用自己过去做过的东西去唤起新的需求是完全可能的。在自己公司的技术、产品的延长线上开发出新产品，这是在萧条期应该努力去做的。

对策三：彻底削减成本

萧条时期竞争愈加激烈，眼看着订单数量、单价不断下降，这时仍要维持盈利，必须彻底削减成本，成本的下降程度要大于价格的下降程度才行。

但平时在削减成本方面已经做过很大努力，再要大幅削减成本，一般人都认为“太难了，不可能”，但这不对！“从认为不可能时重新开始！”看似干的毛巾还要再用力拧，要彻底削减成本。

人工费不可能随便降低，因此除了提高每个人的工作效率外，一切都要重新审视，各方面的费用都必须彻底削减。

“现在的制造方法真的是最好的吗？有没有更便宜的材料？”对过去的做法从根本上进行重新研究改进，坚决进行全面性变革，这一点非常重要。不仅是制造设备等硬件，在组织的统合、废除等软件方面也要动手术，彻底地合理化，坚决削减成本。

萧条期正是增强企业体质的好机会。景气好的时候订单很多，为了完成这些订单就要全力以赴。即使想要削减成本，员工们也不会认真实行，但到了萧条期，全体员工都会非常认真，努力降低成本。从这个意义上说，只有萧条才是企业彻底削减成本的唯一的机会。

如果这样思考问题，那么萧条期来临，企业努力削减成本，就不是迫不得已的、消极的对策，而是企业为了再次飞跃而采取的积极主动的改进经营的对策。

相反，认为"因为是萧条，亏本也是没办法的事"，束手无策，不积极应对，那么即使景气复原，也只能取得很少的利润。这种企业的经营只会像走钢丝一样不断左右摇摆。

抓住萧条这个机会，花心血与员工共同努力，彻底削减成本；"把走廊里的灯关掉"，"把厕所里的灯也关掉"，不断采取切实的措施。看起来似乎是小事，但是与员工一起，一步一步、实实在在地削减经费，正是这种努力才是构建高收益企业的最切实有效的方法。

对策四：保持高生产率

必须在萧条期仍然保持高生产率，这一点非常重要。因萧条而订单减少，要干的活少了，如果仍然由过去同样多的人来生产，制造现场的生产效率会下降，车间里的工作气氛会松弛。

这种情况下，应该把多余的人从生产线上撤下来，维持和制造现场的紧张气氛。过去花费许多辛苦好不容易提升上去的生产效率，在萧条期如何维持，我曾经绞尽脑汁。

石油危机时就发生过这样的事情。当时许多企业解雇员工，我考虑无论如何也不能让员工失业，但订单短时间内骤减，如果仍由原有人数来做，就无法维持过去的高生产效率。作业效率一旦下降，再想恢复原有的高生产率谈何容易。

基于这种想法，当时我决定既然订单降至1/3，那么制造现场的人员也减至1/3，剩下的2/3的人员从生产线上撤下来，让他们去从事生产设备的维修、墙壁的粉刷、花坛的整修等工厂环境的美化工作。同时举办哲学培训班，让员工们重新从根本上学习我的经营哲学，使企业内全体员工掌握共同的思维方式。

就是说，在因萧条而减产时，也决不降低生产效率，不仅要维持高生产率，而且去做平时无暇顾及的环境整理工作，去开展统一组织方向的哲学学习活动，这将成为使企业再次飞跃的推动力。

当然2/3的人不生产又要把企业维持下去，企业必须有充足的内部留存。打造企业的高收益体制，确保足够的内部留存，才可能应对危机，这一点不可忘记。

对策五：构建良好的人际关系

萧条是构建企业内部良好人际关系的绝好机会。萧条来临，劳资关系往往出现不和谐的声音，景气时彼此都可以说些冠冕堂皇的话，一旦面临萧条的严峻状况，经营者要求严格时，光说漂亮话就不管用了。

比如，刚提出要减少部分工资，平时认为圆满的劳资关系立即变为紧张的对立关系。从这个意义上讲，萧条就是考验劳资关系的试金石。

在困难的局面下，职场和企业的人际关系受到考验，同甘共苦的人际关系是否真的已经建立，职场的风气、企业的风气从正面受到考验。从这个意义上讲，萧条是调整和再建企业良好人际关系的绝好机会，应趁此机会努力营造更优良的企业风气，这一点十分重要。

我一贯强调，经营企业最重要的事情就是经营者与员工的关系问题。经营者要爱护员工，员工要体谅经营者，互相帮助，互相扶持，必须建立这样的关系。不是资本家和劳动者的对立关系，而是劳资双方持有同样的观点，共同谋求企业的发展。应该形成这样的企业风气。

为此，我总是利用各种机会与员工谈话，努力使大家具备相同的思维方式，并举办酒话会，与员工促膝而坐，在互相干杯之余，进行心对心的坦率交流，求得互相理解。我总是尽可能制造这种与员工交谈的机会。

因为平时做了这样的努力，一旦遭遇萧条，不能光说好听的话了，"要更多地干活，经费要一降再降，但工资不会加，奖金发不出，请忍耐"，等等，对员工而言有点苛刻的话到时非说不可。

有的经营者以为平时与员工已经打成一片，员工理解企业的经营，与自己同心协力，所以到萧条期就要求员工更加努力，要求员工做出自我牺牲。但想不到员工并不接受，出来抵制，企业内良好的人际关系完全没有形成，事实摆在面前，经营者不禁愕然。

萧条这种灾难到来时，本该齐心协力克服困难，但往往就在这时员工却做鸟兽状，一哄而散，导致公司分裂，甚至企业崩溃散伙，常有这样的事情发生。

企业里这种人心混乱的征兆稍有显现，经营者就应该认真地反省。与员工重新建立信赖关系该怎么做才好？要与员工坦率地交换意见，自己也要拼命思考这个问题，这一点很重要。

景气好的时候这些问题不会显现出来，但患难时才见人心。这时对企业内的人际关系不能一味地叹息，而是应该彻底地思考如何改善，如何吸取教训把今后的事情做好。

我想稍微说一说石油危机时京都陶瓷的经验。

当时的日本处于经济的高速增长期，员工工资每年大幅上涨。但后来遭受石油危机的冲击，我决定从社长开始一直到系长，所有管理人员全部降薪，我是社长，降30%，减得最少的系长降7%。

虽然实施了降薪，但第二年基薪上调的时间迫在眉睫。我在1974年年末向京都陶瓷工会提出了冻结加薪的请求。

因为工会理解京都陶瓷公司劳资是一心同体的，所以接受了我冻结加薪的要求。当时日本许多企业因加薪问题产生不和谐，劳动争议频繁发生。在这种情势下，京都陶瓷却很快协调好了劳资关系，公开提出了冻结加薪的决定。

当时京都陶瓷工会的上级团体批判京都陶瓷工会的决定，并施加压力。但京都陶瓷工会决不屈服："我们劳资同心协力保护企业，从现在企业的环境来看，冻结加薪并不过分。如果你们不接受我们的决定，彼此分道扬镳吧！"京都陶瓷工会毅然退出了上级团体。

不久随着景气恢复，企业业绩上升，我不仅将定期奖金大幅提高，而且再支付临时奖金。在这之上，1976年我再将1975年冻结的部分加算进去，支付了两年22%的加薪，以此来报答员工和工会对我的信任。

就这样，通过萧条的考验，劳资间牢固的信赖关系得到确认，同时，在这一期间的1975年9月京都陶瓷的股价超过了长期雄居日本首位的索尼,达到了日本第一。

我认为这也是经营者与员工齐心协力共同经营所获得的成果。同时我坚信,正是靠这种心与心结成的牢固的人际关系才有企业后来的发展,才有了今日的京都陶瓷公司。

稻盛和夫的七条成功法则

50多年来,稻盛和夫一手缔造了两家世界500强企业。1983年他又创办"盛和塾",从此开始向全球年轻的经营者们无偿传授人生哲学和经营理念。

稻盛和夫在65岁时因患胃癌退居二线,在家修行,他系统地整理了自己的思想。他提出的正确思维,涵盖了人生哲学、生活态度、社会伦理观等人格因素。进而,他给出了自己总结的成功方程式:成功 = 人格理念 × 努力 × 能力。

从"佛道"到"人道"再到"商道",稻盛和夫把一个企业家的人格修炼放到了最高的位置。

这源于稻盛和夫的宇宙观:宇宙中无论体积多么小的东西,全是构成宇宙不可或缺的元素。因此,在这世界上没有一样东西是多余的。如果有,宇宙的平衡就会遭到破坏。显然,宇宙间的万物也是在相互联系中建立"存在"的。而人类是"存在"的万物之灵,因此人类可以为世界、为人类本身作出贡献。既然人类的存在是有价值的,那么人来到这个世界上,就是来修行的。

走近稻盛和夫,我们不是感受到"财富"的魅力,而是感受到"人格"的魅力。什么是"君子"? 独善其身罢了;什么是"圣人"? 一定是兼济天下。这是大爱的思想。

1959年稻盛和夫赤手空拳创立京都陶瓷公司,1984年又创办DDI公司。两家公司的发展都可谓神速。他说:"我个人并无杰出才智,但是我忠实遵循了经营的基本原则,这就是成功的原因。"

一、明确事业的目的和意义

稻盛和夫说:“一个人要想取得事业成功,首先要明确事业的目的和意义,也就是树立光明正大、符合大义名分、崇高的事业目的。”

稻盛和夫在创办京都陶瓷时,就遭遇了“事业目的究竟是什么”的重大考验。

当时稻盛和夫还不懂“事业目的究竟是什么”。他当时的事业目的就是“活用自己的制陶技术,开发新品,上市销售”。但没料想到在创业的第三年,就招致青年员工们的反叛。京都陶瓷在创业初期招进了十多名高中毕业生,经过一年的磨炼已成为公司的主力军。后来他们突然写联名状,和稻盛和夫交涉,要求公司每年的工资、奖金都要保持连续增长,要求稻盛和夫予以承诺并做出保证,并威胁不答应条件就集体辞职。

稻盛和夫认为,公司正缺员工,而且他们已成为员工主力,如果走了,公司必遭损失。但稻盛和夫不想做出违心的承诺,不肯妥协,明确答复:“不接受员工的条件。”

为了挽留他们,稻盛和夫与员工进行了三天三夜的谈判。稻盛和夫这样对他们说:“作为经营者我绝不只为自己,我竭尽全力把公司办成你们从内心认可的好企业。这话是真是假,我无法向你们证实,你们姑且抱着‘就算上当也试试’的心情怎么样? 我拼上命也要把事业做成,如果我对经营不尽责,或者我贪图私利,你们觉得受骗了,那时把我杀了也行。”

经过推心置腹的谈判和交流,员工们终于相信了他,并撤回了所提的涨薪条件。他们留下来后,从内心深处产生了必须持续努力工作的欲望,加倍努力工作。这些人后来陆续都成了京都陶瓷的骨干。

但这一事件让稻盛和夫意识到了企业经营的根本意义和真正目的既不是“圆技术者之梦”,更不是“肥经营者一己之私腹”。经营者必须为员工的前途和幸福考虑,倾尽全力,超脱私心,让企业拥有大义名分。

这种光明正大的事业目的,最能激发员工内心的共鸣,获得员工们对企业长时间、全方位的协助。同时大义名分又给了经营者足够的底气,可以堂堂正正,不受任何牵制,全身心投入经营。

二、不设立中长期发展目标

稻盛和夫认为，经营者要用具体的数字明确地表述目标，不光是销售额，也包括利润、员工人数等项目，都要用数字具体地表示清楚，而且这种目标在空间和时间上都必须明确。

所谓空间上明确，即目标不是全公司的一个抽象数字，而是分解到各个部门的详细资料，最小的组织单位也必须有明确的数字目标。再进一步，每一个基层员工都要有明确具体的目标。

所谓时间上明确，即不仅设定年度目标，而且设定月度目标。这样每个人就能看出自己每一天的目标，明白自己每一天的任务。

稻盛和夫说："每位员工努力完成任务，各个部门就能达成目标，公司整体目标也自然达成；每天的目标达到，积累起来，月度、年度的经营目标也自然达到了。"

在日常经营中，很多人主张必须依据企业经营战略，建立5—10年的发展计划，但是稻盛和夫却认为这没有必要。京都陶瓷基本不搞中长期计划。因为即使建立，要达成也几乎不可能。其间必有超出预想的市场变动，甚至不测事态一旦发生，计划本身就会失去意义，这类事例司空见惯。

员工看到这样不切实际的计划，思想就会滑坡，甚至漠视计划，失去向高目标挑战的热情。更坏的是，销售目标没达成，费用和人员倒按计划增加了，日子更难过。因此，稻盛和夫从京都陶瓷创立起，一向只搞年度经营计划。五年、十年之后的事，谁都无法正确预测。

三、竭尽全力拼命工作

稻盛和夫说："每一天都竭尽全力、拼命工作，是企业经营中最重要的事情。想拥有美好的人生，想成功地经营企业，前提条件就是要付出比别人更多的努力。"

不管哪个年代，不管怎样的不景气，只要拼命工作，任何困难都能克服。人们常说:经营战略最重要,经营战术不可少。但是稻盛和夫认为:“除了拼命工作之外,不存在第二条通向成功之路。”

稻盛和夫27岁时成立了京都陶瓷公司。当时,他心里只有一个念头,不能让公司倒闭,不能让支持他、出钱帮他成立公司的人遭殃。为此,他拼命地工作,常常从清晨干到次日凌晨,正是因为这种勤奋,才有了京都陶瓷今天的辉煌。

稻盛和夫说,只要喜欢你的工作,再努力也不觉其苦,拼命工作是辛苦的事情,辛苦的事情要一天天持续下去,必须有个条件,那就是让自己喜欢上现在所从事的工作。

有机会从事自己喜爱的工作,当然很好,但大多数人没有这种幸运。一般的人都是为了生计而从事某项工作。既然如此,就有必要付出努力,让自己去喜爱自己所从事的工作。努力了,喜欢上了自己的工作,接下来就好办了。

稻盛和夫认为,全力投入工作就会产生创意。当你每天都聚精会神、全身心投入工作的时候,低效的、漫不经心的现象就会消失。不管是谁,只要喜欢上自己的工作,只要进入拼命努力的状态,他就会考虑如何把工作做得更好,就会寻思更好的、更有效的工作方法。

拼命工作的同时又能思考如何改进工作,那么你的每一天都会充满创意。今天要比昨天好,明天要比今天好,这样不断琢磨、反复思索,就会产生好想法和有益的启迪。

稻盛和夫并不认为自己有多大的能耐,但是在每天努力工作的同时,他会开动脑筋,孜孜以求,寻找更好的工作方法,不断提高工作效率。京都陶瓷之所以能不断地开发新产品、开拓新市场,就是他勤于思考、精益求精的结果。

四、销售最大化,经费最小化

企业经营量入为出,利润随之而来。京都陶瓷开始运行时,稻盛和夫还没有经营经验及知识,一到月底,他就抓住财务人员问:“这个月怎么样?”但他们夹杂许多会计专业术语的解答,令技术出身的稻盛和夫十分头痛。有时他忍不住说:"如果销售减去经费,剩余就是利润的话,那么只要把利润额增加到最大,把经费压缩到最小,不就行了吗?"估计那位财务人员当时听到后吃了一惊。

从那时起,稻盛和夫就把"销售最大化,经费最小化"当做经营的大原则。这虽然是一条非常单纯的原则,但只要贯彻这一原则,京都陶瓷就可以成为高收益的优秀企业。

京都陶瓷开张不久,就引入了"阿米巴经营"的管理系统。"阿米巴"是由几个人至十几个人组成的小集团,可根据需要重组。京都陶瓷现有1 000多个这样的小集团,构成一个经营系统。所谓"阿米巴经营",就是计算出每个"阿米巴"每小时生产多少附加值。简单来讲,就是从每个"阿米巴"月销售额中减去所有月经费,剩余金额除以月总工时所得的数字,作为经营指标,我们称之为"每小时核算制度"。

京都陶瓷就依据"每小时核算制度",月末结算,到次月月初各部门实际业绩很快就计算出来了。只要细看"每小时核算表",有关情况就一清二楚了,便于经营者迅速判断,采取对策。

由于"每小时核算表"比一般会计科目分得更细,也使得从事实际工作的员工容易理解,并可采取具体行动来削减经费。看了细分后的核算表,现场负责人就能清楚地理解经费增减的原因,便于切实改进。

五、找出产品定价的平衡点

稻盛和夫认为,给产品定价有各种考量。是低价,薄利多销?还是高价,厚利少销?价格体现经营者的经营思想。京都陶瓷的成功就在于产品价格定在了客户乐意接受、公司又赚钱的平衡点上。

价格决定以后,究竟能卖出多少量、获得多少利,预测极难。定价太高,产品卖不出;定价过低,虽然畅销,却没有利润。总之,定价失误会给企业带来很大损失。

要在正确判断产品价值的基础上,寻求单品的利润与销售数量乘积为最大值的某一点,据此定价。稻盛和夫认为这一点应该是顾客乐意付钱购买的最高价格。真能看清、看透这一价格点的,不是销售部长,也不是营业员，而非经营者莫属。可以说这是定价的普遍原则。

但是，即使以顾客乐意的最高价格出售了，却没有获利也是不行的。问题在于：在已定的价格下，怎样才能挤出利润？

一般的厂家，以成本加利润来定价，但在激烈的市场竞争中，卖价往往先由市场决定了。成本加利润所定的价格，因为偏高而卖不动，不得已而降价，预想的利润泡汤，极易陷入亏损。因此，稻盛和夫给技术开发人员这样定位："你们或许认为，技术员的本职工作就是开发新产品、新技术。但是我认为，这还不够，只有在开发的同时认真考虑降低成本，才有可能成为一个称职、优秀的技术员。"

必须在深思熟虑后定下的价格之内，努力获取最大利润。为此，在满足质量、规格等一切客户要求的前提下，必须千方百计，彻底降低制造成本。

六、不断创新，精益求精

稻盛和夫说："我们接着要做的事，是人们认为我们肯定做不成的事。"

事实上，京都陶瓷过去做的也是当时人们认为做不到的事。开发新型陶瓷，把它作为新型工业材料，将它发展成数兆日元规模的新兴产业，在此之前，人们觉得这是不可思议的事。

充分利用新型陶瓷的优良性能，进一步开发出半导体封装件，促进了电脑产业的蓬勃发展。同时又开发出人造骨、人造牙根等用于生物体的新产品。京都陶瓷开拓出一个精密陶瓷的新的产业领域，甚至被誉为创造了又一个"新石器时代"，对社会贡献之大不言而喻。

京都陶瓷为什么如此富有独创性？许多日本经营者把原因归结到京都陶瓷的技术开发力上。对照自己，他们会说："我们公司缺乏那样的技术，无法发展也是不得已的事。"

稻盛和夫认为这种观点站不住脚。没有哪一家公司天生就有杰出的技术，先进技术不是从天上掉下来的。琢磨钻研，精益求精，不断改进，不断创新，今天胜于昨天，明天超过今天，天天进步，日积月累，从中才能产生独创性的技术和经营。

稻盛和夫说:“不可每天以同样的方法重复同样的作业,要不断有所创新。”如果把这句话作为公司方针,明确地提出来,而且经营者率先做出榜样。这样经过3—4年,企业就会有独创性,就能进行卓有成效的技术开发。

不是以现有的能力决定将来能做什么,而是现在就定一个现有能力达不到的高目标,并决定在将来某个时点达成它。现在做不成的事,今后无论如何也要把它做成!有这种强烈的使命感,才可能开辟一个新时代。

七、要有“利他”之心

所谓“利他”之心,就是指同情心。稻盛和夫说:“经营者不能只是考虑自身的利益,还要考虑对方的利益,必要时,即使自我牺牲,也要为对方尽力。这种美好的心灵,我认为即使在商业世界里,也是最重要的。”

但是许多人认为:“同情”、“利他”这类说法,在弱肉强食的商业社会,事实上很难推行。但事实并非如此。

京都陶瓷在美国有一家生产电子零部件的子公司,名叫AVX公司。1989年时,AVX公司在电容器领域处于世界领先地位。为了把京都陶瓷发展成综合性的电子零部件公司,稻盛和夫向AVX公司的董事长提出了收购该公司的要求。

这位董事长爽快地答应了稻盛和夫的收购要求。收购采取了“股票交换”的方式。稻盛和夫决定把当时纽约证券交易所交易价格20美元左右的AVX股票高评50%,即评估为30美元,与在同一交易所上市的、时值82美元的京都陶瓷股票进行交换。

但对方董事长立即提出30美元的价格仍然偏低,要求再增加,希望以32美元成交。当时京都陶瓷美国公司的社长以及律师都表示强烈反对,他们认为轻易答应这类要求,在今后的交涉中对方会得寸进尺,对京都陶瓷不利。但稻盛和夫认为这位董事长要对他的股东负责,他的要求应予理解,于是同意了对方的要求。

然而,当双方股票正要实行交割时,纽约证交所道·琼斯指数大幅下跌，京都陶瓷股票也跌了10美元，变成了72美元。看到这种情况，对方董事长又提出要求，把原定的82对32的交换条件改为72对32。

通常的看法，如果是因为京都陶瓷业绩下降引起股票价格下滑，当然京都陶瓷应该负责，现在是股市全盘下跌，改变交换比率完全没有必要。但是，稻盛和夫还是再次接受了对自己不利的变更条件。这既不是出于什么算计，也不是感情用事。收购合并是将两种文化完全不同的企业合二为一，应该最大限度为对方考虑。

收购之后，京都陶瓷股票一路上扬，AVX公司的股东获利丰厚，他们的喜悦之情感染了公司员工。一般而言，被收购公司的员工对收购公司总是抱有抵触和不满情绪，但AVX的员工们却因为京都陶瓷的高姿态，一开始就能友好交流，而且很自然地接受了京都陶瓷的经营哲学。这也使得收购后的AVX公司继续成长，不到五年，又在纽约证交所再次上市。在再上市过程中，京都陶瓷通过出售股票获得了丰厚的回报。

10年以前，许多日本公司收购了美国公司，但像京都陶瓷收购AVX公司这样成功的案例几乎没有。所以，稻盛和夫认为，他们的失败和AVX公司的成功之间最大的差距在于，他们是只考虑自己的利害得失，还是真正地为对方着想。这种“心的差异”带来了不同的结果。

稻盛和夫经典语录

• 一家企业的经营者是否能够树立企业应该秉持的大义名分，并认真地将其贯彻始终，决定了这家企业的最终成败。

• 要想经营一项事业，如果无法实现最低10%的税前利润率，那就等于还没有进入经营管理的大门。

• 在一个公平竞争的环境当中，高收益就像是企业经营者的勋章，而不应当成为指责的话柄。

• 做生意的诀窍在于，找到能够得到客户认同、心甘情愿付钱购买的最高价格，然后以这个价格销售产品。

• 无论在事业上获得了多大的成功，也必须谦虚为怀，戒骄戒躁，更加努力。

• 人生并非“偶然”的连续，好事坏事交替而来才是人生。年轻的朋友们，你们代表将来的时代。遇到挫折时请不要颓丧，痛苦的时候要坚持奋斗，奋斗必有硕果，奋斗使你的人生更加多彩，使你的人格更加高尚。

• 在进行企业经营时，最重要的因素就是员工对于企业经营者的信赖与尊重。

• 不管工作能力如何，任何能够热爱企业、努力工作的员工都应该得到经营者的重视和珍惜。

• 如果你想追求卓越，一定要肯超越障碍，而最大的障碍就是追求安逸的惰性。

• 只有热爱自己的工作，并能从中得到无尽乐趣的人才能成功。

• 阅读不只是为了得到乐趣，我们更应该凭借阅读来提升、完善自己，同时应该养成找好书、认真地从中汲取精华的习惯。

• 你的潜意识可使你在面临复杂的问题时，做出快速且正确的决定。

• 如果你拥有激情，便近乎所向无敌了。真正的激情常能带来成功，但如果是基于贪婪和自私，成功便会是昙花一现。

• 我要告诉你们，只要满怀希望，持续不断地努力，人生之路一定光明。

• 人的一生确实有命运的存在，改变命运的关键在自己的心，人生要靠自己去开创。东方思想对此，用“立命”一词来表达。

• 人生这块画布，要靠你自己以思想为笔去彩绘。因此，你的内心样貌将会决定自己的人生绽放什么色彩。

第六章

本田宗一郎："创造顾客"

人物小传

本田宗一郎（1906 年 11 月 17 日—1991 年 8 月 5 日），日本静冈县人，1922 年到本田汽车修理厂当学徒。1928 年开办汽车修理厂，经营得非常成功。1934 年他关闭修理厂成立了东海精密机械公司，并生产活塞环，产品主要提供给丰田公司。1945 年他把自己的机械公司出售给了丰田公司。1946 年他创建本田技术研究所，并开始生产摩托车；1971 年辞去董事长职务，把公司的经营权交给了河岛喜好。

本田宗一郎是个天才发明家，他拥有 470 项发明和 150 多项专利，创立了 HONDA（本田）品牌，今天本田已经成为世界上最大的摩托车生产厂家。他是日本战后经济奇迹的创造者之一。先后获得日本天皇颁发的“一等瑞宝勋章”、比利时政府颁发的王冠勋章、法国政府颁发的勋章、美国汽车工业协会颁发的特别奖等殊荣，被现代工业界誉为“亨利·福特以来唯一的最杰出最成功的机械工程企业家”。

在日本，一提起本田宗一郎这个名字，是家喻户晓、尽人皆知。他是本田公司的创始人，他对日本乃至世界汽车和摩托车工业的发展作出了巨大的贡献，先后获得日本天皇颁发的“一等瑞宝勋章”和美国底特律汽车殿堂“悬挂肖像及光荣事迹”等殊荣。只有 50 年历史的本田公司，如今在世界摩托业雄踞霸主地位，在全球汽车业中声名显赫，后来居上。他与松下幸之助、盛田昭夫及稻盛和夫这四位企业家被称为日本四大“经营之圣”。

靠发明起家

1906 年 11 月 17 日，本田宗一郎出生在日本滨松市磐田郡光明村。本田宗一郎有 8 个弟妹，大家庭尽管很辛苦，但却充满了欢乐。

从小，本田宗一郎这个做大哥的，就得看护弟弟妹妹，但是他偏偏特别贪玩，因此没少挨骂。他的父亲是个铁匠，因此很看重时间，所谓“趁热打铁”就是抓住最好时机下锤，这样打出的铁才是好铁。在父亲的潜移默化之下，本田宗一郎虽然调皮，但却逐渐养成了严守时间的习惯。

同时，在耳濡目染中，他对机车事业产生了兴趣。小时候，当他第一次看到汽车时，简直入了迷。他的传记里记载了这件事：“我忘了一切地追着那部汽车，我深深地受到震动，我想就在那个时候，有一天我要自己制造一部汽车的念头已经启动了……”

本田宗一郎并不想在农村待一辈子，他早就下定决心，小学毕业后就到东京去，看看外面的世界。刚好这时他在父亲订的一份《自行车世界》杂志上，看到了一则招工广告，于是说服了父母，去信应聘，通知书很快就寄来了。毕业典礼一结束，本田宗一郎马上随父亲到东京去了。

繁华的东京大马路上，汽车川流不息。早在 8 年前本田宗一郎就见过汽车，但 8 年后，他对汽车的向往仍不减当年。作为乡下人，本田宗一郎第一次来到大都市东京，白天车水马龙、晚上灯红酒绿的热闹情景，使他惊叹不已。

本田宗一郎应聘的是一家名叫技术商会的汽车修理厂。厂里共有 15 名职工，生意相当兴隆。父亲向主人神原侑三问候并把儿子托付给他之后，就匆匆赶回去了。就这样，本田宗一郎住进了修理厂。

在技术商会长达 6 年的时间里，本田宗一郎注意学习，很快掌握了全部的汽车修理技术。这时的他，已经不满足于当一个雇工，于是在老板的支持下，他返回故乡，用老板给的 200 日元作为启动资金，挂起了“技术商会滨松支店”的招牌，虽然只有一名员工，但也算开始了自己独立的创业生涯。

开业后，本田宗一郎凭借精湛的修车技术很快赢得了顾客好评。生意越做越大，修理工也增加到 6 个人。这时他充分发挥了小时候的聪明劲。一有时间，就钻到屋子里，进行发明创造，经过废寝忘食的研究，他研制出取代木制车轮辐条的铁制车轮辐条，在博览会上获得专家好评，并向国家专利局申请获得了专利权。

本田宗一郎 30 岁不到，就很阔绰了。修车的事都交给雇员去干，他仍然喜欢摆弄机器。他制造出摩托艇，带着年轻员工在湖上兜风。他还驾驶一辆由他改良的福特汽车，参加全日本汽车速度大赛，生活紧张又刺激。事业上的春天也给他带来了爱情的春天。1933年，他和小学教师佐智结婚了。

但是发明家的新婚生活没有任何浪漫之处。既无婚假，也无蜜月，他一头钻进了实验室继续搞发明，而妻子却无怨无悔，当起了本田宗一郎的贤内助。后来，本田宗一郎用"校长先生"来称呼自己的太太，他说，因为有了她，自己这个磨人的孩子头才得到了教育，才能够生活在这个世界上，取得那样的成就。

1934年，本田宗一郎突然向员工提出：放弃汽修业务，转行生产汽车零配件。之所以有这个转变，是因为经过仔细的市场调查，本田宗一郎发现：汽修业的竞争愈来愈激烈，但零配件供应却日益紧缺。目光敏锐的他大胆地在这个时刻提出调整方向，为以后的发展打下了良好的基础。

1937年，本田宗一郎成功地制造出了汽车的关键零配件活塞环。这一年，丰田汽车工业公司成立，以生产卡车为主。本田宗一郎给自己的公司起名为"东海精密机械公司"，简称"东海精机"。丰田汽车工业公司成为东海精机活塞环的主要买主。

这时正值第二次世界大战时期，虽然本田宗一郎对战争一点都不赞同，但在战争经济的刺激下，东海精机得到了很大的发展。不过，由于在资金和原料方面一直受大客户丰田的制约，这使得本田宗一郎不是很满足，他决定终有一天要自立门户。

"不为99次失败气馁，一心为100次成功努力"，每次成功都是他坚强意志的成功。

本田宗一郎一生有470项发明、150多项专利。本田成了著名品牌，本田公司成了世界第一的摩托车企业，也是十大世界顶级汽车企业。他被人称为日本的亨利·福特。他靠发明起家，但不仅是个发明大家。他能精彩地"升起"，更能潇洒地"降落"，即使他留下的"本田遗憾"，也能让人深受启发。

本田宗一郎的摩托车技术之精非一日之功。几十年来他都是靠技术发明进步的。从最早的车轮铁制幅条和螺旋式切削机，到战后利用积压的通信微型发动机发明风行日本的"吧嗒吧嗒"机器脚踏车，再到汽车活塞环、A 型 50 毫升自行车马达、本田摩托车发动机、双缸 98 毫升 D 型发动机、四冲程 E 型发动机,1975 年引起车界轰动、减排效果超一流的 CVCC 发动机更是让他赢得了声誉和经济效益。

本田车队也挤进 1961 年的 F1 大奖赛,本田宗一郎以此检验他研发的高性能赛车的水平,虽然失利,但他看出不是发动机的问题,而是经验问题,因而他更有信心了。1965 年本田车队取得欧洲赛程冠军,标志着本田车已进入世界先进行列。汽车赛场的角逐,其实是技术实力和市场的角逐,本田宗一郎深谙此道。

本田宗一郎重视技术民主,主张技术面前人人平等。他不单单是个发明家,他培养的本田精神——独创性更是显示了长远的威力。在经营大师藤泽武夫加盟后,本田的技术插上经营的翅膀,技术势力发挥得更加淋漓尽致。

技术不断改进,管理也不放松

战后的日本满目疮痍,由于美军的轰炸和关东大地震,军需工厂东海精机已经不复往日荣光。于是,本田宗一郎将自己拥有的股份全部卖给了丰田。钱到手后,他想干一番大事业,但当时社会一片混乱,几乎所有物资都受美国占领军控制,如果贸然从事必然失败。

本田宗一郎又从零开始,准备搞纺织机器。他盖了一座 160 平方米的房子,并挂起了"本田技术研究所"的牌子,着手改良织布机。但是,很快就陷入了僵局。由于投资太大,卖股份所得的一笔资金已所剩无几了,而新织布机还没试制出来。他于是想到了摩托车。

当时,陆军通信设备上的微型发动机已经派不上用场了,都堆在仓库里。本田宗一郎得知这一消息后,廉价把它买来,作为动力安装到自行车上。这种被称为"吧嗒吧嗒"的机动自行车得到了好评。因为在当时,交通混乱,车辆拥挤,城里人渴望有属于自己的便捷交通工具。汽车买不起,这种机动车自然受到青睐。而农村里的人也想有好的工具把米、菜从农村运到城里贩卖。所以"吧嗒吧嗒"一问世,周围的人们就蜂拥而至,第一批产品被抢购一空。

本田技术研究所的工人们加班工作，“吧嗒吧嗒”的产量不断增加，最初月产300辆，后来月产500辆、700辆，大批购进的微型发动机已经不够用了。本田宗一郎终于决定自己生产发动机了。他卖掉祖传的家产，筹措资金。经过努力，终于和朋友河岛喜好一起生产出A型发动机。虽然只是50毫升的微型发动机，但它是本田宗一郎亲手制造的第一台发动机。这就是最早的“本田摩托发动机”，也是本田A型摩托批量生产的开始。

他的成功引起了人们的注意，许多人都在仿制本田式的“机器自行车”。为在摩托车领域站稳脚跟，本田宗一郎决定生产真正意义上的摩托车。1948年9月，他正式组建了“本田技术研究工业总公司”并亲自担任社长，从此揭开了本田大发展的序幕。

发明家永远不知道满足，在A型车的基础上，本田宗一郎又以更大功率的发动机为目标，相继研制出性能更好的B型、C型发动机。装有C型发动机的自行车参加了在东京举办的日美对抗赛，还获得了胜利。本田宗一郎又向自己的纪录发起挑战，研制出D型——一种98毫升、2.3匹马力的发动机。他认为挑战和改良相结合，就会产生出不可估量的动力。功率太大了，本田宗一郎又改进车身，终于试制出第一辆新车，他“以速度寄托自己的理想”，所以这辆试验车被命名为“理想号”。这是从自行车到摩托车的一次质的飞跃。

技术上在不断地前进，但管理也不能放松。本田宗一郎是个很聪明的人，他知道自己的专长是搞技术，而公司发展还迫切需要管理营销人才，于是1949年，管理专家藤泽武夫加盟本田，使本田的市场逐步扩大，后来他被称为“技术的本田宗一郎”，成为本田的第二号人物。

1951年7月15日是个不平凡的日子，这一天，新型“理想”摩托车上路了，当技术专家河岛试车成功后，本田宗一郎、藤泽、河岛三人激动地拥抱在一起。这是多少努力换来的心血啊！这是划时代的标志！

不久，本田又推出了“奔利”、“天使”和“佳普”号。公司的规模也不断扩大，效益不断提高，初步具备了大企业的雏形。同年，本田宗一郎成为日本最年轻（46岁）的“蓝绶带奖章”获得者。

一切都是那么顺利，本田宗一郎几乎有些飘飘然了，但是考验接踵而至。

1954 年，因为本田宗一郎决策失误，向银行借贷巨款，而市场的变化使得投资效益无法立即得到实现，公司负债沉重，生产资金短缺。同时，“理想”等型号摩托车的质量问题引起消费者不断投诉，销售额直线下降。

这时的本田宗一郎临危不惧，他让藤泽借来大笔优惠贷款，自己则把全部精力放在改进“理想”号上，几乎到了痴迷的地步，有次做梦的时候他忽然想出了一个新的技术方案，赶忙记录下来，天不亮就去试验，结果竟真的成功了！为此他和藤泽都激动得哭了！事后，本田宗一郎感慨万分：“人没有刺激和压力就不会进步，困难痛苦时的智慧才是最可贵的！”

就是在这种动力的支持下，他不顾同行的蔑视和嗤笑，参加了 1958 年世界最高水平的摩托车 TT 赛，虽然惨败却不灰心，不断地改进技术，终于在 1959 年的 TT 赛上获得了第 6 名，在 1961 年的赛事上获得了冠军，在 1966 年更是创造了奇迹，垄断了 4 个级别组的世界优胜奖，包揽了赛程的前 5 名，至此，他从传统摩托车强国意大利、德国人手中夺取到市场，奠定了本田家族的盛名和地位。

即便如此，摩托车仍不能使本田宗一郎满足，因为汽车才是他最终的目标。1961 年，他开始研制高性能赛车，并准备参加世界汽车业最高水平的 F1 大赛。尽管没有像提出参加 TT 大赛时那样遭冷眼，但人们仍说：“摩托车虽有了点成绩，汽车可就不同了，本田行吗？”

第一次参赛的结果十分糟糕。本田宗一郎并不气馁，他分析不是发动机不好，而是经验不足。他鼓励大家说：“99 次失败后必将在最后一次取得丰硕成果。”

1965 年，本田赛车在欧洲赛程顽强拼搏，终于获得了冠军。这一胜利，意味着日本的汽车制造技术已经跨入世界先进行列。

正在本田的汽车事业不断发展的时候，1970 年 12 月，日本公布了《马斯基法》，即限制汽车排放废气法。该法规最早是由美国人马斯基提出的，日本人借鉴实行，但它的废气排量规定值为美国的 1/10，非常严格，对于汽车厂家无疑是一次巨大的打击。

要通过《马斯基法》,关键要开发出合格的发动机,汽车生产厂家能否继续生存下去,关键在此一举,同时这也是一种社会责任。本田宗一郎亲临第一线,指挥开发研究工作。他和年轻的技术人员一起收集资料,查阅文献,经过反复的试制,终于在1972年10月成功地开发出符合法规的CVCC发动机。本田技研工业总公司的成功赢得了荣誉,受到美国环境保护局、全美科学协会的高度评价。

1973年,本田公司正式采用CVCC发动机生产"西比古"轿车,第二年又推出"阿科德"、"雅阁"轿车,顾客接踵而至,供不应求。

本田宗一郎这个发明天才获得过许多殊荣,除多次受日本政府表彰奖励外,1971年荣获意大利总理产业奖,1979年获美国哈佛大学名誉博士学位,1980年获美国机械工程师学会荷利奖,成为美国汽车大王亨利·福特于1936年获得此奖后第二个获得这一殊荣的人。

但与多数日本企业家不同的是,他的经营理念也是先进的。1973年,刚刚66岁的本田宗一郎选择退休,把位置留给后来的年轻人,而这个接班人不是自己的任何亲戚,只是一个普通的技术专家,这件事惊动了整个世界!因为本田宗一郎认为,企业是社会的,而不是个人所有的!多么无私豁达的想法!

本田宗一郎说过:"人生就像是驾驶飞机。技术上也没有什么,只要会掌舵,起飞并不难。要紧的是降落的时候,如果操纵失败,那就血本无归了。""我希望,在人生的最后一段,当要降落的时候,能够平稳地落地。如果能被赞为名驾驶员,那就再好不过了。"确确实实,本田宗一郎是个"名驾驶员"。多少次困难挫折,他都在紧急时刻平安度过,他和战后的日本,一起走过了经济腾飞和辉煌,在最后,给人们留下了一段传奇,笑着离开,用另一种方式完成了自己的人生!

一人一事,自由竞争

本田宗一郎的搭档藤泽认为,在企业内使每个人的能力都得到最大限度的发挥,能够专心从事研究,在传统的金字塔型的组织结构中是很难实现的,因此废除这种结构采取一人一事并进行自由竞争是非常重要的。

一人一事就是废除公司强迫一个人于一项他不能胜任的工作的做法,保证每一个人都自由选择一个自己的主攻方向的权利。自由竞争就是主张进行不同性质的竞争。为了达到共同的目标,每一个人、每一个小集体都要有自己的设想,并通过它来找到开发领域,把竞争机制引进公司内部。

在本田技术研究所,由研究员个人提出课题,课题一被采纳,就以提出者为中心组成项目攻关组,课题研究工作的领导、筹划、管理全部交给提出课题者个人负责。当两人以上的研究人员分别提出类似课题而被同时采纳时,令他们各自组成独立项目攻关组,通过自由竞争夺取成果。因此本田在组织结构上实现了"镇纸型"的横向组织。顶端就像镇纸上的提钮,有几位高级领导(他们是评审会的重要成员),在其之下的研究人员全部处于对等关系,形式上虽分为设计室、试制室等部门,但是室长级人员也都是具体工作人员而非专职管理干部。

要造出风格独特的产品,企业职工就必须具备独创性的头脑。横向型组织、项目攻关制度只是一种保证,归根到底,关键还取决于人。企业中能拥有多少独创性人才是本田创业以来一直给自己设置的课题。为此,本田宗一郎采取了下列一些措施:

(1) 引进合理化建议制度。1953 年,本田率先引进了合理化建议制度。到 20 世纪 70 年代,一年所提建议总数突破 10 万件,4 件中有 3 件被采纳。对于优秀的建议,本田给予其提出者免费出国旅游的奖励。

(2) 建立"新设想工作室"。本田在其国内各工厂设有名为"新设想工作室"的实验工作室,室内备有机械设备。员工一旦产生好主意就可以到实验室中把设想具体化,当然原则上是利用业余时间。

(3) 举办违反常规作品的展览会。展览会的宗旨是提出自由奔放的设想并给予实施的"头脑运动会",是彻底的群众文娱活动。这与本田"不论工作、娱乐,只要心情舒畅就干到底"的素质相吻合。在展览会上能看到许多异想天开的作品。

(4) 技术面前人人平等。在本田,技术面前人人平等,没有上下级的区分,经常发生被称为"下克上"的事情。在汽车发动机由空冷式改为水冷式时，由于本田宗一郎是空冷的绝对拥护者，久米等人采取“罢工”方式进行抗议。在看到水冷式的优点后，本田发出了“今后是年轻人的时代了”，从而决心退役。在开发集成电路过程中，同样发生过反对本田宗一郎的事件。当时已经是顾问的本田宗一郎不喜欢电子技术，认为电气用眼睛看不到，技术是实实在在看得见的。但是机器人开发小组不顾本田宗一郎的反对，完全独立开发出第一流的焊接机器人和生产线系统，在事实面前本田宗一郎不得不低头。

客户满意第一

在本田，人们强调娱乐，认为娱乐可以扩大人们的视野，积累经验，密切关系。本田宗一郎甚至认为只要有一种尽情地去玩乐的期望，白天就会比别人干得起劲，同时又十分注意效率。如果通宵达旦工作而不休息，那么本田宗一郎也许不会有什么创新了，可能还会失去全面培养人才的机会。

本田宗一郎指出独特的发明创造，如果不能及时地提供给社会，就将毫无价值。在本田，研究人员认为他们不是在研究技术，而是在研究人们的心理，在想尽一切办法，用尽一切技术满足人们的心理需求。

在本田公司，从来见不到“称霸世界”、“赶上丰田”、“超过日产”之类的口号，本田宗一郎自己从没提过也不让别人提此类口号。本田宗一郎强调“顾客第一，客户满意第一”，这才是本田的经营理念。

本田没有专门的市场调查研究机构，它依靠的是开发小组。开发部门的全体人员都是市场调研员，他们用自己的眼睛、耳朵探索市场动向，这比依靠市场调查部门得到的信息更有感性认识。

本田的管理模式是一个完整的系统，它是一系列原则和规定在一定的哲学思想下的和谐统一。我们只有理解了它的完整性，才能为我所用，只着眼于一点是不能发挥其功效的。被喻为“本田神话”的本田宗一郎，以其过人的胆识和埋头钻研的精神，把本田公司从一个小小的修理汽车和摩托车的作坊发展成为世界头号摩托车跨国公司和大型汽车生产企业。他不仅在追求技术的梦想中取得成绩,而且在经营决策理念上也有着过人之处。

创造顾客就是创造需要。法国女人的服装最善变化,因为她们对流行很敏感。具体地说,每年春秋两季的时装发布会,便能影响该年度的女装流行款式。同样,想创造顾客便要创造需要,时装表演之所以能够影响当年的流行款式,就在于创造了需要。时装流行起来,便创造了顾客。

为什么兔子的耳朵会那么长,是因为它没有任何武器,只有靠一对长耳朵来搜集情报资讯。遇有敌人来袭击时,便靠着耳朵先得到资讯,然后用最快的速度离开现场。企业亦然,要有兔子般敏锐的资讯搜集能力。攻则派出商业间谍,退则鸣金收兵以保安全。

本田宗一郎认为在技术研发上,也要有顾客第一的思想,根据顾客需要,解决技术研发的方向。他提出:"研究所不是博士制造所。"本田公司的一个电机研究所,出了90位博士,却没有干出满足顾客需要的得意之作,让本田宗一郎有些失望。战后日本满目疮痍,因轰炸和地震道路损坏较多,自行车是重要交通工具。自行车便捷、便宜,可是无动力。本田宗一郎看到了顾客需要,把堆在仓库的通信设备的微型发动机买来,加上水壶当油箱,制成了机器自行车,这种车后来供不应求,顾客需要促使他下力气研制出了50毫升的A型发动机,因此有了批量生产的本田摩托车,满足了城乡交通需求。由此本田公司也积累了发展资本。其后他的很多发明,也都连着顾客需求这条线。

自我激励

中国乃至世界各地的领导人都经常谈论激励自己的员工,让员工保持激情和承诺是多么重要。但是一个不太经常谈论的话题是:谁来激励那些激励别人的人呢?如果说领导激励别人,那么谁又来激励领导呢?答案是领导应该自己激励自己。更全面的答案是,领导如果不激励自己就无法激励别人。

身为工程师的本田宗一郎创立了以自己名字命名的本田公司。他在整个职业生涯中始终自强不息。他必须这样做，因为他花了40年时间才将本田变为世界上最大的汽车生产商之一。在这一过程中，本田宗一郎历经诸多的失败和挫折，但始终坚持不懈。

他向世人展示了是如何通过自强不息的力量构建起一家全球大公司的。他的一句名言是："对我来说，最重要的事情就是我自己。"而且他不仅是针对自己说的，也是针对员工说的。和日本许多公司不同的是，本田公司鼓励员工首先要为自己而工作，然后才是为公司。本田宗一郎说："每个人都应该为自己而工作，这一点很重要。大家不是来为公司而牺牲自己的。他们来公司工作是为了自己的享受。"

任何关注本田宗一郎的人都很难看到这种享受，他的这种享受表面上是不容易看到的，因为它源自对精益求精的满腔激情。"人们意识到他的动力来自一种痴迷。他是个能够启发和鼓舞别人的人，而别人也会像他那样挑灯夜战。"舒克在他写的《本田之道》一书中这样说。

即使当他的公司已经成为一家大型跨国企业时，本田宗一郎仍会回到工厂努力工作。《本田传记》的作者桑德斯说，本田宗一郎几乎每天都会出现在正在进行研发工作的实验室中。桑德斯引述本田公司一位工程师的话说，"即便是作为公司的总裁，他也会像一名研究员那样工作。每当我们遇到问题时，他都和我们一起研究"。而且确实有很多问题，对本田宗一郎来说，失败是自我激励的主要动力。他的另一句名言是："对我来说，成功只有通过不断的失败和反省才能取得。实际上，成功只代表着你工作的1%，而它又是被称为失败的其余99%的结果。"

他认为失败对获得真正的成功是必不可少的。无论是在艰难的日本市场，还是在更加艰难的全球市场，抑或是在最为艰难的赛车场，他都不相信有快速的胜利和唾手可得的成功。

他走遍世界各地的赛车场并研究了竞争对手生产的摩托车，然后把这些产品信息带回日本，努力生产出更好的比赛用摩托车。正是由于这种自强不息的实践，本田摩托车实现了从第一次参加国际比赛时令人失望的表现变为五年后荣获制造商团队奖的大跨越。

本田宗一郎去世后,他这种热切的自我激励的精神仍然活跃在本田公司并得到发扬光大。本田公司现任 CEO 福井威夫最近为展示该公司生产的高速赛车性能而亲自驾驶 BAR-Honda 一级方程式赛车,广受媒体关注。他还骑了辆本田比赛用摩托车在赛场上高速绕了几圈。本田宗一郎如果见到这种阵势一定很高兴。

那么领导人如何能够保证自我激励呢?本田宗一郎为我们提供了一个简单方法,就是向内看,不要向外看。人们寻求职业方向的通常做法是关注外部的机会,然后再研究如何去满足这些机会的要求。与此不同的是,本田宗一郎建议领导人要把目光放在自己身上,要在优势、个性、价值观和兴趣方面做到了解自己。

本田宗一郎说:“你的优势就是你擅长和喜欢做的事情。”换句话说就是,如果我们没有利用自己的优势,结果肯定是平庸的。所以要了解你的优势所在,再努力使自己在最大限度上充分发挥这一优势。

人尽其才,物尽其用

“人尽其才,物尽其用,合理安排”是本田宗一郎的用人之道。

本田宗一郎是一位从第二次世界大战的经济废墟中走出来的极具代表性的成功者。现在,世界上每四辆摩托车中就有一辆是他的产品;同时,他还是年产量为 100 万辆汽车的企业的制造者,几乎世界的每一条路上都有本田车的足迹。

本田宗一郎的成功是显而易见的,而他的成功除了其自身勇于创新、锐意进取和百折不挠之外,还与其恰到好处的用人之道有着密不可分的关系。

1. 胸怀宽广,从善如流

知人善任,合作有方。本田宗一郎深知,他之所以有今天的辉煌,与他周围有一大批得力助手的辅助分不开。他知道自己依靠的是员工,知道有时候他们比自己更重要。看到公司里有拼命工作的人才,他便悉心加以培养和扶植,对于其中的佼佼者则让他当继承人,以便于公司进一步发展。

一个人的力量毕竟有限,如果没有一批得力干将的辅助,他预定的远大目标是不可能实现的。在这批得力助手中,有藤泽武夫、河岛喜好、西田通弘、杉浦英男及久米是志等人。比如对于藤泽武夫,本田曾这样打趣道:“经销之事,我全然不懂,是个门外汉。藤泽不懂技术,虽有驾驶执照,但他外出时从来没开过一次车。我们俩合起来,才算一个企业的经营者。”

2. 接受建议,激流勇退

在本田宗一郎的一生中,最突出地表现出他从善如流的优秀品质的事迹是他接受西田通弘的建议,激流勇退,并使得这一传统在本田公司内部代代相传。

西田通弘在本田公司工作了30年,先后担任过公司几乎所有部门的经理。他精明能干,足智多谋,为本田宗一郎和藤泽武夫出了不少好点子,因此被誉为公司的“最高参谋”和“出谋划策者”。1971年年初的一天,他和本田宗一郎闲聊时,提到他对公司前途的看法时说:“我认为公司的人都已经成长起来了,您是否可以考虑交班了?”他认为本田宗一郎与其说是在履行董事长的职权,倒不如说他是一个活跃在技术开发现场的人物。从培养接班人的大局出发,他认为本田宗一郎从第一线退下来更有利于公司的发展。当然,当时他有点战战兢兢。

但是本田宗一郎立刻握着西田的手说:“你说得对呀!今天便辞了吧。”因为还涉及手续上的问题,不能马上交班,到1971年4月,本田宗一郎便把本田技术研究所董事长的职位让给了河岛喜好。

当面劝自己的顶头上司交班,把权力让给已经成长起来的年轻科技人员,这需要很大的勇气和魄力。提议者往往要冒很大的风险。假如本田宗一郎不肯退让,反而认为西田是想“夺权”,动机不纯,那西田就闯大祸了,说不定会被“炒鱿鱼”;如果本田宗一郎口头答应,而心里却不肯退,采取拖延战术,对西田也不利,即使不会被“炒鱿鱼”,也会从此失宠。可贵的是,本田宗一郎不但对西田没有反感,反而打心眼里感激他的提醒。

3. 不许录用唯命是从的人

本田宗一郎选用人才非常注重人才的个性。从选用人才的第一个环节起，他就强调人的个性比什么都重要。他对负责录用人员的部门领导说："不许录用唯命是从的人！"

本田公司内部的环境十分宽松，下级认为自己的做法比上级高明，完全可以坚持，并可批评上级，无论是何争执，都让结果来下结论，职位并不意味着真理。本田公司里的技研人员，有相当一部分是别的公司不能容留的个性突出的优秀人才。对此，本田宗一郎的见解是："公司里每一个人都毫无保留、完全暴露出自己的优缺点，是一件好事。石头就是石头，金子就是金子。教练要尽量掌握运动员的特点，并使之得到充分的发挥，做到人尽其才、物尽其用、合理安排。那样，石头也罢，金子也罢，统统都会成为真正有用处的东西。"

4. 允许失败，鼓励探索

技术上的探索是必须承担失败的风险的，以技术起家的本田宗一郎深深懂得这一点。因此，他对本田公司的年轻技术人员放手使用，允许其犯错误。他认为，只要不是无所作为，只要是在不断的探求与总结中犯错误，那就是一件好事。

他将科研所从总公司分离出去，使之成为一个独立的公司，目的就在于保证科研工作的正常开展。他说："科研完全是失败的延续，应该有思想准备，99%是失败的。如果把它置于本田技研工业总公司这种始终通过生产来追求利润的公司之中，必然会遭白眼、受挑拣。在这样的环境下科研所根本无法进行连续的、卓有成效的研究工作。"

然而，并不是所有的错误本田宗一郎都能容忍。对那种不负责任的错误，他是会严厉惩治的。他说："俗话说，'智者千虑，必有一失'，但是，我们决不能宽恕因疏忽大意而造成的失败。为什么？因为我的宽容只限于在追求进步过程中出现的失误。除爬树外再也没有什么长处的猴子从树上掉下来，这可要不得。但是，猴子为了学习新的爬树技术，做某种'尝试'而掉下来，就是难得的经历，我要大大地夸奖它。"

本田宗一郎的宗旨很明确：鼓励员工敢想敢干，大胆创新，以此来保持本田公司旺盛的活力。他始终坚持的观点是："一个新的、巨大的成功，等于探索、失败、努力的结果。"

5. 关怀有加，沟通情感

企业要发展，努力协调上下级之间的人事关系，形成一种相互平等、尊重和透明度高的内部环境氛围，是必不可少的。本田宗一郎不仅是一个具有精湛技艺的技术人才，还具有一种能使人们紧紧团结在其周围"为他而干"的特殊气度。

本田宗一郎是享誉全球的企业家，但在公司里，普通年轻员工也敢开他的玩笑。对青年人的戏弄，本田宗一郎自有见解："工作时，既有等级之分，也有领导与被领导之别。但是，离开了工作岗位，大家都是朋友，都应该平等。因此，若有人说董事长总是那么骄横，我会难过的。在娱乐时，只有我输得越多、越丢丑，他们才越高兴，工作起来也就越来劲。"

1963 年，本田技研工业总公司举行 15 周年庆典。本田宗一郎将公司 8 000 名员工从全国各地汇集到京都，尽情欢庆。欢庆之夜，在饭店、酒吧，到处都可以见到本田公司员工的影子。他们通宵达旦，百无禁忌。本田宗一郎也全身心地投入其中，与员工们同乐同庆。本田宗一郎对他的员工只叮嘱了一句："绝对不能给人添麻烦。"

本田宗一郎还经常举办其他一些类似的活动，目的只有一个，融洽上下级关系，笼络员工情感，大家一起为公司的发展贡献力量。

本田的四大成功法则

一、注重人才培养

1. 每个人的思想完全不同，正因为存在不同才有组合的价值

本田宗一郎擅长与性格完全不同的人一道工作，并以此作为自己的工作信念。他认为同类型的人固然好相处、易交往，但是公司的经营必须有各种类型的人才。在经营本田技术研究所的过程中，他与副总裁藤泽武夫的配合也体现了这一原则。本田宗一郎和藤泽武夫性格完全不同，他们之间分工明确，本田负责技术和产品，而销售和经营完全由藤泽武夫

负责。本田宗一郎与藤泽武夫第一次会面是在1949年的东京,当年本田宗一郎42岁,藤泽武夫38岁。而当时本田技术研究所的资本金是100万日元。其热销产品仅仅是两轮摩托车。其后公司的事业不断蓬勃发展,一跃成为世界知名汽车品牌。在对待企业人才体系的问题上,本田宗一郎认为,公司的经营不需要与他本人完全一样的人。为了达成更高的愿景,公司需要有各种个性和思想的人才。本田宗一郎和藤泽武夫的默契配合成为本田公司遵循这种思想的典范。本田宗一郎管技术,而公司的财务、销售等技术以外的部门全部由藤泽武夫决策。

2. 握有大权的人员列席董事会将会使公司陷入瓦解

1964年,作为公司专务的藤泽武夫向本田宗一郎提出担任公司副总裁的建议获得同意,此后两人开始物色公司专务继承人的人选。也就是这一年,本田的全部董事聚集在当时的公司总部,设立了"董事办公室",所有董事在同一个办公室办公。从这个举措开始,确定了由公司两雄(本田宗一郎与藤泽武夫)向集团指导制的思路转移。之后,藤泽武夫不再在公司露面,本田宗一郎也逐渐专注于技术研究所的工作,不再出现在公司总部。本田宗一郎说:"从一开始,我就不想出席董事会,就是要我出席我也不去。因为一旦我出席大家就会依照我的意见行事,这是我不愿意看到的,因为这将是独裁的开始。振兴公司与公司的壮大发展是两码事。创业时期的人员并不一定要加入到公司未来发展企划的行列中来。"

3. 下一任总裁应该从没有任何怨言的人当中选出

在本田公司,有许多来自大学的员工。本田宗一郎经常跟他们说:"你们在学校也许做过机械,也许学过设计专业,也许是出色的专家,但是大学四年仅仅是一般性的基础课程,有各种假期,有停课,还有旷课等,拿它与一天工作七个小时来比较,也就是在工厂上班三个月的程度。虽然相比于从没有上过学的人,上过学的人上手要早一些,但是人生是一次马拉松赛跑,抱有那样优越感的想法是错误的。"对于公司总裁的物色,本田认为应该挑选那些没有任何怨言的人。同时,为了保证权力确实能够交给有能力的人,企业领导人的亲属一律不得进入公司工作,包括本田宗一郎和藤泽武夫。不管是本田宗一郎还是藤泽武夫,虽然他们是公司的大股东,但是他们没有一个人让自己的子女进入公司工作。"我们不问其来

自哪里，也不看他是何人种，只要是真正能为了本田而发挥作用的优秀人才，就可以做我们的总裁。”

4. 员工不是为了公司来牺牲的，而是为了享受自己的生活而来的

在新员工的培训课上，本田宗一郎说：“也许你们是本着为公司工作的决心而来，这确实让人钦佩。为了自己才来工作是一个绝对条件，大家在拼命工作的同时，公司也不断向上和良性发展。但是如果仅仅是公司发展好了，却牺牲了自己，这种像过去军队的做法我是决不赞成的。”

二、让顾客满足

1. 本田公司的发展壮大，不是靠公司自己的力量，而是靠广大的顾客

本田宗一郎认为，最了解产品价值和最后有资格对其做出评判的不是我们生产商，也不是经销商，而是那些在日常生活中使用和购买我们产品的消费者。消费者购买一个产品后感到满意的喜悦之情，是产品价值的荣誉之冠。

2. 靠国家扶持来干好事业的成功先例是没有的

这句话里，包含了提供面向大众、便宜且有用途的产品，进而为社会作出贡献的信念。如果做不到这一点，就自然会被淘汰。正由于本田宗一郎秉持这一经营态势，因此他对当初通产省制订的将乘用车的生产分为三个组的计划表示了明确的反对。1961 年，通产省由于预测日本汽车不能与美国汽车相匹敌，于是实施了推进《特定商业振兴法》的立法化的方针，将日本汽车集中为三类，即量产车组、特殊车组和小型车组，同时对没有生产四轮汽车但希望新加入的本田公司不予认可。本田宗一郎对此反应激烈：“我们明确宣告，我们有我们独自的经营之道。政府希望我们合并，但我们不想这么做。作为被公司员工和股东任命的总裁，我有权利也有义务让他们获得幸福。经营不是问道于政府，而是向大众寻求认同，这是一个基本常识。”1963 年，《特定商业振兴法》的法案最终被正式废除，本田公司实现了进军四轮汽车市场的愿望。

三、不断技术革新

1．要产生像孩提时代那样奇想与行为原型一样的灵感，不是靠常识性的思维方式和行为

这个说法是本田宗一郎的基本思想。不仅仅依靠技术，而是要涉猎各个领域，要用这种思想来捕捉事物的本质。这种思想渗透到了本田公司每个人的心目当中。河岛喜好对此做出如下评论："不是将非常识的东西而是将不是常识的东西，来进行非认真但不是不认真的考虑。当初谁也不曾想到我们今天会有如此火暴的销售业绩。我们的价值观正在变得多元化和多样化。在这样的环境里，仅仅从企业或者技术的角度来判断其硬件的价值的话，是生产不出可以让人接受的产品的。一个最好的例证就是本田 ATC 和本田 CITY 的开发。""所谓常识，就是人们的一般想法，要对其加以怀疑，要敢于打破常识"，这种想法被本田宗一郎称为"创造性的破坏"。

2．所谓谋求新技术、新理论的工作，99%是失败的

河岛喜好对失败及对失败的评价有如下看法："一个人的努力，不可避免会有失败，不能只认同成果。尤其是年轻人，失败是自然的事情，对于失败我们至少也得做出一点积极评价。换句话说，'此路不通'情况的出现和明确化，也可以被看做是企业的一个成果。从形式上来看即便是失败，但是在追求未知和理想的事物时做出了最大的努力，结果即便是失败而不是成果，对企业来说仍然是一件有意义的事情。"而对于剩下的1%的成功，本田宗一郎则认为："失败了谁都会反省，关键是成功了也要反省。这乍看起来似乎是一种反论，但是成功了多问几个为什么，多反省成功的原因的话，我们就能从一个成功走向更大的成功。如果忘记了反省，再大的成功也会到此为止，这是我从过去的经验中所学到的一种信念。"

3．不向自己的技术妥协，争吵归争吵，输了就要服输

有关汽车的引擎是用空冷还是水冷的问题，久米（本田第三代总裁）等年轻技术者们与本田宗一郎因出现分歧而导致了在技术方面的激烈争

论。由于本田宗一郎是空冷方面的专家,他不支持久米等年轻专家使用水冷技术。而一旦涉足技术方面,本田宗一郎就忘记了自己总裁的身份,会作为一名技术者与他人争论,因为他本人就是技术室的一名成员。即便本田宗一郎认为大家是平等的,年轻的技术者们最终还是会无奈地选择妥协,毕竟他是总裁。这个时候藤泽武夫对于技术上谁好谁坏没有妄加评论,但是他向本田宗一郎进言:“您是选择当总裁还是技师长?如果您选择当总裁的话,那就听一听年轻人的话吧?”最后的结果是,久米等人的水冷技术获得认同,本田车在选择了水冷的同时,也获得了技术上的长进。在看到水冷式的优点后,本田宗一郎发出了“今后是年轻人的时代了”的感叹,从而决心“退役”。

四、担当社会责任

1. 如果我们只是那种给周边地域带来麻烦的产品制造商,那就应该马上停业

要超越民族,超越国界,应该消除“那是别人可以理解的东西,这是只有日本人才可以理解的东西”的界限。本田宗一郎是在父亲“不要只会给别人造成麻烦”的教育下成长的。这个基本理念从本田宗一郎在经营中的社会责任方面可见一斑。

本田宗一郎在日本铃鹿建设工厂时,一直贯彻一种方针,就是非常重视当地民众对他们的反应。在海外开展业务时亦是如此,要考虑对象国的民众是否接受他们。在人才招聘中,本田公司就采取了如录用当地的人才、当地优秀的人才可担任高层职务等措施。同时,在开拓海外市场时,如在国内一样,在充分理解当地民众的感受的基础上来建立其海外基地。本田宗一郎不局限于国内,而是立足于国际性的视野,就是在海外也不忘照顾周边近邻的感受。这种经营态势,在第二代总裁河岛喜好那里得到了继承。

2. 奉献社会,获取信用

这里所指的是,讲究信用,不给他人带来麻烦,是一种奉献社会并以此信条存在于社会的思路。但由于企业是作为一个追求利润的组织而存

在的，无视于这样的思路的经营者也大有人在。

在埼玉县的和光工厂，本田公司对附近居民的不满或者抱怨等即断即决，不做任何辩解地进行改善。另外，公司命令不准内部组建职工合作社，并向员工的家属提议有什么不便则依靠当地解决，缺什么就在当地购买，做到让当地的人们高兴。这种精神一直贯穿到了本田产品的生产之中，“即便只有一颗螺丝钉不合格，也会招致认为本田的产品不完整的指责。对于转包商承担生产的零部件，我们公司去进行检查对他们是一种很大的侮辱，但必须得到他们的理解。为了生产出绝对的、有120%的自信的商品，我们只能这样”。他认为，99%的合格率可以被看做是优秀的合格率，但是剩下1%的不合格产品一旦落到顾客手上，就等于把100%不合格的产品提供给了顾客。

而对于奉献社会的想法，本田宗一郎从岗位上退下来以后变得越发强烈。其中一个就是本田财团（基金13亿日元）的设立。财团在世界各地举办有关环境、都市问题方面的研讨会。此外还向国际安全学会、财团法人等团体捐献基金，为学者的研究提供援助等。

这和欧美经营者们的常见做法一样，是一种通过企业存储资金，再还原于社会的志愿者的精神。这种对公益事业的热心，本田宗一郎将它一直持续到晚年，并且用实际行动表达出他真正对社会的关心以及对社会责任的积极承担。

本田宗一郎经典语录

- 模仿是先乐后苦，创造是先苦后乐。
- 不为99次失败气馁，一心为第100次成功努力。
- 成功的秘诀在于永不模仿别人。
- 人的一生离不开学习。要想进步就不能离开学习，学习是没有止境的。
- 靠关系或请人介绍，这种人我公司绝对不录用。原因很简单，靠关系进来的人没有一个是有才能的人，真正有才能的人靠自己的力量进来。请人介绍更是不可靠，尤其请国会议员介绍进来的人，我没有发现过有一个是可用的人才。

• 我一生从来没有用过公司的钱，虽然我是这家公司的社长。不但如此，我也禁止公司的高级人员使用公费做接待工作。用接待来做生意，是最没出息的做法。

• 公司职员遇到社长不必起立敬礼，他只要拼命地工作，就是对社长的最高敬意。虚礼无用，工作要紧。

• 在贫苦家庭出生，不要以为是可耻的。也不要因为家境贫苦，无法上比较高级的学校而悲观。反而要为出生在贫苦家庭而自傲，因为出生在贫苦家庭，是给你一个努力的机会。由于出身贫苦，自己想从贫苦中解脱出来，自然会比别人加倍努力。努力的结果，绝对会带来比较富裕的人生。成功的人物，大多出身贫苦。

• 我成功的全部秘诀，就在于永不模仿别人，永远立志创造出别人从没有过的高质量产品，正是这样不懈的努力，才走上了汽车产业的巅峰。

• 人没有刺激就不会进步。当一个人身处逆境、走投无路时，智慧就显得尤为宝贵。

• 一个没有失败过的人，实在很可怜。我认为人不经失败就不会长智，更无成长可言。

• 人都是从失败中记住了失败的教训，然后检讨为什么会失败，反省失败的原因。经历了一次失败，却会带来长期的成功。“失败是成功之母”这句名言，一点都不假。

• 公司里每一个人都毫无保留、完全暴露出自己的优缺点，是一件好事。石头就是石头，金子就是金子。教练要尽量掌握运动员的特点，并使之得到充分发挥，做到人尽其才、物尽其用、合理安排。那样，石头也罢，金子也罢，统统都会成为真正有用处的东西。

第七章

李嘉诚：诚信为本

人物小传

李嘉诚，1928 年 7 月 29 日出生，中国香港人，祖籍广东潮州，1999 年获英国剑桥大学荣誉法学博士，现任香港长江实业集团、和记黄埔集团董事会主席。1948 年在香港新蒲岗一家塑胶厂担任业务经理、总经理。1950 年创立了长江塑胶厂，1957 年创立了长江工业有限公司，生产塑胶花、玩具等。1972 年 9 月，创建长江实业有限公司；11 月 1 日，长江实业股票在香港证券交易所上市。1974 年 5 月，与加拿大帝国商业银行联组恰东财务有限公司。1985 年 5 月 15 日，出任汇丰银行董事局非执行副董事长。1985 年出任香港基本法起草委员，1992 年被聘为港事顾问，1995—1997 年出任香港特区政府筹备委员会委员。

长江实业、和记黄埔集团是具有国际地位和重大影响的跨国多元化企业集团，业务遍布全球 54 个国家，雇员人数约 25 万名。两家集团在香港共有 9 家上市公司，总市值约为 6 500 亿港元。和记黄埔有限公司 2009 年营业收入达到 26 938 亿元，名列 2010 年世界 500 强企业第 302 位。2009 年，李嘉诚以 162 亿美元名列《福布斯》全球富豪榜第 16 位，连续 16 年蝉联华人首富。李嘉诚曾获得“亚洲五十位最具影响力人物之一”、“亚洲企业家成就奖”、“香港商界风云人物”、“全球最佳企业家”、“CBE 勋衔”（1999 年英国女皇颁发）等荣誉称号。

李嘉诚是全球华人圈里最耀眼的商界领袖。他以自己的亲身经历演绎了一个从身无分文的穷小子到华人首富的神话，他白手起家的经历鼓舞着无数中国逐梦者。李嘉诚拥有两个伟大的事业：一个是长江、和记黄埔两大实业集团；另一个是以李嘉诚基金会为旗舰的“不断花钱”的事业。他认为，这两个事业实际上是他创新生命的一个整体。

如果你仍在商场上奋力拼搏，如果你是个雄心勃勃渴望一展宏图的人，就要像李嘉诚一样思考和行动，关注李嘉诚，研究李嘉诚，学习李嘉诚，从而超越李嘉诚……

从学徒到“塑胶花大王”

李嘉诚于1928年7月29日出生在广东潮州，父亲李云经是个教书先生。在家庭文化的熏陶下，李嘉诚从小就很聪明。1939年日寇入侵广东后，他随父背井离乡流落到香港。

1943年冬天，李云经病重，临终前他把李嘉诚叫到床前，轻声告诫道：“求人不如求己。吃得苦中苦，方为人上人。失意时莫灰心，得意时莫忘形。”李嘉诚坚定地点了点头，李云经才放心地闭上了眼睛。

父亲去世了，一家人的生活重担落到李嘉诚的双肩上，他不得不中止学业，独立谋生。李嘉诚求职四处碰壁，好不容易才找到茶楼跑堂的工作。一年后，李嘉诚辞去茶楼的工作，去了舅父的中南钟表公司当杂工。

1946年，李嘉诚突然离开势头极佳的中南钟表公司，去了一个名不见经传的五金厂，做起了推销员。虽然每天要工作15个小时以上，但是回到家后，他还要点着油灯苦读到深夜。

自从李嘉诚加盟五金厂后，五金厂的业绩便蒸蒸日上，以销促产，产销均步入佳境。老板喜不自禁，在员工面前称他是第一功臣。一次李嘉诚去酒店推销白铁桶时，遇到塑胶裤带制造公司的老板也到酒店推销塑胶桶，那一次李嘉诚成了这位老板的手下败将，酒店更青睐塑胶桶，而不惜废掉购进白铁桶的口头协议。李嘉诚怀着愧疚之情离开五金厂去了塑胶裤带制造公司。18岁时当上了部门经理，20岁时升为总经理。

李嘉诚经过几年的生活磨砺之后，逐渐成熟了起来，十分渴望向社会证明自身的价值，便下定决心要自立门户，开始新的人生搏击。

1950年夏天，年仅22岁的李嘉诚说干就干，他把自己多年的积蓄和向亲友筹借的5万港元在筲箕湾租了一间厂房，创办了长江塑胶厂，专门生产塑胶玩具和简单日用品，由此起步，开始了他叱咤风云的创业之路。

李嘉诚取“长江”的厂名，来自“长江不择细流，故能浩荡万里”。在创业最初的一段时期，李嘉诚凭着自己敏锐的商业头脑，待人以诚，经商以信，发了几笔小财。但好景不长，一段惨淡经营期来临了。他因急切地去扩大生产规模而导致资金不能正常周转，工厂亏损愈来愈重。过快的扩张，承接订单过多，加之简陋的设备和人手不足，极大影响了塑胶产品的质量，迫在眉睫的交货期使重视质量的李嘉诚也无暇顾及愈来愈严重的次品现象。于是，仓库开始堆满因质量问题和交货的延误而退回来的产品，塑胶原料商开始上门催缴原料费，客户也纷纷上门寻找一切借口要求索赔。

从做生意开始就以诚实从商、稳重做人处世的李嘉诚付出的代价是很惨重的。这种代价几乎将李嘉诚置于濒临破产的境地。

这段时间，痛苦不堪的李嘉诚每天睁着布满血丝的双眼，忙着应付不断上门催还贷款的银行职员，应付不断上门讨要货款的原料商，以及拖家带口上门哭哭闹闹、寻死觅活要求按时发放工资的工人们。充满必胜信心的李嘉诚做梦也没有想到，在他独自创业初期就面临灭顶之灾。1950—1955 年的这段沉浮岁月，直到今日，李嘉诚回想起来仍心有余悸。这是李嘉诚创业史上最为悲壮的一页，它沉痛地记录了李嘉诚摸爬滚打于暴雨泥泞之中的艰难历程，它用惨重的失败反映了李嘉诚成功之路的坎坷不平和最为心痛的一段际遇。

失败并不可怕，重要的是失败之后是否仍有信心，能否继续保持或者拥有清醒的头脑。像任何身处逆境的人一样，李嘉诚经过一连串痛定思痛的磨难后，开始冷静分析国际经济形势变化，分析市场走向。在种类繁多的塑胶产品中，李嘉诚所生产的塑胶玩具在国际市场上已经趋于饱和状态，似乎已经没有足够的生存能力了。这意味着他必须重新选择一种能救活企业、在国际市场中具有竞争力的产品，从而实现其塑胶厂的转轨。

1957 年，李嘉诚带着企业复活的希望踏上了学习塑胶花制造技术的征途。精明的李嘉诚深知生意人对于刚面世的新产品是十分重视的，而且在技术上会有很大的保留，不会轻易地让人学去，故他不断以购货商、推销员等身份，甚至不惜打短工，千方百计地搜集有关塑胶花制作的技术资料。不仅如此，李嘉诚还购置了大量在款式、色泽上各具特色的塑胶花品种带回香港，不惜重金聘请香港乃至海外的塑胶专业人才，对这些购回的塑胶花品种进行研究。他一边进行市场调查，一边了解国际市场的发展动态，希望能找出最受欢迎的塑胶花品种进行大规模生产。

1957 年，咬紧牙关走出绝境的李嘉诚开始了他的一系列别具新意的转轨行动：生产既便宜又逼真的塑胶花。这在当时的香港还是一个冷门。经过李嘉诚的努力以及各方面的促销和广告宣传，塑胶花开始引人注目起来，为香港市民所普遍接受。长江塑胶厂的名字也开始为人们所熟悉。

重新开出一条道路的李嘉诚，在度过危机之后，便渐渐地走上了稳定发展的道路。1957 年年底，李嘉诚为了适应大规模的生产需要，将长江塑胶厂改名为长江实业有限公司，开始着手引进西方的管理经验。他认定不管是现在还是将来，企业内部保持高水平的管理，坚持按责任办事是非常重要的。

李嘉诚常常这样告诉身边的人："我们长江要生存，就得要竞争；要竞争，就必须有好的质量。只有保证质量，才能保证信誉，才能保证客观，才能保证长江的发展壮大。"李嘉诚极其看重自己产品的质量。李嘉诚宣布：从今以后，长江的产品，没有次品。今天的李嘉诚给人最鲜明的印象是足智多谋，在经营策略上他从不轻易去冒险，更不会有随便碰碰运气的行动。他的所有决策都来源于对全面、广泛的资料的占有和分析；他的决定，都是按照理性的实际情况而做出的合理的反应，这也是他最为人称道的本领。

在接下来的日子，李嘉诚领导长江实业公司迎来了香港塑胶花制造业最为辉煌的时期。欧美各国对塑胶花的需求量更大了，就连中下生活水平的家庭也渐渐养成了插花的习惯。李嘉诚也充分利用这段鼎盛时期，不断创新。他以高薪招聘塑胶专业人才，研制出欧美用户最感兴趣的接近天然花的喷色塑胶花、特种花、热带新奇花卉，以及具有中国传统特色的中国特种花，从而顺利地打入欧美市场。李嘉诚利用长江实业公司高品质的塑胶花产品，全方位地争取到了海外买家的长期合约，业务得以迅速增长。庞大的塑胶花市场，为李嘉诚带来了数以千万港元计的利润，长江实业公司的塑胶花和李嘉诚本人也愈来愈受到塑胶界的注目。长江实业公司因此而成为世界上最大的塑胶花制造基地，而李嘉诚则被誉为"塑胶花大王"。

做足准备,以弱制强

在李嘉诚的创业生涯中,有过许多难忘的商业经历,其中最值得一提的是 1977 年。这一年是李嘉诚和他的李氏财团经过 20 余年稳扎稳打、步步为营的奋斗,真正脱颖而出的一年。他大开华资吞并外资之先河——著名的“美资永高公司收购战”,以及力挫群雄,击败香港置地房地产公司,购得中区新地王的两次战役,成为使香港英资、外资惊诧不已而使中资兴奋不已的热门话题。

当时,位于香港中区地下的中环和金钟站段,是香港中区最繁华的地段,也是世界上最值钱的地皮之一,每平方米的地价高达 1 万港元。如果能在这块享有“地王”之称的地皮竞争上夺标并成功地发展物业,不仅能带来丰厚的利润,而且夺标公司还可由此增强信誉且名声大震。

早在 1976 年,李嘉诚就获悉香港地铁公司为购得中区邮政总局旧址地皮,曾与香港政府磋商多次,希望部分用香港地铁公司的股票,部分以现金支付,但是香港政府坚持用现金购买。于是,既精通经营之道又精通金融之道的李嘉诚,再次利用出售楼宇和发行新股的方式,集资数亿港元现金,以打有备之战。

不仅如此,李嘉诚还获悉香港地铁公司与政府达成有关九龙湾车厂及邮政总局旧址的批地协议:地铁公司必须耗资近 6 亿港元现金收购地盘的具体情况,提出一个将两块地盘设计成一流的商业中心和写字楼相结合的综合型商业大厦的建议,而且一反地产界只租不售的常规。为了稳操胜券,李嘉诚提出的是一个充分为地铁公司考虑的方案,在方案中长江实业计划在地皮上建造 32 层的商厦和办公混合的单塔建筑,长江实业将在签订协议日起付给地铁公司一笔现金,并继续交付现金若干次,保证地铁公司从该项目中盈利,并且盈利高于长江实业,在建成后将该建筑分层出售。出售后的利益由地铁公司和长江实业分享,并且打破平时分红各五成的常规,由地铁公司占 51%,长江实业占 49%。

李嘉诚提出的是一个充分为地铁公司考虑的方案,一个双方利润合理分配又能解决地铁公司资金问题的方案，最终获得认可。而被媒体盛传的素有“地产皇帝”之称的置地公司的方案却是在接近投标揭晓日期前才交付到地铁公司，并以楼宇的出租为盈利办法，根本无法解决香港地铁公司的资金链吃紧问题和急需的现金回流。

1979 年 1 月 14 日，香港地铁公司正式宣布，中环邮政总局旧址公开接受招标竞投。置地一度盛传是夺标呼声最高的公司。消息传到长江实业，李嘉诚听后淡淡一笑，说：“传说总是传说，到底花落谁家现在尚无法定论。”在这次“地王”公开招标竞投活动中，香港地铁公司先后收到 30 个财团以及地产公司的投标申请。

1977 年 4 月 4 日，香港地铁公司宣布投标结果：长江实业击败置地成为胜出者。

4 月 5 日，香港各家报纸均以大标题报道：“长江击败置地，夺得旧邮政总局地段。”“这块平均地价每平方米 1 万港元的‘地王’，早为大财团所看重，最后被长江投得。据地铁公司透露，主要原因是长江实业所提交的建议内列举的条件异常优厚，终能脱颖而出，独得与地铁公司经营该地的发展权。”

李嘉诚终于力挫多家竞争对手，一举击败呼声一度甚高的香港地产界巨子——香港置地有限公司，被人们誉为“长江实业扩张发展中的重要里程碑”。

1978 年 5 月，李嘉诚投标所建的环球大厦开盘，总价值约 5.92 亿港元的物业，广告刊登 8 小时后全部售完。

1978 年 8 月，李嘉诚投标所建的海富中心开始拍卖，交易总价为 9.8 亿港元，创造开盘售楼一天交投量最大的纪录。

那么当时李嘉诚的长江实业第一次在正式招标中凭什么击败了最强的对手呢？

这在于李嘉诚当时吃透了各方的利益关系。第一，洞悉对手短板，建立自身的信心。李嘉诚确信倾向海外发展的置地会提出一个现金支付较少，并和其当时在中环主要收取租金一样的办法来实现盈利的方案，纽壁坚最终会迫于吉姆·凯瑟克家族的压力在疑惑中选择这一方案。第二，吃透项目。他们最需要什么？先予人再予己。出标人首先是一个合作者，他最需要的是什么，他有什么切实的问题，只有把他放到一个正等待解决问题的企业的角度上，然后吃透项目，提出解决方案，才能够最终取得对方的认同。第三，放弃一些利润，赢取更高的信誉。

李嘉诚的这一楼盘建成后，为长江实业获得了7亿多港元的毛利，纯利近1亿港元，但他明智地放弃了的利润却为自己一举奠定了在地产界的位置，赢得了所有媒体的尊重，香港的《中华工商时报》《明报》均以“长江击败置地”的报道给予李嘉诚最高的评价。在这之后，李嘉诚成为未来的香港地王，而置地则在他的慢慢蚕食下，成为昨日的王侯。

人弃我取，低进高出

一个成功的企业家，不可能独守一枝而获得成功。李嘉诚的商业智慧更是表现在各个方面。房地产投资的技巧已使他获得不小的成功，而在股市上的操作技巧更使他的企业获得了长足发展。

“人弃我取，低进高出”是李嘉诚搏击股市的基本法则，“高出低进”的实战案例不胜枚举。

“文化大革命”时期，在大量“中国共产党即将武力收复香港”等谣言的蛊惑声中，香港人心惶惶，发生了自第二次世界大战后的第一次大移民潮。许多有钱人纷纷贱卖住宅、商店、厂房、物品，携款远走他乡，楼市更是无人问津。

拥有数个地盘、物业的李嘉诚经过深思熟虑，对“中国共产党会不会以武力收复香港，在香港推行内地的社会主义制度”的问题做出了判断：“不可能！中国共产党若想武力收复香港，早在1949年就可趁解放广州之际一举收复，何必等到现在？而香港是内地对外贸易的唯一通道，保留香港现状，实际上对中国共产党大有好处。中国共产党并不希望香港局势动乱。”他毅然采取惊人之举：

1. 人弃我取，趁低吸纳

李嘉诚买下旧房翻新出租；利用地产业低潮、建筑费低廉的良机，在地盘上兴建物业。到20世纪70年代初，香港百业复兴、地产市道转旺，李嘉诚已拥有的35万平方英尺的收租物业为其带来390万港元的年租金收入。

李氏集团从一个中小地产商迅速成长为地产界的巨无霸,还依靠股市杠杆的神奇魔力,使李嘉诚的商人才智在其中尽显风采。李嘉诚巧用低进高出的股市定则,常常创造财富奇迹。

1972年,股市大旺,股民疯狂,成交活跃,恒指急攀。李嘉诚借这个大好时机,将长江实业上市。长江实业股票每股溢价1港元公开发售,上市不到24小时,股票就升值一倍多。这便是典型的“高出”。

1973年香港面临大股灾,恒生指数到1974年12月10日跌至最低点150点的水平。1975年3月,股市跌后初愈,开始缓慢回升,但深受股灾之害的投资者仍“谈股色变”,视股票为洪水猛兽。就在这个时期,在李嘉诚的安排下,长江实业发行2000万新股,依据当时低迷的市价,每股作价3.4港元。李嘉诚宣布放弃两年的股息,既讨了股东的心欢,又为自己赢得实利——股市渐旺,上涨势头一直持续到1982年香港信心危机爆发前。长江实业股价升幅惊人,李嘉诚赢得的实利远胜于当年牺牲的股息,他以自己的充足信心和投资技巧真正实现了长线投资、长线回报的目的。

1985年1月,李嘉诚收购港灯的计划迎来了机会。他深知作为卖家的英资置地公司急于出手减债,经过16小时的商议,他以比前一天股市收盘价低1港元的折让价,收购了港灯34%的股权。仅此一项,李嘉诚就为买家的股东节省了4.5亿港元。当港灯股票市价上涨后,李嘉诚又出售一成股权套现,净赚2.8亿港元。

1986年,李嘉诚斥资6亿港元,购入英国皮尔逊公司约5%的股权。半年后抛出该股票,盈利1.2亿港元。低进高出,两头赚钱。

2. 人弃我取,知难而上

例如,巍城公司开发天水围的浩大地皮之事。由于香港政府的“惩罚性”决议,开发计划濒临流产,众股东纷纷萌生退出之意。看好天水围发展前景的李嘉诚,从其他股东手中折价购入股权。于是便催生了嘉湖山庄大型屋村的宏伟规划。长江实业是两大股东中最大的赢家。

李嘉诚说:“低进高出,关键是眼光要准。股市的兴旺与衰微,大都与政治经济因素有直接关系,大致有一定的规律性。要研究和掌握这个规律，就要密切关注整个国际时势。”

作为系列上市公司首脑的李嘉诚，在股市的表现与他在地产的表现一样令人折服，传媒称当时“为中小地产公司的长江实业，初试啼声，已是不凡”。

如此等等，不胜枚举。到 1990 年年初，李嘉诚以 98 亿元私有资金，控制了市值 900 多亿万港元的长江实业系集团。1972 年长江实业上市时，市值才 1.57 亿港元，18 年后市值增长近 180 倍。以全系市值计，比 1972 年膨胀了 586 倍。

李嘉诚巧借股市大肆扩张，其风险当然是巨大的，但他却能运作自如、绝少失手。究其缘由，正所谓“人无远虑，必有近忧”。未雨绸缪是李嘉诚在商道中制胜的一个“法宝”：“天文台说天气很好，但我常常会问自己，如果五分钟后宣布十号台风警报，我会怎样。在香港做生意，就要保持这种心理准备。”

信誉是最大的资本

李嘉诚提倡诚信经商，他认为自己的成功得益于诚信。他说：“在生意场上，最好的担保人就是自己。一个人的实力能有效地证明自己值得信赖，如果能直接证明自己值得信任，就容易使别人放心地与自己合作。”

20 世纪 50 年代末，当长江塑料厂在全力开拓欧美市场的时候，欧洲的一位大批发商看到了长江塑料厂的样品。他认为，长江塑料厂生产的塑料花在品种和质量上都已经超过了意大利，达到世界先进水平，而价格还不到欧洲市场的一半。他决定和李嘉诚合作做生意。但他对长江塑料厂的生产规模和生产能力有些担心。同时，他从侧面打听到李嘉诚正面临资金短缺的困境。为保险起见，他同意和李嘉诚的公司做生意，但李嘉诚必须有实力雄厚的公司或个人做经济上的担保。李嘉诚知道，这位批发商的销售网络遍布西欧和北欧，假如同他结成固定的生意伙伴，这对长江塑料厂的发展有非同一般的意义。

李嘉诚彻夜未眠，他同设计师一道，连夜赶出 9 款样品。批发商订购的是3种样品，但李嘉诚每种设计了3个款式。第二天，当批发商看到这9款样品后赞不绝口，当时就决定同李嘉诚合作做生意。李嘉诚坦言道："实在找不到实力雄厚的厂商做担保"，并诚恳地向批发商介绍了长江塑料厂白手起家的发展历程和经营状况，希望批发商相信他的信誉和能力。批发商听后微笑着说："你已经替你找了一个担保人，这个担保人就是你自己。"批发商很快就与李嘉诚签订了第一单购销合同，并且一次性付清了货款。

1973年，当世界危机波及香港的时候，李嘉诚做了一件功德无量的事，至今仍被香港商界传为佳话。香港经济的依赖性很强，塑料原料全部依赖进口，因此受价格的影响也最大。危机爆发前每磅塑料原料的价格是0.65港元，危机爆发后涨到每磅4—5港元。当时李嘉诚由于在塑料业的实力以及在经商过程中获得的良好的声誉，已经是香港塑料制造业商会主席，但他的经营重点已经逐步转移到地产上了，因此，这场塑料危机，对他的影响并不是很大。况且，长江塑料公司本身也有充足的原料储备。

尽管这件事与自己的利害关系不大，李嘉诚还是毫不犹豫地挂帅救业。在他的倡议和组织下，数百家塑料厂入股组建了联合塑料原料公司。原先单个塑料厂家的购货量太小，无法达到交易额度，现在由联合塑料公司出面，需求量比进口商还大，可以直接由国外进口塑料原料，进行交易。所购进的原料，全部按市价分配给股东厂家。在厂家的联盟面前，进口商的垄断也就不攻自破了。这样笼罩全港塑料业达两年之久的原料危机，一下被消除了。

不但如此，李嘉诚在这次救业大行动中，还将长江塑料公司的12.43万磅原料，以低于市价一半的价格救援待料的会员厂家。可以直接购入国外出口商的原料后，他又把长江塑料公司本身的20万磅的配额，以原价优先转让给需求量大的厂家。

在此次危难中，得到李嘉诚帮助的厂家达数百家。李嘉诚因此被称为香港塑料业的"救世主"。李嘉诚救人于危难中的义举，为他树立起崇高的商业形象。他的名气和声望回馈的无疑是无尽的生意和财富。

从商60多年的李嘉诚，诚信事例可谓数不胜数。而守信也变成了巨大的生产力:“我现在就算再有多十倍的资金也不足以应付那么多的生意,而且很多是别人主动找上门的,这些都是为人守信的结果。”

“信”,是使其他人得到信任和信服;“誉”,却是由其他人给予的名声和声誉。在长期建立了其他人心目中的信任和信服之后,这个人就会得到赞许,其他人就会给予他极高的声誉。信誉的来由,就是以诚信去赢得他人的称誉。可见,李嘉诚之所以取得众人称羡的成功,正在于它拥有了真正的诚信资本。

李嘉诚认为,对事业的“信”与对他人的“诚”是分不开的,诚信相合,即为“义”。“文明必须以知耻来建立,我们社会需要更多的,是这两个字——公义。”在谈及有关问题时,为了增加效果,李嘉诚一边说这话时,一边用笔有力地写下了“公义”两个字。

“如要取得别人的信任,你就必须做出承诺,在做每一个承诺之前,必须经过详细的审查和考虑。一经承诺之后,便要负责到底。即使中途有困难,也要坚守诺言,贯彻到底。”李嘉诚是以一生来实践这一条诚信之规的。

李嘉诚说自己的生意,很多是别人主动找他的,因为,他一向认为,做生意的原则是以诚信为先,否则只会错失更多发展事业的黄金机会。“一个有信用的人,比起一个没有信用、懒散、乱花钱、不求上进的人,必有更多机会。当你建立了良好的信誉后,成功、利润便会随之而至。”

李嘉诚诚信经商60多年,创造了一个又一个奇迹:1952年,李嘉诚开设塑胶厂,在20世纪50年代就迅速成为“塑胶花大王”;60年代末,李嘉诚投资地产,不久又成为地产大亨;80年代初,李嘉诚收购英资和记黄埔进军货柜码头,后又收购海外石油公司;80年代末,李嘉诚进入电讯行业。一个个陌生的行业,一次次完美的成功,让李嘉诚积累了巨额财富,成为享誉全球的华人首富。

李嘉诚告诉我们,除了要自谦、虚怀若谷之外,更需要谨记一点,就是不要占其他人的便宜。李嘉诚还说:“不义而富且贵,于我如浮云。”“千金买名,万金买誉”说的就是这个道理。

放长线钓大鱼

李嘉诚善于运用“放长线钓大鱼”来取得在竞争中的优势地位。1975年香港市场遭受了石油危机和随后的经济衰退的严重打击，股票行情暴跌，地价也大幅下跌，而李嘉诚却稳坐钓鱼台，不但不急于抛售，反而大量收购土地，几年里李嘉诚屏声静气地以低廉的价格购买了不少地皮。

为提高长江实业公司的购买力，李嘉诚以6 800万港元私款注入长江实业公司，使得不少投资者对李嘉诚和他的长江实业公司信心倍增，纷纷购买该公司的股票。当第二年长江实业公司再度增加新股时，认购者非常踊跃，这次李嘉诚认购了总值1 000万新股中的36%，事业连续几年一帆风顺。公司实力也更加雄厚，资信度不断提高，在公司两度增发新股筹得巨资以后，受到美国大通银行的注目。大通银行以2亿港元贷款给长江实业公司。这笔巨款使公司如虎添翼。随后李嘉诚在智囊团的精心策划下，进行了两笔震惊全港的交易。第一笔交易，他成功地收购了香港希尔顿酒店和巴里凯悦酒店，然后卖掉了巴里凯悦酒店，保留希尔顿酒店。直到现在，这家坐落在繁华地带的五星级酒店仍在给李嘉诚带来相当可观的利润。第二笔交易，李嘉诚成功地争得了在香港岛上建造地铁车站的两块地皮的合同，后来在这两块地皮上建起了现在金钟站的海富中心和中环站的环球大厦。由于这两间大厦位于香港中区商业金融中心的黄金地带，建成不久就被高价抢购一空。

李嘉诚满怀信心地向获利甚丰的地产业进军，目光放得更远，他为再次垂钓“大鱼”放出长线，投下“饵料”。

水泥是建筑业最重要的材料，在香港需用量很大。而香港只有一家水泥生产厂——青州水泥公司。因为机器陈旧，导致产量不足、品质低劣，这样香港建设需用的水泥，大都从外地运来，时常因供应不足，延误工期，有时还遇到中间商的剥削。李嘉诚看准时机，毅然把这家水泥厂收购下来，然后更新设备、改善品质，让其长期供长江实业公司建筑工程使用。更重要的是，青州水泥厂占用的那一大块地皮也给李嘉诚带来了丰厚的利润。水泥厂坐落在九龙红磡，以前是荒落的郊区，经过二三十年，由于香港经济发展、人口膨胀，红磡已成了稠密的住宅区，水泥厂给当地造成了严重的污染，影响了居民生活。李嘉诚抓住有利时机，果断做出决策：一方面请求香港政府在远郊拨地，另一方面向政府申请补地价，在水泥厂原有的地方改建住宅区。香港政府接受了这个请求，并给予李嘉诚特别优厚的照顾条件。昔日青州水泥厂那样使用价值低微的大片土地，在改变用途之后，像点石成金一样带来巨大财富。靠"放长线钓大鱼"的策略，李嘉诚的长江实业集团雄居香港企业王位。

长江实业购入老牌英资商行和记黄埔，使李嘉诚成了首位收购英资商行的华人。李嘉诚以沉稳的性格收购和记黄埔，从而打破了英资门庭森严、唯我独尊的格局。时至今日，李嘉诚仍认为收购和记黄埔是他在创业生涯中最成功、最动人、最值得骄傲、最漂亮的一仗。

除了稳健之外，李嘉诚同时秉持潮商目光长远、精于计算，即"放长线钓大鱼"的商业理念。

1986 年李嘉诚收购了加拿大的赫斯基能源，2008 年，当油价已经达到 100 美元以上一桶时，赫斯基能源则成为和记黄埔的核心业务，获利颇丰。

2008 年 8 月 21 日，李嘉诚在业绩会上自信地说："赫斯基能源在七八年前还被人批评说买得亏损，但是今年和记黄埔最大的盈利贡献就来自赫斯基。"

赫斯基现在成了和记黄埔的中流砥柱。李嘉诚放长线养了 22 年的"新奶牛"变身成了最赚钱的机器。

知人善任，宽厚待才

白手起家的李嘉诚何以一跃成为 25 万多人的庞大商业帝国统领者？每当提起他的成功，李嘉诚总是坦然告知，良好的处世哲学和用人之道是他成功的前提。

1. 慧眼识才

古人云:"智莫大乎知人。"深受中华传统文化熏陶的李嘉诚深谙此道。

身为怡和贸易代表的英国人马世民到长江实业公司推销冷气机。虽然李嘉诚一般不过问此类业务,但马世民却一再坚持要求面见李嘉诚。他的倔强吸引了李嘉诚,这次偶然的接触,彼此间留下了相见恨晚的深刻印象。后来时机成熟,李嘉诚不惜重金收购了马世民创办的 Davenham 工程顾问公司,招揽了马世民这位不可多得的人才。

古有"千里马常有而伯乐不常有"的感叹,然而,港人却盛赞李嘉诚具有九方皋相马的慧眼。李嘉诚正是因为极为高明地辨识和使用了众多的"千里马",他指挥的高速前进的商业巨舰,才能驰骋商场几十年而无坚不摧、无往不胜。

李嘉诚为邀得袁天凡的加盟,历尽"峰回路转"到"柳暗花明"的曲折历程。袁天凡的才华在香港金融界路人皆知。尽管两人过往甚密,但袁天凡却多次谢绝了李嘉诚邀其加入长江实业的好意。李嘉诚并不言弃,仍一如既往地支持袁天凡:荣智健联手李嘉诚等香港富豪收购恒昌行,李嘉诚游说袁天凡出任恒昌行行政总裁一职;袁天凡与他人合伙创办天丰投资公司,李嘉诚主动认购了天丰公司 9.6% 的股份。李嘉诚多年来的真诚相待,终于打动了孤傲不羁而才华出众的袁天凡,他应邀出任盈科亚洲拓展公司副总经理。在袁天凡的鼎力协助下,李嘉诚的儿子李泽楷孕育出了叫响香港的腾飞"神话"。

2. 诚信聚才

得人才者兴,失人才者亡,这是企业的生存法则。人的强大不仅仅在于提升自身的智慧,还在于凝练他人的智慧为我所用。善集众人之智慧于一身者,方能成大事、做巨人。

李嘉诚在商界以坦诚和守信著称。李嘉诚说:"以诚待人是我生活上坚守不移的原则。"正是李嘉诚那广为传颂的诚信美德,使得众多出类拔萃之才纷纷因他而来、由他而聚,心悦诚服地为李家商业王国奉献自己的聪明才智。

李嘉诚谋事决策的成功,得益于多位顶尖智囊、高参、谋士长期忠贞不渝地合作。杜辉廉是一位精通证券业务的专家，被业界称为“李嘉诚的股票经纪人”，备受李嘉诚青睐和赏识。李嘉诚多次请其出任董事均被谢绝，他是李嘉诚众多“客卿”中唯一不支干薪的人。但杜辉廉决不因为未支干薪而拒绝参与长江实业系股权结构、股市集资、股票投资的决策。我们无法知道杜辉廉这样做是怎样想的，但我们起码可以从这样的现象中，感觉到李嘉诚人格魅力在其中产生的巨大力量。为了回报杜辉廉的效力之恩，当杜辉廉与梁伯韬合伙创办百富勤融资公司时，李嘉诚发动连同自己在内的18个商界巨头参股，为其助威。在百富集团成为商界小巨人后，李嘉诚等又主动摊薄所持的股份，好让杜梁二人的持股量达到绝对的“安全”线。李嘉诚的投桃报李、知恩图报、善结人缘，更使得杜辉廉极力回报李嘉诚，甘愿为他服务，心悦诚服地充当他的“客卿”和“幕僚”。杜辉廉在身兼两家上市公司主席的情况下，仍忠诚不渝地充当李嘉诚的股市高参。

关于李嘉诚的成功，《李嘉诚成功之路》一书这样写道：“正因为李嘉诚善于把一批确有真才实学的智囊人物团结在自己的周围，‘博采天下之所长，为己所用’，才保证了他每在关键时刻能出奇制胜，化险为夷。”

李嘉诚说：“决定大事的时候，我就算有100%的把握，也一样要召集一些人共同研究。这样，当我得到他们的意见后，看错的机会就会微乎其微。”

3. 精心育才

李嘉诚能够并善于突破固有的、传统的育才模式，而紧跟时代的潮流，创立出新的、适合企业实际需要的人才培育模式，为公司的发展、壮大奠定坚实的人才资源基础。

李嘉诚送长江实业的元勋周千和同其子周年茂赴英国专修法律，体现出其培育人才的超人眼光和魄力。周年茂还在学生时代，李嘉诚就把他作为长江实业未来的专业人士来培养。父子两人同行出国进修，如此优厚的待遇开了长江实业公司培养人才方法之先河。周年茂学成后，被李嘉诚指定为长江实业公司发言人，两年后凭业绩，被选为长江实业董事，周千和升为董事副总经理，父子俩均成为长江实业公司的得力干将。

李嘉诚悉心培育儿子李泽钜和李泽楷的过程，更是可圈可点。在李氏兄弟很小的时候，李嘉诚就常带他们挤电车和大巴，甚至观察一个卖报小女孩边卖报边做功课的情景，让他们感受平民子女求学的艰难。当两兄弟念中学时，李嘉诚让他们聆听公司的会议。用李嘉诚的话说："带他们到公司开会，不是教他们做生意，而是让他们知道，做生意不是简单的事情，要花很多心血，开很多会议，要有许多人帮助，才能成事。"

李嘉诚的大儿子李泽钜15岁、小儿子李泽楷13岁时，被送去美国读书，上学期间需要的零花钱，要靠他们自己业余时间打工获得。李泽钜在麦当劳餐厅做夜间兼职，每晚打工到深夜的经历，使他不仅懂得了挣钱的艰辛，而且磨炼了身心；李泽楷在高尔夫球场当三年多球童的异常辛苦的经历，使他悟出了不少灵活变通的道理，并为日后经商打下了坚毅不屈的性格基础。不久，两个儿子迅速在商界脱颖而出，并有"小超人"之美誉。李氏兄弟说："父亲从小对我们的培养教育是我们最值得感谢的。我们从父亲那里学到的不仅仅是怎样成为一个出色的商人、一个赚钱的商人，更为重要的是我们学会了怎样做一个正直的商人。"

4. 仁义爱才

李嘉诚这样说过："人才取之不尽，用之不竭。你对人好，人家对你好是很自然的，世界上任何人都可以成为你的核心人物。"李嘉诚叱咤商场几十年，经久不衰，与其对人才常怀仁爱之心不无关系。

在企业创办不久，为了降低成本、改善经营状况，李嘉诚的企业被迫大量裁员。在企业遇到困难的时候，裁员是很正常的事。但是，李嘉诚却认为，员工失去工作就意味着没有了生活来源。从艰辛中走过来的李嘉诚对此体会尤深。李嘉诚坦诚地承认，是自己在经营上的失误导致了裁员。他在向被辞退员工及家属表示歉意的同时承诺，只要经营出现转机，愿意回来的员工，仍然能在公司找到他们的职位。李嘉诚有诺必践，相继返回的员工都比以前更加努力地从事本职工作。

在亚洲金融风暴波及香港的时候，长江实业公司员工的公积金因外放投资遭受不少损失。按理，遭遇这样的天灾大家只好自认倒霉。可李嘉诚却动用个人资金将员工的损失如数补上。宁可自己受损，绝不让员工吃半点亏的真情义举，深得人心，这样的企业老板深受员工的拥戴。常言道，“以诚感人者，人亦以诚应之”。李嘉诚用个人的损失，换取了比金钱更重要的东西，那就是员工的尊敬、忠诚和感恩。

5. 雅量容才

李嘉诚认为，企业家用人，首先要有“海纳百川”的容才之量。“宰相肚里能撑船”，说的就是企业家要有广阔的胸怀。企业家有容纳人才的心胸，才能吸引人才、任用人才，否则，人才就会离他而去。古言说得好，“此处不容人，自有容人处”。企业家应善于任用各方面的“能人”，不能搞“武大郎开店”。企业家应该清楚地认识到，手下的人才超过自己的越多，越说明你会培养人、使用人，越能够吸引人才；有众多人才凝聚在你身边，你的事业才会不断发展，成就才会不断扩大。

李嘉诚说：“长江的取名基于长江不择细流的道理，因为你要有这样旷达的胸襟，才可以容纳细流——没有小的细流，又怎能成为长江？只有具有这样博大的胸襟，自己才不会那么骄傲，不会认为自己样样出众。承认其他人的长处，得到其他人的帮助，这便是古人说的‘有容乃大’的道理。”美国《财富》杂志评论说：“李嘉诚极为重视与借助专业经理人才帮助他完成宏图大业。”

20世纪70年代初，李嘉诚聘请美国人Erwin Leissner任长江实业总经理，之后又聘请美国人Panl Lyons为副总经理。这二人是掌握最现代塑胶生产技术的专家。长江实业公司董事局副主席麦理思是个英国人，更是一名优秀的经济管理专家，长江实业与香港本地洋行和境外财团打交道，多由麦理思出面。李嘉诚入主和记黄埔洋行后，提升英国人李察信为行政总裁。李察信离职后，李嘉诚又聘用了另一位英国人马世民任董事行政总裁。在和记黄埔、港灯两大老牌英资集团的旗下，李嘉诚留任的各分公司的董事长、行政总裁多达数十人。李嘉诚说：“我并没有想过用雇用外国人来表现华人的经济实力和华人社会地位的提高，我只是想，集团的利益和工作确确实实需要他们。”

6. 巧妙用才

在人才的使用上，会用人的人总是能从实际需要出发，用最适合事业发展的人才。在李嘉诚庞大的商业王国中，只要是人才，就能够在企业中有用武之地。李嘉诚说：“要知人善任，大多数人都会有部分的长处，部分的短处，好像大象食量以斗计，蚂蚁一小勺便足够。各尽所能，各得所需，以量才而用为原则。这就是说，一个公司需要员工共同努力，才能完成发展公司的大业。就如在战场，每个战斗单位都有其作用，而主帅未必对每一种武器的操作比士兵纯熟，但最重要的是首领应非常清楚每种武器及每个部队所能发挥的作用——统帅只有明白整个局面，才能做出出色的统筹并指挥下属，使他们充分发挥最大的长处以及取得最好的效果。"

李嘉诚通晓唯才是举的用人方略。在集团内部，李嘉诚彻底摒弃家族式管理方式，人们看不到家长制作风的痕迹，完全是按照现代企业管理模式进行运作。李嘉诚常说："唯亲是用，必损事业。"有位员工这样评价李嘉诚："对碌碌无为之人，管他三亲六戚，老板一个不要。"

李嘉诚善用年轻人。长江实业在20世纪80年代得以急速扩展及壮大，股价由最初的6港元上升到90港元，这和李嘉诚不断提拔风华正茂的年轻人有关。有长江实业系新型"三驾马车"之称的霍建宁、周年茂、洪小莲，正是长江实业年轻才俊的杰出代表。霍建宁1985年任长江实业董事，两年后升任董事副总经理，是年35岁，如此年轻就任香港最大集团的要职，在香港实属罕见。周年茂1985年任长江实业董事副总经理时才30岁出头，负责长江实业系的地产发展，具体策划了多项大型住宅屋村的发展事宜，深孚众望。由秘书成长起来的长江实业董事洪小莲，全面负责长江实业公司楼宇销售时不到40岁。正是这些青年才俊的鼎力帮衬，才有李嘉诚演绎出巨额财富的惊天神话。

李嘉诚精于搭建科学高效、结构合理的企业领导班子。李嘉诚深知，企业发展在不同阶段需要有不同的管理和人才需求，适应这样的需要，企业就突飞猛进，否则，企业就要被淘汰出局。在李嘉诚组建的公司高层领导班子里，既有具备杰出金融头脑和非凡分析本领的财务专家，也有经营房地产的"老手"；既有生机勃勃、年轻有为的港人，也有作风严谨、善于谋断的洋人；既有公司内部的高参、助手、干将，又有企业外部的智囊、谋士、客卿。曾任和记黄埔行政总裁的马世民把李嘉诚的左右手称为"内阁"。评论家说："这个'内阁'，既结合了老、中、青的优点，又兼备中西方的色彩，是一个行之有效的合作模式。"

7. 宽厚待才

美国著名成功学家戴尔·卡耐基在他的《关爱人》一书中写道:"一个能够从细微处体谅和善待他人的人,一定是一个与人为善的人,必定有很好的人缘关系,这种人缘关系就是他成功的基石。"

李嘉诚说:"不是老板养活员工,而是员工养活了整个公司,公司应该多谢他们才对。"李嘉诚对跟随他多年的有功于长江实业的"旧臣老相",始终怀有感激、善待、报答之心,以恩、以德相报,真情切切,感人至深。

盛颂声是辅助李嘉诚从创业到公司发达的劳苦功高的元勋之一。几十年来,盛颂声兢兢业业、任劳任怨地为长江实业的发展、壮大贡献出自己的聪明才智。李嘉诚除了提拔他任长江实业的董事副总经理外,还委以负责长江实业公司地产业的重任。当盛颂声举家移民加拿大离开长江实业时,李嘉诚专门举办了盛大的酒会为他饯行,令他十分感动。李嘉诚在处理公司高管人员离职时,还给他们以低价购入长江实业系股票的机会,让下属分享公司的利益,使得公司拥有极强的凝聚力和向心力。原和记黄埔董事行政总裁马世民离职时,用8.19港元/股的价格购入的160多万股长江实业股票,当日就按23.84港元/股的市价出手,净赚2 500多万港元。据香港税务局公布的1999—2000年度的前10名"打工皇帝"所交纳的薪俸税金额来推算,前10名的"打工皇帝"中,出自李嘉诚旗下企业者就占了4位,其中和记黄埔董事总经理、香港电灯副主席、长江基建副主席、长江实业执行董事霍建宁更是名列"打工皇帝"榜首。李嘉诚给长江实业系高层经理人士的高薪俸禄,既是"人有所值"的体现,又是"厚待人才"的结果。李嘉诚说过:"长江实业能扩展到今天的规模,要归功于属下同仁的鼎力合作和支持。"熟谙中国传统文化的李嘉诚是真正能够理解"一个篱笆三个桩,一个好汉三个帮"的道理的。李嘉诚创建巨大商业帝国的过程,充分证明了这样的用人准则。李氏企业集团低于百分之一的人员流失率,就是其企业具有极强凝聚力的最好证明。

李嘉诚非常欣赏《西游记》中唐三藏的用人政策。孙悟空武功高强,法力很大,所以要在前面斩妖除魔;猪八戒好吃懒做就经常让他去化斋;沙和尚正好处于两人的中间,就安排其挑扁担。如果他们的角色换一下,不但到不了西天取经,而且还会丢掉性命。用人的艺术,就是把最适合的人摆在最该出现的位置上。

在总结用人心得时，李嘉诚曾形象地说："大部分人都有长处和短处，需各尽所能、各得所需，以量材而用为原则。这就像一部机器，假如主要的部件需要用500匹马力去发动，虽然半匹马力与500匹相比小得多，但也能发挥其部分作用。"李嘉诚这一番话极为透彻地点出了用人之道的关键所在。

管理界有句名言："人才摆错位置就会变成垃圾。"每个人都术业有专攻，特点各异，关键在于根据每个人的特点分配工作，尽量发挥其长处而避其短处，以求达到人尽其才的效果。优秀的人才只有被安排到最合适的位置上，才能将自身最大的价值发挥出来；如果人才被放在错误的位置上，没有合理的使用，就等于浪费人才，还可能招来负面的效果。

人才随处可得，但如何使用人才，做到知人善任却是一门大学问。因此，善于用人的领导者必定能成就大事，成就大事的人也必定是善于使用人才的人。一个领导者的重要任务就是将公司的人才放在他们最应该在的位置，而不是本末倒置，将一个优秀的人才放在最差的位置上。让每个员工人尽其才、人得其所，才是最佳的用人政策。否则，任意地安排人才只会给公司造成负担，更容易让最优秀的人才出走。

善待他人就是善待自己

李嘉诚说："善待他人，就是善待自己。"如果想得到别人的尊重，首先就应该尊重别人。如果你用敌对的态度对待周围的人，同样也会受到相同的"礼遇"；你对别人好，别人也会对你好；先帮助别人，别人也会乐于帮助你。很多人总在想为什么自己得不到他人的尊重，却没有扪心自问自己的所作所为，结果让自己的人际关系越来越糟糕。

李嘉诚还告诫集团管理层：作为一个领导者，应该有博大的胸怀，经常关心和问候部下，体谅他们的难处，为他们分担忧愁。只有当自己的部下没有后顾之忧的时候，他们才会将更多的精力投入到工作中，大大地提高工作效率。美国罗氏旅游公司老板布鲁斯十分推崇仁义之道，在任何时候都是“员工第一，顾客第二”，最后把一家小旅行社发展成世界三大旅游公司之一。

善待部下，部下才会善待自己。李嘉诚深谙善待部下的道理，因为他知道只有善待部下，部下才会善待自己，才会把百分之百的精力投入到工作中。

李嘉诚早年经营塑料花事业时，因为策略上的失误导致公司产品大批滞销，公司的财务状况变得十分糟糕。此时唯一的办法就是资遣员工，以降低公司的成本。对李嘉诚来说，这是一个非常痛苦的决定，无异于砍掉自己的手足。但如果不裁减员工，公司就难以维持，随时有倒闭的危险。

李嘉诚忍着心中的剧痛告诉员工：“只要公司情况好转一点，就希望大家回来工作，仍然可以给每个人找到合适的工作。”危机后来很快就过去了，李嘉诚重新找回被资遣的员工，恢复他们的工作。员工们简直不敢相信自己的耳朵，当时以为那只是李嘉诚安慰大家的一句话，根本没有放在心上，想不到李嘉诚说到做到，实现了自己的诺言。李嘉诚这种作为让员工对他充满感激之情，于是更加努力地工作。

李嘉诚说过：“长江实业能扩展到今天的规模，要归功于属下同仁的鼎力合作和支持。”为了培养员工的业务能力，李嘉诚经常从公司选拔一批业务干部到国外进修，公司负责全部的开销。不但如此，员工在国外学习阶段，公司照样付他们薪水。每个被李嘉诚送到海外进修的员工都会说：“李先生对待我们就像一家人，他是我们的衣食父母，我们能不加倍努力报答他吗？”回到国内后，这些人大都受到重用，在李嘉诚的公司担任重要职务。

李嘉诚不仅善待员工，更对那些即将离职的员工充满歉意。他总是说：“公司有员工辞职，是因为我们做得不够好，没能给员工充分的施展空间，希望他们都能找到一份好的工作。”只要他能抽出时间，就会亲自为离职员工举行饯别酒会，并对他说：“公司的大门永远为你开着，只要在外面做得不开心，随时都可以回来。”

善待部下，就是要让他们对公司和大家所做的事业产生认同感。大家聚集在一起是为了做一件有意义的事情，是为了让自己的人生更有意义、更有价值，并不是为了个人的私人利益。只要大家坐在一起，就会产生一种家的感觉，每个人的周围都会弥漫着和谐的氛围。

善待部下才能留住部下。没有一个员工愿意在一个刻薄、冷酷的领导者底下做事，就算做也只是应付工作罢了，不会投入全部的精力和心血。让我们再一次记住李嘉诚那句至理名言：“善待别人，就是善待自己。”

敢于创新，抢占先机

作为企业家的李嘉诚十分懂得寻找经营空白、开拓新兴市场的重要性，因而，他的经营决策很快落实到了行动中。当时，塑胶花风靡世界，在香港市场也是如此。

李嘉诚分析，塑胶花实际上是植物花的翻版，每一个国家和地区，所种植并喜爱的花卉不尽相同，而当时香港和国际市场生产的样品，太意大利化了，并不适合香港和国际大众消费者的喜好，因此，他根据时代的要求以及对消费者的调查结果，设计出全新的款式，而且要求自己的企业不必拘泥于植物花卉的原有模式，要敢于创新。

李嘉诚决定去国外考察，他跑了好些家花店，了解销售情况。他发现绣球花最畅销，立即买下好些绣球花做样品。当他考察回来时，随机到达的，还有几大箱塑胶花样品和资料。

李嘉诚回到长江塑胶厂后，不动声色，只是把几个部门负责人和技术骨干召集到他的办公室，把带来的样品展示给大家。众人为这样千姿百态、栩栩如生的塑胶花拍案叫绝。

李嘉诚宣布，长江厂将以塑胶花为主攻方向，一定要使其成为拳头产品，使长江厂更上一层楼。

产品的竞争，实则又是人才的竞争。李嘉诚四处寻访，重薪聘请塑胶人才。李嘉诚把样品交给他们研究，要求他们着眼于三处：一是配方调色，二是成型组合，三是款式品种。

李嘉诚明察秋毫，他认为塑胶花工艺并不复杂，因此，长江厂的塑胶

花一旦面市，其他塑胶厂势必会在极短时间内跟着模仿上市。之所以会这样，是因为批量生产的塑胶花，成本并不高，因此，定价也不能高，价格一高，问津者必少。这种情况下其他厂家再一拥而上，长江厂的市场地位就难以稳定。所以，李嘉诚提出倒不如在“人无我有，独家推出”的经营策略上下工夫。在这一理念的指导下，长江厂的塑胶花在极短的时间，以适中的价位迅速抢占香港的所有塑胶花市场，一举打出长江厂的旗号，掀起新的消费热潮。卖得快，必产得多，“以销促产”，比“居奇为贵”更符合商界的游戏规则。这样，即使效颦者风涌，长江厂也早已站稳了脚跟，长江厂的塑胶花也深深植入了消费者心中。事实果真如此，李嘉诚走物美价廉的销售路线，大部分经销商都非常爽快地按李嘉诚的报价签订供销合约。有的为了买断权益，甚至主动提出预付50%的订金。

很快，塑胶花风行香港和东南亚地区。老一辈港人记忆犹新，几乎在数周之间，香港大街小巷的花卉店，摆满了长江厂出品的塑胶花。寻常百姓家、写字楼，甚至汽车驾驶室，都能看到塑胶花的倩影。而李嘉诚由于掀起了香港消费新潮流，使得长江塑胶厂由默默无闻的小厂一下子蜚声香港塑胶业界。就这样，李嘉诚洞察先机，先人一步研制出塑胶花，填补了香港市场的空白。另外，由于李嘉诚不按物以稀为贵的一般道理卖高价，而是着眼于占领市场份额，因而一举成功。

李嘉诚的四大成功法则

创业艰辛，但艰辛中又有着成功的快乐。李嘉诚在其早年的创业实践中，抱着“摸着石头过河”的心理，从开始的迷惘之中寻找到了一条致富的捷径。

一、重视时机和信息的运用

从李嘉诚的创业史中，我们可以看到他对时势的准确判断和创业时的独立果敢，而这都建立在他对信息的分析和把握上。另外，由于资金不足，李嘉诚采取“以农村包围城市”的战略方针，以最少的钱办最大最多的事，并根据创业的不同时段采取有效对路的管理工作方式，因而初战告捷。更值得指出的是，李嘉诚从两条看似风马牛不相及的信息中分析出全世界将会掀起一场塑胶花革命。而当时的香港，塑胶花的生产和销售尚为零。李嘉诚洞察先机，全力投入。

二、重视质量，善于公关

李嘉诚在创业过程中十分注意抓质量管理，并自觉运用公关手段解除危机。例如，创业不久，李嘉诚因追求数量而忽视了质量，使长江厂四面楚歌。面对挫折，李嘉诚采取“负荆”拜访等办法，起死回生。而当同行竞争短兵相接时，一些厂家拍摄长江厂的破旧厂房在报刊上发表，企图以揭短的反面宣传使长江厂信誉扫地。李嘉诚却将计就计，运用太极推手的精义，突出奇兵，充分利用了这种免费宣传，正面宣传了自己。

三、学习先进技术，把握市场脉搏

李嘉诚为了寻找企业的新出路，飞赴意大利学习塑胶花技术，以香港经销商和打工仔的多重身份进入塑胶公司，通过耳闻目睹和与技术工人交朋友等多种手法获取了第一手资料。因而，回到香港后，抢先生产出塑胶花，又以高瞻远瞩的准确定位掌握了市场。而后，又看好股份制，借鸡生蛋，使长江实力迅速扩充。特别值得指出的是，李嘉诚十分注重市场的把握，他立足稳定后又想方设法绕过洋行中间商，直接与外商交易，牢牢掌握了主动权。终于，以其精诚，以其一生中最大的一次冒险赢得了欧洲和美洲的大客商及市场，成为全球首屈一指的“塑胶花大王”。

四、进入房地产市场，采取稳健战略

应该看到，李嘉诚获得成功的重要转折点是进入房地产市场发展。但与众不同的是，李嘉诚挺进房地产市场的原则是谨慎入市、稳健发展。

具体做法是不卖楼花、不贷款、不按揭，只租不售，有效地避开银行挤提、地产危机。特别是在20世纪60年代后半叶，香港地产有价无市，到处贱价抛售物业。李嘉诚审时度势，人弃我取，趁低吸纳，这一招奠定了他成为香港首富的基石。而由于采取了稳健战略，使得李嘉诚能够击败置地，中标地铁中环站和金钟站，这是李嘉诚以弱胜强的战例之一，其中李嘉诚的精确分析及周密行动令人叹服。

平心而论，以今天的商业准则衡量李嘉诚当年的行为，似乎不太妥当。但在那个时代，偷学和模仿是很普遍的现象，无可厚非。李嘉诚创大业的雄心勇气和他随机应变的精明，对我们不无启迪。

李嘉诚经典语录

• 苦难的生活，是我人生的最好锻炼，尤其是做推销员，使我学会了不少的东西，明白了不少事理。所以这些，是我今天10亿、100亿也买不到的。

• 创业的过程，实际上就是恒心和毅力坚持不懈的发展过程，其中并没有什么秘密，但要真正做到中国古老的格言所说的勤和俭也不太容易。而且，从创业之初开始，就要不断学习，把握时机。

• 精明的商家可以将商业意识渗透到生活的每一件事中去，甚至是一举手一投足。对于充满商业细胞的商人而言，赚钱机会无处不在、无时不在。

• 长江的取名基于长江不择细流的道理，因为你要有这样豁达的胸襟，才可以容纳细流。没有小的支流，又怎能成长江？

• 在我心目中，不管你是什么样的肤色，不管你是什么样的国籍，只要你对公司有贡献，忠诚，肯做事，有归属感，即有长期的打算，我就会帮你慢慢地经过一个时期而成为核心分子，这是我公司一向的政策。

• 知人善任，大多数人都会有部分的长处、部分的短处，各尽所能，各得所需，以量才而用为原则。

• 可以毫不夸张地说，一个大企业就像一个大家庭，每一个员工都是家庭的一分子。就凭他们对整个家庭的巨大贡献，他们也实在应该取其所得，只有反过来说，是员工养活了整个公司，公司应该多谢他们才对。

• 一个人一旦失信于人一次，别人下次再也不愿意和他交往或发生贸易往来了。别人宁愿去找信用可靠的人，也不愿意再找他，因为他的不守信用可能会生出许多麻烦来。

• 如果要取得别人的信任，你就必须做出承诺，一经承诺之后，便要负责到底，即使中途有困难，也要坚守诺言。

• 注重自己的名声，努力工作，与人为善，遵守诺言，这样对你们的事业非常有帮助。

• 讲信用，够朋友。这么多年来，任何一个国家的人，任何一个省份的中国人，跟我合作之后都会成为好朋友，从来没有一件事闹过不开心，这一点是我引以为荣的。

• 我生平最高兴的，就是我答应帮助人家去做的事，自己不仅完成了，而且比他们要求的做得更好，当完成这些承诺时，那种兴奋的感觉是难以形容的。

• 真正的爱，应该超越生命的长度、心灵的宽度、灵魂的深度。

• 人，第一要有志，第二要有识，第三要有恒，有志则断不甘为下流。

• 人们赞誉我是“超人”，其实我并非天生就是优秀的经营者。到现在我只敢说经营得还可以，我是经历了很多挫折和磨难之后，才领会到一些经营的要诀的。

第八章

任正非：为用户创造价值

人物小传

任正非，1944年生于贵州省镇宁县一个贫困的小村庄，少年时代受尽苦难。1963年，19岁的任正非考上了重庆建筑工程学院（现并入重庆大学）。1968年，任正非应征入伍，成为当时最受人尊敬和羡慕的解放军战士，直到1982年转业。1988年，任正非创办深圳华为技术有限公司，担任总裁。2005年，任正非被美国《时代周刊》评为“影响世界的100位名人”，2008年荣获“中国企业领袖终身成就奖”。2009年，华为成为全球第二大电信设备制造商，并跻身世界500强企业，是其中唯一一家没有上市的公司。2011年3月，美国《财富》杂志中文版公布了中国最具影响力的50位商界领袖名单，任正非排名榜首。

1988年，军人出身的任正非借来2万元在深圳创立华为技术有限公司，从做贸易起家，20年后，他把华为打造成为全球第二大电信设备制造商，并跻身世界500强企业，成为中国高科技企业的标杆。2005年，任正非被美国《时代周刊》评为“影响世界的100位名人”，这是唯一入选的中国企业家。《福布斯》杂志这样评价：“任正非是一个很少出现在公众视野中的人物，却是国际上最受人尊敬的中国企业家。”

低调神秘的企业家

当他执意要挑战跨国巨头时，对手说他自不量力；当他提出要做世界顶级公司时，别人说他异想天开；当他喊出要发展一批“野狼”时，同行无不以异样的眼光看他；然而他却改写着中国企业的生存法则和全球电信设备制造业的格局；他领导的公司已经成为跨国巨头们最危险的竞争对手——他就是从军营走出的华为技术有限公司创始人、总裁任正非。

任正非是当今中国最低调、最具神秘色彩的企业家。任正非的低调行为并不能遮蔽他身上的耀眼光芒，20多年来他一直是以一种被动的方式为人们所了解和熟知的。

任正非创立华为技术有限公司，选择走技术自立、发展高新技术的实业之路，与业界巨头一争高下，20年时间把华为打造成为全球第二大电信设备制造商和服务商，成为中国高科技企业的标杆。华为所走过的路正在成为众多中国企业学习的经典案例。

在任正非的带领下，20多年来，华为一路高歌猛进，创造着各种各样令人瞠目结舌的神话。尽管任正非似乎刻意地保持着自己的低调行为，但是他不事张扬、谨言慎行的个性，也随着华为从一个胜利走向另一个胜利的扩张中，不断地为人所认识和了解。有人说正是任正非的低调行为造就了华为的传奇。

2008年，任正非荣膺《中国企业家》杂志评选的“2008年度中国最具影响力企业领袖终身成就奖”，《中国企业家》杂志社社长刘东华这样评价说：“任正非几乎是中国最有静气和最有定力的一个企业家。”

2011年3月，美国《财富》杂志中文版公布了中国最具影响力的50位商界领袖名单，任正非排名榜首。柳传志、张瑞敏分列第二、第三位。

任正非从1988年创办华为至今，从没有接受过任何媒体的正面采访，也从不参加什么评选、颁奖活动和企业家峰会，甚至连有利于华为品牌形象宣传的活动也一律拒绝。

任正非因处世低调而被媒体称为“最神秘的人物”，其个人公开的资料甚少，有关他的故事更多的是来源于华为公司唯一对外的窗口——《华为人报》。人们从中所看到的只是这个在全球电信市场上呼风唤雨的华为，而种种关于任正非和华为的评说大多只是人们分析和猜测的结果。对于外界的评论，无论是对是错，华为都极少回应。

任正非虽然不接受媒体采访，却一直是媒体关注的热门人物。《福布斯》中文版认为，任正非虽然不喜欢在公众面前露面，但他在全球大型跨国公司领袖中受到尊敬的程度，在国内无人能出其右，华为至今仍然几乎是唯一在高科技领域内具有全球竞争力的中国内地跨国公司。

一直以来，任正非不仅自己保持着低调的姿态，不响应外界对他及华为的批评，也不主张华为员工出去和别人辩论。在任正非看来，华为不是上市公司，因此没有必要向公众披露自己不愿说的事情。

在社会上盛传着这样一个故事:一个风和日丽的下午,在华为公司总部,两个女职员在电梯里抱怨着公司财务制度上的一点小问题。她们注意到电梯里还有一个面貌敦厚的长者,但她们当时并没有把这当回事,因为这个人实在太普通了。

第二天这两个女职员被告知,她们所抱怨的那个问题已经解决了。她们惊问为什么,对方告诉她们,任总亲自打来电话,云云。她们惊呆了。

有很多媒体记者抱怨说任正非总是不接受采访,有点不近人情。而任正非解释说:"我为什么不见媒体,因为我有自知之明。见媒体说什么?说好恐怕言过其实;说不好别人又不相信,甚至还认为虚伪,只好不见为好。因此,我才耐得住寂寞,甘于平淡。我知道自己的缺点并不比优点少,并不是所谓的刻意低调。"他还说:"媒体记者总喜欢将成绩扣到企业老总一个人头上,以虚拟的方法塑造一个虚化的人,不然不生动。我不认为自己像外界传说的那样有影响力,但是很敬业、无私、能团结人。这些年华为有一点成绩,是全体员工的团结努力,以及在核心管理团队的集体领导下取得的。只是整个管理团队也很谦虚,于是就把一些虚荣虚拟地加到了我的头上,其实难符。"

很多外界人士在评价任正非时总是用"冷酷"一词来形容。任正非脾气暴躁,性格坚韧、刚毅,同时也低调和偏执,说话直来直去,不给人留情面。从华为国际化道路的历程中不难看出,华为就如任正非本人的性格一样,富有冒险精神,进攻性十足。在华为员工的眼中,公司的运作规范、严谨,对纪律的强调尤甚,服从第一。但是任正非的内心却有着细腻的柔情,在他坚强刚毅的背后却是柔情似水,甚至充满浪漫主义的情怀。我们可以从他写的《我的父亲母亲》《悼念杨琳》《北国之春》等文章中深切感受到这一点。

任正非看到员工们的文艺表演和深圳改革开放三十多年所取得的成就,回望华为二十多年的心路历程时,都会禁不住泪流满面,脑海中总会出现参军和创业的艰苦画面。

二十多年,任正非就这样一路走来,他的低调造就了华为的传奇,也造就了他自己的传奇。尽管华为已经成为中国在世界上最具代表性的一张名片,以低调、冷静著称的华为和任正非的身上仍笼罩着一层神秘的色彩，但任正非的确是一位具有人格魅力的企业家。

狼行天下

任正非说："资源是会枯竭的，只有文化才会生生不息。"华为在这条无形的、生生不息的、充满思辨色彩的、不断升华不断完善的文化线的牵引下走向成熟。"狼性文化"是华为企业文化的核心，也是推动华为腾飞的原动力。经过二十多年的发展，华为已经由一只充满血腥的"土狼"嬗变成一头凶猛无比、战无不胜的"东方雄狮"。华为的高速发展受到了广泛关注，其独特的企业文化更成为焦点中的焦点。

在创业发展的初期，华为的文化是以狼性为主导的企业文化。狼是一种让人畏惧、凶残的动物，很少有人愿意与狼相提并论，但是华为人却自诩为"狼"。

任正非说："做企业就是要培养一批狼。"他归纳出了狼的三大特性：一是敏锐的嗅觉；二是不屈不挠、奋不顾身的进攻精神；三是群体奋斗。这三点是狼为了生存在厮杀中取得成功而具有的特性，转用到企业的竞争中，也会形成不可思议的力量，所以企业要发展就需要有点狼性。敏锐地察觉对手的动向和市场的变化，可以抓住先机、把握主动。竞争的过程中必然会有挫败，因而想获得将来的胜利，必须要有不怕输的精神、永不言止的信念，在市场竞争中，退却和等待是没有任何意义的。企业是个集体组织，它的成功需要每个人的努力，所以唯有全体奋斗，才有企业辉煌。

1998年华为在深圳创立时主要做程控交换机代理业务，2000年才开始自主研发。可以说，华为在我国不是最早进入通信领域的企业，曾经与它一起打天下的其他企业早已销声匿迹，但它以咄咄逼人之势迅速发展成了该领域的强者，凭的就是狼一般顽强的生存能力。

任正非凭着他的善抓机遇、艰苦奋斗、远见卓识和超人胆略，使公司初具规模，迅猛发展。他的个人性格、人生经验、经营理念和做事风格深刻地影响着华为企业的文化氛围，构成了企业最本源的文化基因。

有人说任正非是军营培养出来的"军人CEO"，这个称谓其实是很中肯的，正是由于经历了十多年的军营磨炼，任正非身上才时时体现出军人的作风，在华为的处事和管理中表现出军人雷厉风行、不屈不挠的性格。任正非说："一支军队假如没有灵魂，将可能在瞬间分崩离析；而一个有灵魂的军队，即使遇到一时的困难，也可能重新组建起来，重新在战场上扬威，对于企业的团队建设来说也是如此。"

企业文化就是一个企业的灵魂。在中国，能真正理解企业文化和实施企业文化战略的企业并不多，而华为就是其中最为成功的企业之一。

2006年9月，华为公司的第一期三级干部后备队培训班结业。任正非在结业证书上写下："只有拥有牺牲精神的人，才有可能最终成长为将军；只有长期坚持自我批判的人，才会有广阔的胸怀。艰苦奋斗永远是华为企业文化的内涵。"

同时，任正非开始积极探索华为文化的转型。奋不顾身、不屈不挠的土狼心态逐渐变为狮子心态，逐渐走向开放和自信。

在土狼时代，成长是华为的第一要务，公司的绩效考核体系给员工带来很大的压力。而作为狮子，需要进行经营计划与科学协同。因此，理想状态是企业既要有狮子的整体竞争力，又要保持土狼的活力。

一个高新技术企业，不能没有文化，只有文化才能支撑其持续发展，华为的文化就是奋斗文化，体现的是追求卓越、持续的艰苦奋斗、默契的团队合作、精准到位的职业化行为以及掌声和荣誉面前的平常心。

华为的企业文化体现了"华为精神"。企业文化是华为的核心竞争力。华为独特的企业文化可以用这样几个词语来概括：团结，奉献，学习，创新，获益与公平。华为的企业文化还有一个特点就是：做实。企业文化在华为不单单是口号，而且是实际的行动。

最典型的一个例子就是华为初创时期"农村包围城市"战略的运用。1992年，华为自主研发出交换机及设备，当时阿尔卡特、朗讯、北电等洋巨头把持着国内市场，任正非以"农村包围城市"的战略迅速攻城略地，通信设备价格也直线下降。这一年华为的销售额首次突破1亿元。1993年华为进入高速发展期，逼退在中国称霸一时的阿尔卡特、朗讯和西门子。1996年，华为开始在全球依法炮制，蚕食欧美电信商的市场。

在这个初创时期，华为内部还流行着"狼性文化"、"以结果为导向"、

“烧不死的鸟是凤凰”、“板凳要坐十年冷”、“不让雷锋吃亏”、“成则举杯相庆，败则拼死相救”、“为客户服务是我们生存的唯一理由”等人人皆知的口号。任正非还在华为内部召开民主生活会，不变的主题是批评与自我批评。

任正非的这些口号成为华为这群土狼在艰难环境中拓展生存空间最有效的方式。这种“狼性”企业文化使得华为走过了传奇的创业期。但任正非却不喜欢给华为贴上这样一个鲜明的标签，至少他不想将华为的文化简单地归结为“狼性文化”。当时尚处在创业到发展壮大时期的任正非，已经在艰苦中低头赶路了好几年，很想对华为过去的小胜和未来发展的方向进行一个阶段性总结，但却一直处在“混沌”之中，直到《华为基本法》的酝酿和出台。

华为在跨国公司占尽优势的情况下，为什么会依然不断成长，因为华为找到了跟土狼一样斗过强大对手的生存法则。

在“弱肉强食”的猎物竞争法则中，无论是狮子还是豹子，都十分惧怕不要命的狼群，不敢掉以轻心。华为在市场竞争中正是扮演着不要命的狼群角色，使用了各种竞争手段，吓退了外来的狮豹。在短短数年内，这支狼群的数量就从几百繁殖到几万，实现了狼群的壮大，并活跃在世界各地，觅食，虎口夺粮。

销售是华为的核心业务，在销售过程中把“狼性”体现得淋漓尽致。狼的特点就是善于群体协同作战，以整体力量向外发起攻击。它对胜利有着疯狂的追求，对失败有着不懈的忍耐。在竞争中，华为的武器不一定是最好的，但是一定是最有效的，所以它的竞争力根植于它的狼性。

华为的技术研发人员也表现了不屈不挠、争先恐后、奋勇拼搏的狼性精神。他们在工作中勤勤恳恳、埋头苦干，不害怕“冷板凳要坐十年”，坚持“从点点滴滴做起”，研究问题不求广，而是要求深。所以华为的技术总是在国际上领先，这是科技产品抢占市场的利器。

狼还有强烈的危机意识，任在非曾写过《华为的冬天》和《北国之春》，这两篇文章中的危机论，引起了业界极大的震动。

华为正是拥有了这样的“狼性文化”，才战无不胜，取得了一次次的成功。任正非强调的这种“狼性文化”被深深地印在华为所有员工的心里，并成为华为的标志文化。而由于华为的成功，“狼性文化”迅速成为中国企业乃至中国社会热捧和仿效的文化及观念。尽管从2005年以后，任正非已很少再提“狼性文化”了，华为也经历了“狼性文化”后遗症的痛苦折磨，但“狼性文化”的影响之大之深已非一般文化现象可比。

以客户为中心

任正非说：“为客户服务是华为存在的唯一理由，客户需求是华为发展的原动力。我们不为客户服务，还能为谁服务？既然决定企业生死存亡的是客户，提供企业生存价值的是客户，企业就必须为客户服务。从企业活下去的根本来看，企业要有利润，但利润只能从客户那里来。华为的生存本身是靠满足客户需求、提供客户所需的产品和服务并获得合理的回报来支撑；员工是要给工资的，股东是要给回报的，天底下唯一给华为钱的，只有客户。”华为把这一指导思想写进了《华为基本法》。

“为客户服务是华为存在的唯一理由”，已经成为华为最基本的价值观。华为人认为企业不能只为实现股东利益最大化，也不能以员工为中心，管理的任务是争得为客户服务的机会，因为客户是企业价值的源泉，没有了客户，企业就失去了立足之本。

任正非告诫员工：现代企业竞争已不是单个企业与单个企业的竞争，而是一条供应链与另一条供应链的竞争。企业的供应链就是一条生态链，客户、合作者、供应商、制造商的命运在一条船上。只有加强合作，关注客户、合作者的利益，追求多赢，企业才能活得长久。因为，只有帮助客户实现他们的利益，华为才能在利益链条上找到自己的位置。只有真正了解客户需求，了解客户的压力与挑战，并为其提升竞争力提供满意的服务，客户才能与企业长期共同成长与合作，企业才能存活得更久。

因此，华为在服务上进行了大胆探索，最终把“让客户满意”作为企业的核心能力。纵观全程，华为的服务总体上经历了建立、规范、产品化三个发展阶段。

1998年被华为定义为“华为服务年”，服务被提到了前所未有的高度;2000年,华为亮出自己的旗帜——“服务的华为,增值的网络”。此时,华为在售后服务体系的建设上还停留在规范化阶段,主要是在售后服务制度、售后服务流程上进行了一系列的梳理与规范。

2000年春节,黑龙江的一个本地网交换机中断,但不知道问题出在哪个厂家的设备上。华为知道后,立即派技术人员在一天内从深圳赶到黑龙江。可最终查明问题不在华为身上,而出问题的厂商却迟迟没有回应。客户至上的理念深深影响着华为,他们不计较得失,先将自己的接入网改接到另一路由上,恢复了通话,让用户大喜过望。

2001年,华为提出了“你赢,我赢”的服务新思维,意味着与客户实现双赢,建立共同利益的服务链的战略思想已开始形成;2003年,新的“三大转移”的服务战略(工程向合作方转移、维护向用户转移、用服中心向技术支援转移)在IBM咨询顾问的帮助下正式实施,标志着华为在售后服务体系的建设上迈上了一个新的台阶,进入了产品化的发展阶段。

适应不同阶段客户需求的变化,华为公司的服务模式得以不断发展和完善。服务已成为华为公司赢得客户满意的重要因素。

在服务的客观实际中,有很多的问题摆在华为面前,比如怎样保障客户网络的稳定运行,如何实现客户网络的挖潜增值,客户维护队伍如何培养,对客户的问题如何管理,自身的服务体系怎样优化,自己的队伍如何建设……诸如此类,都没有现成的答案,都需要在积极的实践中去探索、去开拓。

那么在这方面,华为又是怎么做的呢?

服务战略转型。鉴于服务创新、服务增值已经成为当前行业发展的大势所趋,为了更好地满足客户需求、更好地促进客户网络的增值、更好地实现客户的综合利益,在2003年华为开始了新的服务战略转型:关注、引导并快速响应客户需求,创造客户价值最大化,实现技术支援向服务创新、服务增值转移,逐步实现由技术功能型组织向产品化服务型组织转变、服务项目向专业化和产品化转移、非增值服务向外部转移。

售后服务实现产品化。不仅提供维护保障的整体服务解决方案,还有若干专项服务产品可供客户选择。“整体服务解决方案”分为白金、金牌、银牌服务三种等级，满足客户的不同需求，体现服务的标准化、专业化与差异化。诸多的专项服务，都是为了确保客户网络的持续安全，降低业务运营风险，保持电信增值业务良好的扩展能力，在更高层次实现网络优化、网络增值的服务策略。客户购买了什么种类、什么级别的服务，就可以享受到对应等级的优质待遇。

建立任职资格体系，牵引服务人员转型。对此，华为建立了服务人员的任职资格体系，牵引服务人员的职业化行为。目前华为共有3400余名服务人员。其中，五级高级专家20余人，四级专家240余人，三级及三级以下专家数千名。

华为还广泛地与外界结盟，这使得华为有了更充裕的人力资源，也使得华为能从传统的基础性服务中抽身出来，集中资源和精力于网络增值、服务创新等高端服务中去。

在华为公司的客户价值链上，有三大要点：质量好、服务好和综合低成本。

质量好，是华为竞争优势中的一个关键性决定因素。华为在20世纪90年代能迅速发展，正是由于其产品的优秀，特别是近几年来不断地研究和努力，开发和应用了各种设计规范和方法，如CMM、可靠性大纲、可测试性设计规范、可制造性设计规范，等等，并在IPD流程的统一牵引下，使产品的整体品质和可靠性得到了不断提升。

服务好，来自于华为的真诚。“你赢，我赢——服务的华为，增值的网络”，这是华为对客户的承诺。同时，华为不断推出白金、金牌、银牌服务等一系列服务，用户可以选择，还可以根据用户的需求进行服务包定制，满足了客户的各种需要。

综合低成本，为客户提供价廉物美的产品。为了降低客户终生使用产品的费用，华为推出了ISC、IPD，进行IT系统变革，降低开发过程中的成本。在一些产品和工程的设计中，华为也尽量地降低用户的综合成本。

不计成本搞研发

华为在技术研发上"敢于花钱"是出了名的。华为的技术优势也与其持续、大规模、不计血本的研发投入模式有密切关系。华为坚持高额的研发投入用于提升自主创新能力。近20年来,华为每年的研发投入都占销售收入的10%,并将研发投入主要用在前沿技术、核心技术以及基础技术研究上。

在全球经济低迷的背景下,华为仍坚持加大研发投入,2009年研发费用高达133亿元人民币,同比增加27.4%。

电信是一个竞争残酷的行业,世界上任何电信公司不是发展,就是灭亡,没有第三条路可走。华为同样如此,没有退路,要生存,就得发展。

在压力面前,任正非立下誓言:"处在民族通信工业生死存亡的关头,我们要竭尽全力,在公平竞争中自下而上发展,决不后退、低头";"不被那些实力雄厚的公司打倒";"十年之后,世界通信行业三分天下,华为将占一分"。带着这些信念,任正非的管理显得异常强硬甚至近乎偏执。

华为作为一家高科技企业,从创业开始,就始终坚持以市场的商业成功为导向,一切投资、一切管理的改进都紧紧围绕产品的市场商业成功,尤其摒弃的是脱离商业成功导向的、唯技术的创新。

伴随着通信技术的发展、通信市场的变化,华为以自主研发的技术和产品紧紧跟随。2004年华为向市场推出一款WCDMA的分布式基站,相比传统的基站,运营商每年的运行/维护费用包括场地租金、电费等可以节约30%,为客户带来了价值的同时体现了产品的竞争力,从而获得了客户的好评和选择。这款分布式基站没有革命性的技术,也不存在过多的技术含金量,仅仅是工程工艺上的改进而已。

事实上,在产品的工程实现技术方面,任正非也经常遇到瓶颈,算法、散热技术、工艺技术、能源、节能等都时常成为在竞争中获得优势的障碍。为了解决这些问题,克服发展障碍,华为也不全靠自主开发,因为等自主开发出来了,市场机会早没有了,或对手已在市场上构筑了优势,没法在竞争的市场上获利了，所以，华为经常采用直接购买技术的方式来缩短差距并构筑领先。

华为有一款全球领先而且份额占据第一的产品，以及在功能、性能上超越竞争对手的一个关键技术，是通过购买某外国公司的技术而获得的。华为寻找并选择了一家在超长光传送技术和产品解决方案研究上非常领先的厂家，其技术主要应用在骨干长途光纤传送系统中，网络地位非常重要，经分析认为其产品和技术具有很高的市场价值，最后决定购买该技术。经过技术转移和二次开发，以及必要的法律手续，在短短的 9 个月时间内完成了集成开发，成功推出应用了新关键技术的产品，实现了大容量、长距离（4 600 公里）无电中继的光传输。特别值得一提的是，依靠优异的性价比，华为在拉美最大的固定运营商 Telemar 的 653 光纤系统上，依靠比其他厂家更强的带宽传送能力实现了市场突破性应用。

2011 年 1 月 7 日，第 44 届国际消费电子展（CES）在美国拉斯维加斯开幕，华为在展会上发布了 IDEOS 系列 X5、X6、S7 等多款手机与平板产品，其中 IDEOS X5 是重点首发产品，也是华为终端 IDEOS 系列的旗舰产品之一，它定位于中高端商务机，倡导“简单商务”概念，搭载 Android 2.2 操作系统，配备 3.8 寸触控屏，500 万像素摄像头，2011 年 3 月陆续在亚太多个国家上市。

在中国市场，2010 年华为移动宽带出货量超过 500 万片，华为融合终端出货超过 1 500 万台，两者的市场份额均持续保持第一；手机产品累计市场份额居国内前五，出货量超过 1 500 万台，其中 Android 智能手机份额在国内绝对领先。

任正非清醒地认识到，在技术上需要韬光养晦，必须承认国际厂商领先了许多，这种巨大的差距是历史形成的。一方面，由于发达国家创新机制的支持，普及了创新的社会化，技术获取相对容易；另一方面，当我们还在起步阶段时，国外有些专利就已经形成了，无论是系统实现原理的还是技术实现细节的，国际领先厂商已经领先很多了。市场本身是开放的，但是我们要真正在全球市场上能够占有一席之地，使我们的产品和系统能够进入国际市场，只有通过谈判，支付合理的许可费用，才能够使得市场对我们也是开放的，也只能这样，才能扩展我们的市场空间，扩展我们的生存空间，这对我们是有利的，至少可以利用我们的相关优势拉动巨大的制造业前进。

目前，华为已在美国、德国、瑞典、俄罗斯、印度及中国等地设立了18个研究所，还与领先运营商成立了近20个联合创新中心。

2008年，华为被美国《商业周刊》评选为“年度创新企业”，也是上榜的唯一的内地企业。2010年10月，英国著名杂志《经济学家》将享有盛誉的“2010年度公司创新大奖”授予中国最大的通信设备商华为。技术为本，这才是华为走到今天的根本。

人才激励提升核心竞争力

人力资本是构成华为强大核心竞争力的重要要素，通过核心理念对人才进行管理，又通过人才将企业的资源转化为有竞争力的产品，再通过产品体现企业与企业的竞争。华为将人力资源的增值目标作为公司的一项重要战略目标，因为人力资源目标的实现是产品竞争、企业竞争目标实现的前提。华为的核心价值观，首先就是视人才为公司的最大财富。

华为在创业之初就非常重视人才配置，目前华为有近11万员工，85%以上的人员是本科毕业，主要来自各专业院校和全国重点院校。从岗位上看，R&D人员占总数的40%以上，营销人员占35%，生产人员占10%，管理人员占12%；从年龄上看，员工的平均年龄仅为27岁，员工间的年龄跨度很小，年龄结构上呈扁平密集分布。从人才结构上可以看出，华为把研究开发与市场营销作为企业的工作重点，因为这两方面的竞争力是企业间竞争的主要内容和最直接体现。

华为的人才激励机制，主要有以下几个方面的特点：

(1) 建立以自由雇佣为基础的人力资源管理体系，不搞终身雇佣制。在1996年通信市场爆发大战前，华为的市场体系有30%的人下了岗，其中有曾经立下汗马功劳而又变为落后者的员工。这一次变革，让华为人认识到，“在市场一线的人，不允许有思想上、技术上的沉淀。必须让最明白的人、最有能力的人来承担最大的责任”。从此，华为形成了干部是没有任期的说法。那些居功自傲、固步自封的人,不得不在企业快速发展的压力下,不断提高个人素质,不断提高工作能力。

(2) 建立内部劳动市场,允许和鼓励员工更换工作岗位,实现内部竞争与选择,促进人才的有效配置,激活员工,最大限度地发现和开发员工潜能。对于一个空出或即将空出的职位,公司就发布内部招聘信息,并且召开竞聘大会。应聘者要做15分钟的演讲,接受评委和观众的提问,由高层领导和专家组成评审委员会,根据竞聘报告和现场表现,当场敲定任职人选。这向希望向上发展的员工提供了机会,也为公司发现了人才,整个竞聘过程更是激励了全体员工奋发向上的精神。

(3) 高工资。华为被称为"三高"企业,指的是高效率、高压力和高工资。任正非坚信高工资是第一推动力,因而华为提供的是外企般的待遇。除了高工资,还有奖金与股票分红,内部职工的投资回报率每年都超过70%,有时甚至高达80%。经济利益是最直接、最明显的激励方式,高收入是高付出的有效诱因。

(4) 提供持续的开发培训。华为实行在职培训与脱产培训相结合、自我开发与教育开发相结合的开发方式,让员工素质适应企业的发展,同时让员工有足够的机会提升个人能力。每年华为都要派遣大量的管理人员、技术人员到国外考察、学习、交流,优化了重要领域的人员素质,为有进取精神的人才提供了优厚的提高知识和素质的机会,这个机会是当前高素质人才最看重的,有着很强的激励效果。

(5) 公平竞争,不唯学历,注重实际才干。在华为有年仅19岁的高级工程师,也有工作7天就提升为高级工程师的员工。华为大胆地起用年轻人,只有25岁的华中理工大学毕业生李一南到华为的第二天就被提升为工程师,两个星期后成为主任工程师,半年后任中研部副总经理,一年后成为公司最年轻的副总裁。华为大胆的用人策略,让员工看到了希望,激发了员工的事业心,使大批年轻人成为公司的中坚力量。

(6) 客观公正的考评。考评工作有着严格的标准和程序,是对员工全方面的考评,考评的依据依次是:才能、责任、贡献、工作态度与风险承诺。对于绩效的考评是重点,宜细不宜粗;对于工作态度和工作能力看重长期表现,宜粗不宜细。客观公正的考评,是对人才工作绩效的正确评价，是实行激励方案的保证。根据斯金纳的强化理论，人的行为会受到外界正强化、负强化和消退强化的影响，而对员工采用的强化手段，是要以考评结果为依据的。

(7) 知识资本化、知识职权化。华为的员工持股制度，是按照知识的价值分配的，把员工的知识劳动应得的一部分回报转化为股权，即转化为资本，股金的分配又使得由股权转化来的资本的收益得到体现，通过股权和股金的分配来实现知识资本化。还有组织权力，也是按照知识的价值来分配的。组织权力的分配形式是机会和职权，因而知识可以通过职权分配来表现。员工的股份是不可转让的，如果要退出公司，只能以初始出资价出售给公司，这样想离开公司的代价就会变得很高。越是公司重要的人员，持有的股份越多，离开的代价也越大，所以这是企业的一项长期激励方法，体现了知识的价值，保证了企业的稳定。

华为独具特色的人才战略聚集了一大批优秀人才，给华为注入了无限生机与活力，为华为的发展奠定了基石，使其实现了成为世界一流大公司的梦想。

“灰度管理”

任正非是当今中国最具思想力的企业家之一，他在华为公司倡导“灰度管理”，提出了一个在混沌和颤抖中把握平衡和节奏的新视角。

任正非提出：“一个领导人重要的素质是方向、节奏，他的水平就是合适的灰度。而坚定不移的正确方向来自灰度、妥协与宽容。”

“灰度管理”是任正非二十多年来对企业管理成功经验的积累与升华。他的“灰度”思维，核心点就是：妥协与宽容。一说到“妥协”，就很容易让人想到中国传统文化中的“中庸之道”。“中庸之道”是中国儒家文化的精华，它的主张是“取中贵和”，但是任正非的思维与之相比存在很大区别。

“中庸之道”讲求的是做事不偏不倚，取折中之法，即所谓“不求有功，但求无过”的立身之道。而任正非所讲的“妥协”其实是非常务实、通权达变的丛林智慧。凡是人性丛林里的智者，都懂得在恰当时机接受别人的妥协，或向别人妥协，毕竟人要生存，靠的是理性，而不是意气。妥协是实现职业化的必要途径。每个人在这样复杂的情势中，要保持足够的宽容、妥协或“灰度”。宽容别人，其实就是宽容我们自己。多一点对别人的宽容，其实，我们生命中就多了一点空间。

“灰度管理”的价值取决于企业的目标和远景有多远大。实际上，现在很多中国企业正在进入大集团化的规模阶段，然而在如何合理管控公司中高级员工的工作责任、权利分配、互相沟通、制度约束等问题上，华为面对的和那些企业都是同样的。因此，作为企业领导人的任正非需要适时地拿出更精准的管理思维来应对。无疑，在企业内部推动有原则性的妥协思想，将有助于洗掉早期创业时留下的诸多问题。正如任正非所说的“我们的员工受20年来公司早期的习惯势力的影响，自己的思维与操作上还不能完全职业化”。

为长远发展，敢于冒风险去改变现实，这曾是中国企业的价值观。但金融危机后，市场环境的不确定性大大增加，在大企业顶端的决策者很难看清各类业务决策涉及的环境因素，因此，要做出最佳的决策，在观点上向更贴近市场的下属机构或者组织其他部门进行妥协成为必然要求。

任正非讲求的这种“妥协”并不是完全放弃原则，而是以退为进，通过适当的交换来确保目标的实现。他认为“为了达到主要的目标，可以在次要的目标上做适当的让步。这种妥协并不是完全放弃原则，而是以退为进，通过适当的交换来确保目标的实现。明智的妥协是一种让步的艺术，妥协也是一种美德，而掌握这种高超的艺术，是管理者的必备素质”。这就是他运用“灰度”思维来把握和指导自己的长期战略。

而在长期战略制定上，现在很多企业都把“创新”当做一个重要的方向，但又有几家企业成功呢？

任正非认为在管理改进中，要继续坚持“七反对”的原则：坚决反对完美主义；坚决反对烦琐哲学；坚决反对盲目的创新；坚决反对没有全局效益提升的局部优化；坚决反对没有全局观的干部主导变革；坚决反对没有业务实践经验的人参加变革；坚决反对没有充分论证的流程进行实用。因为他深知，“完美主义”是扼杀管理创新的，“烦琐哲学”是要让改进搁浅的，"盲目创新"是自杀，"局部利益"是魔鬼，主政者"胸无全局"是自残，"空谈理论"是大忌，没有充分论证的流程是短命的。任正非对每一个都用"坚决反对"这样的字眼，足见他的深恶痛绝。那是一次次失败的创新和变革的精华。

在界定"灰度"上，任正非认为改良的积极作用大于变革。因此他不主张激变，而是谋定而后动。这将让华为在发展进程上更趋稳健，尤其在后危机时期，对于多数中国企业具有指导意义。另外，"灰度"思维对于组织管理也同样具有指导作用。目前，中国不少企业仍用金字塔形的层级命令控制体系，各部门各自为政、自利取向。在垂直管理控制下，部门之间的职能行为因缺少有机联系导致效率低下。

对于公司各部门、项目团队及其主管而言，随着个人绩效承诺制度的实施，其已经不是单纯的职能部门或职能管理者，公司强化了其身上的经营职能，各部门的干部实际上已经转化为集管理职能和经营职能为一体的管理者。因此管理者面临着一个迫切的问题，即通过角色定位和角色转换，进而实现个人经营能力和管理能力的均衡，由此形成一个良性循环：在个体层面，实现个人能力与工作职责的动态均衡；在组织层面，实现部门经营目标与管理效率的动态均衡；在公司层面，实现功与利、经营与管理、组织战略目标与组织能力的动态均衡。

任正非是这样概括华为这场管理变革的："我们提出了以正现金流、正利润流、正人力资源效率增长，以及通过分权制衡的方式，将权力授给直接作战部队，也是一种变革。在这次变革中，也许与多年来的决策方向是有矛盾的，也将涉及许多人的机会与前途，我想我们相互之间都要有理解与宽容。"

任正非认为，宽容是一种坚强，而不是软弱。宽容所体现出来的退让是有目的、有计划的，主动权掌握在自己的手中。无奈和迫不得已不能算宽容。只有勇敢的人，才懂得如何宽容，懦夫决不会宽容，因为这不是他的本性。宽容是一种美德。只有宽容才会团结大多数人与你一起认知方向，只有妥协才会使坚定不移的正确方向减少对抗，只有如此才能达到你的正确目的。

学会宽容，保持开放的心态，就会真正达到"灰度"的境界，就能够在正确的道路上走得更远，走得更扎实。

任正非已经清醒地认识到，“面对未来的风险，我们只能用规则的确定来对付结果的不确定。只有这样我们才能随心所欲，不逾矩，才能在发展中获得自由。任何事物都有对立统一的两面，管理上的灰色，是我们的生命之树。我们要深刻理解开放、妥协、灰度”。

任正非的“灰度管理”思维解决了管理者在企业发展方向、创新能力、人才流失、原则和尺度的把握上遇到的困境，也许他的“灰度管理”思维能帮助更多的管理者很好地解决企业管理方面的难题。

走间接路线借力扩张

华为是一部中国企业的传奇，是中国企业走向全球化的标杆。综观华为二十多年的商业实践，在屡败屡战的全球化进程中，走过了“土狼时代”的冲动和无忌，一条“不战而屈人之兵”的间接路线战略日渐清晰。

著名管理专家王育琨在《强者：企业家的梦想与痴醉》一书中写道：在狮子眼中，土狼是什么？就是以100对1的兵力蚕食狮子的边缘战场，直至腹心；就是以狮子难以理解的目的疯狂发动价格战，使狮子的利润直线下降；就是以对中国本土市场无与伦比的适应性和理解能力，运用各种“不规范竞争手段”，在复杂的利益关系中灵活穿梭，使狮子的技术优势变得苍白无力。

土狼对成功的强烈渴望、面对挫折屡败屡战的可怕执著和忍耐、对多变环境的适应和求生能力以及不惜代价集体作战的方式，都向狮子证明：这是凶猛而难缠的对手。

最杰出的土狼是华为。如果说华为是一群土狼，任正非正是这群土狼的唯一首领。他亲手缔造了业内最大的神话——用三流的产品卖出了一流的市场。华为的市场占有率从2002年名列中国电子百强第七名，跃升到2009年的全球第二，利润率连年蝉联榜首。尽管不是上市公司，但在行业外，华为的名气丝毫不减。

然而华为的成功难以复制，甚至连华为自己都无法再次复制。华为的秘密多得使它不像一个企业，而太多的秘而不宣令许多人质疑“华为的红旗能扛多久”。任正非近乎刻意的低调姿态、华为人对外界近乎森严的戒备和防范，使得华为更像一个半军事化组织，破解华为神话几乎不可能。而一旦有机会触及真实，就会发现这其中隐含着太多不可重复的因素和任正非个人的影响力——在任正非率领的“土狼时代”，华为以生存为唯一法则，活用兵法和卓越的人际关系智慧，将各种非常规市场手段化作规范的企业行为，使这支狼群的数量在短短数年内从几百繁殖成十万，同时让垂涎同一块食物的竞争者——狮子——也不得不惧怕三分。

任正非也希望华为变成狮子。不过看上去他并不着急。重金聘请的洋咨询在华为大挥板斧，但挥舞范围仅限于华为的支撑体系。而任正非仍旧以自己惯用的方式，指挥着主力队伍在主业市场上我行我素地厮杀。所谓主业，对华为而言就是销售，就是市场。与那些将自己和盘托给洋咨询的企业相比，任正非绝不是轻易将命脉交给别人改造的人。

华为的“土狼时代”是指华为集中精力在国内市场打拼的时期。任正非凭借间接路线战略，经营出最令竞争对手侧目的客户关系，这是华为历史上最奇绝也最具争议的一招。当初，华为与各地电信局组建了许多合资公司，如沈阳华为、成都华为、安徽华为、上海华为等。这些合资公司自诞生之日起就是个空壳，与通常意义上的合资企业使命迥异。华为从来没有把产品特别是有技术含量的产品放进去，这些企业的作用只是签单走账。当地运营商和政府投资合资公司的资金，甚至可以先由华为垫付。让合资企业的人向作为股东的客户推销设备和收款是个绝妙的主意。很明显，这既促进了华为的销售，又疏通了长期客户关系。而且，这种利益捆绑还可能在企业危机时产生微妙的作用。

用一体化的经济体固化与客户的关系，既保证了客户的自然与坦然，又保证了团队的凝聚力和向心力，令那些为了抢到订单而给一线员工和关键客户下达硬性指标的公司难以想象。在本土市场上，这种间接路线战略的熟练运用，使得华为集中了足够的能量去冲击全球市场。1999年，长期专注于电信设备制造的华为第一次在中国推出了自己的数据产品：接入服务器。一年之内，市场进攻性极强的华为就抢到了中国新增接入服务器市场的70%，随后延伸到路由器、以太网等主流数据产品。

2001 年，华为在中国路由器、交换机市场的占有率直逼思科，成为其最大的竞争对手。

或许局部的胜利，给华为团队注入了某种兴奋剂，使他们认为保持一往无前的冲击者姿态，就可以在全球市场上无往而不胜。2002 年 6 月，华为美国公司 FutureWei 成立。在美国初露锋芒的华为，毫不掩饰对思科份额的觊觎，它在美国媒体上刊登的广告具有强烈的针对性和暗示意味："它们唯一的不同是价格。"图案背景是金门大桥，这正是思科公司的标志。

在中低端市场，华为提供低于思科价格 50% 的产品。在美国分析家看来，尽管华为和其他一些低成本的竞争对手目前并没有对思科的地位构成严重威胁，但是它们最终必将影响到思科核心的交换机和路由器业务的利润率。这些产品占据了思科销售额和利润的 80%。2003 年第一天，路透社的社评发出警告说："华为将是思科全球性的噩梦。"这样的观念给华为带来了麻烦，那就是 2003 年 1 月思科发起的知识产权诉讼。

思科对华为的诉讼，是一次改变信息产业格局的大诉讼。此前，人们说"信息产业因为思科而改变"，此后人们说"思科因为华为而改变"。实际上，被深刻改变了的，正是任正非和华为公司。

2003 年 1 月 23 日，思科系统在得克萨斯州美国地区法院提出起诉，指控华为抄袭它的路由器代码。任正非在第一时间飞赴美国一线坐镇指挥。华为迅速做出反应，停止在美国出售被思科系统指控的产品，将这部分产品资料从其美国网站上撤除，回收在美国售出的此类产品。

寻找强援是任正非"反围剿"最漂亮的一招。华为在这场明显对自己不利的诉讼中，所采用的最有效手段之一是与 3COM 的合作。美国人可以看不起华为，但不能忽视 3COM 的存在，可以不听华为的申辩，但是不能拿 3COM 的作证不当回事。3COM 正式介入诉讼，要求判决与华为合资生产的产品没有侵权，以保证其与华为的新合资公司的产品顺利销售。经过引入独立第三方进行技术审核，结果令世界瞠目。华为路由器产品的核心源代码与思科截然不同，但是在用户界面、命令接口、产品外观等边缘技术与设计上，却与思科产品完全类似。华为的技术攻关很快奏效，拿出了全新版本的设计交给第三方审核。事实证明，华为完全有技术能力拿出自己的设计,只不过是一种跟随策略的惯性,使华为忽视了边缘技术模仿可能带来的麻烦。2004年7月28日,思科与华为各自发表声明,宣布这场持续一年半的官司以庭外和解的方式结束。

可以说,思科诉讼是华为全球化战略的一个分水岭。思科诉讼,使华为直接体会到了结盟战略的意义。在进入陌生市场时,华为与当地公司成立合资企业,因为对方更了解本地市场。任正非把这个问题提到了一个高度。他说:"我们要韬光养晦,要向拉宾学习,以土地换和平,宁愿放弃一些市场、一些利益,也要与友商合作,成为伙伴,共同创造良好的生存空间,共享价值链的利益。"

"土狼时代"一个战术层面的权宜之计,成了全球化时代战略层面的指导思想。一个不甚规范的操作,成了华为建设合作伙伴关系的贯通原则。这是血的代价换回的认识。

中国企业普遍的信条是:全力打造出最完美的产品,创出品牌,征服世界。华为则进一步认识到间接策略的价值,实现了与跨国公司的广泛合作。发达国家客户知道华为的不多,但是没有人不知道诺基亚、爱立信、西门子、通用电气、微软、IBM、索尼、阿尔卡特、3COM等。与这些巨头们形成战略联盟,无疑是一种借船出海的间接策略。客户通过这些巨头认知了华为品牌。凭借自己的产品和技术,通过参股或控股,华为以技术为本,借力知名品牌和渠道,实现了自己全球技术版图的扩张,这是间接策略的实质。

2010年,华为销售收入达1 852亿元人民币,同比增长24.3%,其中国外市场销售收入为1 204亿元,净利润为238亿元,稳居全球电信设备制造行业第二位,离老大的距离已经不远了。

为客户提供整体解决方案

任正非的强者思维,缔造了华为的一个个无穷无尽的整体解决方案,很有点整体解决集合器的味道。

"整体产品"将产品分解为基础产品、预期产品、附加产品、潜在产品四个层次，由客户的核心利益或核心价值整合到一起。“整体产品”可以用汽车业的一个“1:2:7”说法解释，即卖汽车只能获得10%的利润，而卖保养的利润是20%，卖配件的利润更高达70%。供应链的价值，只有通过服务才能最大化地显现。服务不再是成本中心，已经成为重要的利润中心或利润基础。低成本与差异化曾经是制造业的两大竞争利器，而新的趋势是制造业要向着提供更多包涵服务的整体产品或整体解决方案来打造竞争优势。

华为固守通信设备供应商，不从事通信运营，但是它的产品和服务，却已经深深地切入了运营商的所有细根末梢。包括基站系统、运营系统、信息化管理等在内的所有运营商的系统建设、维护和管理，所有备件和关联产品，各种各样的软件、芯片与服务，华为都可以涉足。在2006年的北京国际通信展上，华为重点展示涵盖移动产品、固定网络产品、光网络产品、无线终端产品、数据产品领域、业务与软件等全面的系列产品及解决方案。供应链的这样一种深度延伸，使得华为对运营商系统的所有问题和环节，都了如指掌。在这样的整体解决方案中，运营商成了一个壳子，华为成了内容提供商。运营商的任何一种延伸和扩展，实际上都给华为创造了新市场。而且有些时候，华为更能为运营商点拨或铺设增值的新途径，为他们主动创造新价值。

华为的整体解决方案，不只是涉足通信行业，证券业、银行业、物流业、数字电视业、新媒体业、网络安全、企业信息化，等等，也一并推出整体解决方案，形成一个可以随时延伸的整体解决集合器。对于目前正炒得火热的IPTV领域，华为已重点推出了其IPTV整体解决方案，可实现点播、直播、时移电视以及卡拉OK、信息浏览、网络游戏等丰富多彩的IPTV增值业务。

华为的整体解决集合器，在为客户和自己创造价值的过程中，也形成了很大的壁垒。因为华为人的无微不至，培养了客户的习惯。华为人就是他们公司中的一员，无论出现什么故障，华为人都会义无反顾，全身心地去解决问题。这样一种体验与习惯的培养，使得客户一旦进入华为的整体解决集合器，就别想再离开。由此，竞争对手被毫不含糊地排除了，华为设备供应商的地位得到了巩固。这里没有什么成型的理论，却有着任正非清晰强势的企业思维贯穿始终。

新经济越来越带有整体体验的味道。客户的需要和体验是无边界的，整体解决的集合器也是无边界的。只有在与下游客户随时互动的关系体验中，无边界的整体解决集合器才能越发显示市场威力。

任正非经典语录

• 企业发展就是要发展一批狼。狼有三大特性：一是敏锐的嗅觉；二是不屈不挠、奋不顾身的进攻精神；三是群体奋斗的意识。

• 我们生存下去的唯一出路是提高质量、降低成本、改善服务，否则十分容易被外国垄断集团一棒打垮。

• 十年来我天天思考的都是失败，对成功视而不见，也没有什么荣誉感、自豪感，而是危机感。也许是这样才存活了十年。我们大家要一起来想，怎样才能活下去，也许才能存活得久一些。失败这一天是一定会到来的，大家要准备迎接，这是我从不动摇的看法，这是历史规律。

• 世界上一切资源都可能枯竭，只有一种资源可以生生不息，那就是文化。

• 人是有差距的，要承认差距存在，一个人对自己所处的环境，要有满足感，不要不断地攀比。你们没有对自己付出的努力有一种满足感，就会不断地折磨自己，并痛苦着，真是生在福中不知福。这不是宿命，宿命是人知道差距后，而不努力去改变。

• 为客户服务是华为存在的唯一理由，客户需求是华为发展的原动力。

• 活下来是我们真正的出路，国际上的市场竞争法则是优胜劣汰，难做的时候，你多做一个合同，别人就少一个。兄弟公司之间竞争的时候，我们要争取更大的市场份额与合同金额，这才是我们真实的出路。宁肯卖得低一些，一定要拿到现金，亏钱卖了就是拼消耗，看谁能耗到最后，谁消耗得最慢，谁就能活到最后。

• 一个人再有本事，也得通过所在社会的主流价值认同，才能有机会。

• 管理层要淡化英雄色彩，实现职业化的流程管理。即使需要一个人去接受鲜花，他也仅仅是代表，而不是真正的英雄。

• 什么叫成功？是像日本那些企业那样，经九死一生还能好好地活着，这才是真正的成功。华为没有成功，只是在成长。

• 我们有许多员工盲目地在自豪，看到我们在局部产品上偶然领先西方公司，就认为我们公司已经是世界级水平了。他们不知道世界著名公司的内涵，也不知道别人不愿公布的潜在成就。华为在这方面很年轻、幼稚，很不成熟。

• 触及自己的灵魂是最痛苦的，必须自己批判自己。

• 面子是无能者维护自己的盾牌。优秀的儿女，追求的是真理，而不是面子。只有不要脸的人，才会成为成功的人。要脱胎换骨成为真人。

• 核心竞争力对一个企业来讲是多方面的，技术与产品仅仅是一个方面，管理与服务的进步远远比技术进步重要。十年来公司深深地体会到这一点。没有管理，人才、技术和资金就形不成合力；没有服务，管理就没有方向。

• 一个企业长治久安的基础正是其核心价值观被其接班人所接受，而且接班人必须具有自我批判能力。

• 许多公司垮下去，不是因为机会少，而是因为机会太多、选择太多。

第九章

松下幸之助：集合众智，无往不利

人物小传

松下幸之助(1894—1989年)，日本松下电器集团创始人，1894年出生于日本和歌山县，1918年创建松下公司，1925年成为日本最高收入者，1935年将公司改组为股份制，1957年开始在全日本设立销售店，1961年辞去董事长职位，就任会长。在松下幸之助的带领下，松下电器的生产销售基地遍布全球，与荷兰飞利浦、德国西门子，并称为世界三大电器公司。松下幸之助于1958年6月获得由荷兰女王颁发的“奥伦治领导者声望”奖章，1979年获得马来西亚政府“荣誉勋章”，1981年获得日本政府颁发的“一等旭日大绶勋章”，这是日本最高的奖章。1989年他去世时留下了超过15亿美元的遗产。

松下幸之助是著名跨国企业日本松下电器公司创始人，被称为日本的“经营之神”。1918年，24岁的松下幸之助靠借来的100日元起家，创立松下电气器具制作所。1952年，他在经营实践中领悟到自我使命和企业的真正使命，即“自来水哲学”——把大众需要的东西，变得像自来水一样便宜。为了完成这一使命，松下幸之助制定了250年的企业远景规划：以25年为一个阶段，用10个阶段完成目标。

在第一个25年里，松下电器度过了第二次世界大战所带来的经济危机，在战后迅速重建、重新崛起。在第二个25年里，松下电器营业额突破1 000亿日元，员工工资赶超欧美企业。2008年，松下电器迎来90周年庆典，创业之初仅有3人的小作坊，今日已经成为拥有20多万员工的全球最大的电器制造商之一。

松下幸之助在自己70余年的经营管理生涯中，积累了丰富的可供借鉴的经营经验，首创“事业部”、“终身雇佣制”等日本企业管理制度，以及“自来水哲学”、“玻璃式经营”、“水坝式经营”等企业经营哲学。他在晚年对自己一生的经验教训进行了彻底而又科学的整理，道出了令全球商界人士为之叹服的一系列经营秘诀，为人们打开了一道通往成功的大门。

松下幸之助学历并不高，他从11岁到大阪开始做事，就一直遨游于经营管理的浪潮之中。他之所以能够在企业经营管理方面取得如此巨大的成功，是因为他天才地占有并成功地运用了堪称独家的秘诀。直到今天，这些秘诀仍在世界范围内发挥着极大的作用，造就出一批又一批巨贾富商。

永不言败

古诗云："梅花香自苦寒来"，任何一个成大事的人的背后都有一段不为常人所知的辛酸，他们的成功都是付出了极其辛苦的代价而得到的。松下幸之助也是这样，他从9岁就开始了自己的打工生涯。

1894年，松下幸之助出生在日本一个贫寒的家庭里，在他很小的时候，由于家境窘困，兄姐一个个夭折，因父亲生意失败又欠了许多债，于是，刚上小学四年级的他就不得不离开父母，来到大阪，开始了独立生活的历程。

刚到大阪时，松下幸之助在一家火盆店开始了学徒生涯。松下幸之助的名分是学徒兼看小孩。在家过惯了苦日子，所以帮别人打打杂并不感到辛苦，可是心里的寂寞却使他受不了。晚上就寝后就会想起母亲，哭个不停。最初的四五天都是如此，待久了以后，偶尔想起来还是会哭，毕竟他还只是个孩子。

一年之后火盆店关门，店主介绍松下幸之助到"五代自行车"店工作。不幸的是，1906年，松下幸之助的父亲因病去世了，他成了家里唯一的男子汉，必须担负起养家糊口的重任。幸运的是，新老板一家对他很好，他们教会了他许多作为商人应该具备的知识和素质。渐渐地，松下幸之助长大了，是在自行车店继续干下去，还是另谋他职？在这时，松下幸之助表现出他的长远眼光和才智。当时，自行车行业虽然比较兴旺，但是随着自行车的普及，利润已经越来越薄了，而电气行业是新兴的，他认为如果自己转入这行，必然大有作为。

1910年，年轻的松下幸之助毅然辞去了自行车店的工作，来到大阪电灯公司做练习工。这个工作看似低微、不起眼，却改变了松下幸之助的一生，从此他的一生便与这个行业无法分开了。

做练习工是辛苦也是有意思的，每天都要推着装满工具和材料的手推车走街串巷，给老百姓装配电线和安装电灯。在热情为别人服务的同时，松下幸之助也提高了自己的技术。在这时，他深感自己的知识太欠缺了，于是主动上了夜间大学。但是这种白天上班、夜间上学的做法实在很辛苦，而他的身体又一向不好，所以没能坚持下来。这时的松下幸之助已经由于工作出色，被提拔为检验员了。

一般人要是在22岁时当上检验员，就会成为众人羡慕的对象，也可以心满意足、安安稳稳地过着小职员的舒适生活。但松下幸之助不满足于舒适的生活，他想改变自己，过一种更有干劲、更有活力的生活。同时，聪明的他这时已经设计出了一种改良灯插座，他想靠自己的技术，靠自己办的企业过活，而不是做别人的员工，依靠工资生活。1917年6月20日，公司挽留无效，批准了他的辞职申请。

辞职后的松下幸之助面临的问题很多，办自己的企业，谈何容易？一无资金，二无人员，三无厂房，松下幸之助亲自动手，倒也克服了一些难关。

最难解决的是技术问题，松下幸之助发明的那个新插座，其他方面的问题都解决了，就是外壳的材料问题，使得大家一筹莫展。松下幸之助等人都知道那是一种合成材料，其成分大概是沥青、石棉、滑石粉一类的东西，但究竟是何比例、怎样合成，就一窍不通了。

今天，这类的合成品随处可见，不再是什么新鲜东西，其配方和合成技术也大多进入了公用领域。可在当时，那是一种新行业，许多技术工艺还处在摸索阶段，就是已有的资料也被发明者视为绝对机密的技术资料，秘而不宣。

但松下幸之助没有退却，他认为“不懂有不懂的好处”。因为，不那么了解当然也就没有什么顾忌，敢于试验，敢于往前闯。

松下幸之助和几个合作者反复实验，找回一些生产此产品的厂家的材料加以分析，但还是不能合成。幸运的是，这时候有个旧同事出现了，他知道这种技术，终于在1917年11月生产出了这种改良灯插座。

产品生产出来了，怎么推向市场呢？推销商一个都不认识，松下幸之助只好派人试探性地到各地推销，连续10天，只赚了10元钱，每天最多卖出一个插座，连本钱都没有捞回来。不要说再搞革新了，大家的生计都有了问题。因为大家毕竟都是拖家带口的人，薪水多少倒不要紧，可是总得有饭吃呀。

没有具体计划，没有资金，也没有薪水的保证，松下幸之助的合作者深感为难。虽说他们很愿意和松下幸之助一起干下去，但面对此种情形，他们很无奈，只能另找工作谋生，暂时与他分手。

此时，松下幸之助曾有过另做其他生意的打算，但很快就放弃了这种念头，坚持原来的事业计划。他认为，无论如何也不能放弃这种努力，一定要坚持下去。对于这项工作，松下幸之助内心深处觉得前途无量，深具信心。这种在深陷的谷地不只是看到黑黑的峭壁，更看到峭壁上面的坦途的信念，正是松下幸之助闯过无数难关的精神支柱和动力，是他走向成功和辉煌的良好素质所在。

正是依靠这种信念，在两个伙伴离开以后，松下幸之助没有泄气，夫妻二人再加上内弟井植岁男，胼手胝足，辛辛苦苦地操劳着。而在山穷水尽、无饭可吃的时候，松下幸之助就把自己和妻子的衣饰等等送进当铺。

55年后的一天，已经功成名就的松下幸之助偶然从住宅的仓库里保存的一包旧文书中，发现一本年轻时典当衣物的账册，依据账面上的记载，从1917年4月13日到1918年8月，共有十几次将他夫人的衣服、首饰等物送进当铺。这一本账册，把松下幸之助当时生活之困窘、事业之艰难，生动地记录了下来。

他们的坚持没有白费，终于在12月初的时候，机会来了，有个电器厂需要一种电风扇底座，材料与灯壳一样，松下幸之助接下了这个订单，赚得了平生的第一个80元。1918年，经过改进的新插座得到了市场的认可，价廉物美的产品带来的是滚滚财源。

正如在一开始，松下幸之助不愿意做个平凡的职员，成功后的松下幸之助也不会固步自封，在保持老产品畅销的同时，他又在想新的发明了。在市场调查中松下幸之助敏锐地发现：虽然自行车已经广泛应用，但夜间骑车照明的问题却没有得到彻底解决。如果能发明用干电池做能量的车灯，肯定能够取代以往的蜡烛、煤油灯，不出所料，“炮弹形车灯”顺利进入市场,大获成功。接下来,松下幸之助不断地开发新产品,占领各种领域。

在第一次世界大战萧条的岁月里,他开发了发射式电炉、电熨斗、新型收音机,等等。第二次世界大战之后,他生产的电视机、洗衣机、电冰箱更是带来了空前的利润。

其实,松下幸之助的创业之路走得并不是很平坦,曾几度陷入绝境,几度柳暗花明。经历了两次世界大战的松下电器,能够在今天依然这么强大,是非常不容易的事情。

第二次世界大战之后,由于日本战败投降,联合国对日本进行接管。最高总司令麦克阿瑟对一些大公司三井、三菱、松下进行经营限制,作为公司的总经理,松下幸之助被要求辞职。

最后由于员工们的全力请愿,松下幸之助总经理的位置被保留了。但是企业的境遇却是极其糟糕的,贷款全面取消,生产不能正常进行,工资都发不出来。1949 年年初,松下电器所欠税款数额居全日本第一,许多员工都辞职了,松下幸之助的个人生活都入不敷出,只能靠向朋友借贷度日。这是全行业的不景气,但松下幸之助并不气馁。他有以下的主张和实践:不景气时,正好可以思考、反省、检讨研究。对于不景气的来头,对于克服不景气的方案,等等,都可以思考。可以想出一些好的解决方法和发展计划。

许多人对付不景气的方法是停产裁员。松下幸之助以为,停产是无可奈何的事情,裁员则大可不必。如果担心浪费人力,那就找些事情来做:将平时忽略的技术培训搞起来,将平时怠忽的顾客格外照顾一下,该检修的机器彻底检修一下。

1949 年 2 月,美国逐渐改变对日本的政策,日本经济略有复苏。松下幸之助在长期的忍辱负重中看到了希望。经历了许多的磨难,除了雄心之外,松下幸之助比过去多了些沉着、冷静和谦逊。松下幸之助也重新定位了自己的企业,他不再把自己当成一个有所成就的企业家,而是当成业界的小字辈;也不把松下电器当成是一个"小巨人",而是当成刚起步的新企业。当然,松下幸之助并不是鄙薄自己和松下电器,而是站在世界企业界的立场审视、评价自己和松下电器。基于这样的认识,他提出了已有33年历史的松下电器“重新开业”的口号。

1951年1月，他在新年经营方针的讲话中，阐述了自己的这种观点：“我们的公司从33年前创办至今，这算是第一期，由1951年起算是第二期的开幕。”松下电器在战后的腾飞以及长期高速发展，与这种极其可贵的“重新开业”的心态是有很大关系的。

1961年，正值事业巅峰的松下幸之助宣布退休，但3年后的一场危机又把这位年届71岁高龄的老人推到了风口浪尖。由于日本经济的过度膨胀，市场急剧恶化，到1964年，经销商因无法获利而怨声载道，如果解决不好，可能会造成经销商大量流失的严重局面，松下幸之助毅然决定，以董事长的身份暂时代理公司的营业部部长职务。这个职务重新燃起了他年轻时代的斗志，每天按时上班，在第一线工作。在他的努力下，公司不但走出低谷，又上演了一出在经济不景气时期高速增长的好戏，全国200多个销售公司联合给他赠送了一尊“天马行空”雕像，以表示感激之情。

确保唯我第一信誉

松下幸之助说：“确保唯我第一信誉。招牌就是信用的特征，但就算一二十年所建立的招牌，也必须天天都维护着，决不能毁于一旦。”

以前的商人对招牌是非常重视的。所谓招牌，就是我们现在说的“品牌”，它代表一家商店或企业的信誉。也可说是顾客对某商店或某企业商品的信赖，从而安心购买的特征。因此，不管哪一家商店或企业，都非常重视“招牌”，不希望对它有一点损害。

诚恳的态度，是增加企业信用的条件。举债不当，不仅违反经营原则，而且必将导致信誉丧尽。

有一次，有一个朋友来向松下幸之助借5 000万元，说是因为收不到货款的缘故；而银行虽然也给他贷过款，但都表示不能再借了。于是松下幸之助问他：“银行都无法借，我怎么行？到底未收账款有多少？”他说大约有2.5亿元。松下幸之助又问：“有那么多债权怎么不去收？先收

5 000 万元,不会有问题吧?”他的朋友回答说:“不,在银行吃紧的时候,顾客也都很困难,平常收款已经很不容易了,何况要预收?”

松下幸之助虽然觉得他说的有道理,不过还是告诉他:“你现在是燃眉之急,是存亡的关头,应该把实情告诉对方,请他们提早付款。并不是2.5 亿元全部要,只是其中的5 000 万元,多跑几家,我相信大多数的顾客都会帮忙的。”“可是把实情告诉顾客,会失去公司的信誉啊。”

“你这种想法不对,这是未收账款。你收款是天经地义的,他们有付款的义务,只是他们以为你的公司经济富裕,经营上没有问题,才拖延付款。如果他们知道你的困境,一定会提早付给你。何况应收账款尚未收,又要举债,是违反经营原则的,这样不是反而会失去信誉吗?”

松下幸之助的话虽然不怎么顺耳,但他的朋友也听得进去,于是就照样去做了。没过多久,他又来对松下幸之助说:“松下先生,今天我是来向你致谢的。我听你的话,向顾客说明了实情,他们都非常同情我,本来预定收5 000 万元的,结果收了7 000 万元,而且他们还勉励我‘好好去做’,并且订了比以前更多的货。我以前为了面子,收款都不很积极,从今以后,我要勇敢面对现实,认真经营。”

向顾客吐露真实,反而增加了信用,生意也比以前好了。可见做生意一定要专心诚实,做生意的窍门或许就是这样。分辨是非,拿出信心,该做的,要切实去做;该收的货款,要认真去收。说平凡倒是很平凡,但能否切实去做,是成功与失败的分水岭。

松下幸之助认为,重视顾客需要,与同行保持友谊,公平竞争,就能提高公司信誉。松下电器公司的销售网,遍布日本。有时候,同一条街上,会有好几家同时出售松下电器产品的商店,经常发生低价出售的竞争。有一次,一位老板很苦恼地对松下幸之助说:“有些商店将物品价格定得很低,使得我们经常被迫降价,而得不到合理的利润。您有没有什么办法,可以帮我解决这个问题呢?”

由于这个问题经常发生,于是松下幸之助说:“我很了解你的苦恼。但是,以其他商店的售价为标准,来制定自己店里的售价,这是正确的做法吗? 贵店有贵店的服务及特色,这些综合起来,再做价值判断,是不是比较正确呢?”

"松下先生,您说得对。但是,我应该如何加强服务呢?提起价钱,我真是感到手足无措,不知道怎么办才好?"在这个人的观念里,价钱就是一切。但他口口声声所说的价钱就是商品本身的价格。他认为只有商品的价值才是价值。其实并不是这样。平时我们去咖啡店喝咖啡,如果只算咖啡的价钱,应该是很便宜的,但是实际定价,却比只卖咖啡的价钱高出许多。但是,仍然有那么多客人高高兴兴地来光顾。可见,咖啡店所定的价钱,除了咖啡以外,还加上了装潢、音乐、服务等种种因素,从而形成最后的价钱。

于是松下幸之助对他说:"现在我请教你一句话,你店里的员工是免费的吗?如果不是,那么价格的差异问题,就好解决了。当你的商品价格定得比别家贵时,当然,客人会发出疑问:'为什么你们卖得比较贵?'你可以回答他:'这虽然是同样的物品,但我们在出售时,同时也附加了本店的灵魂。'"

这位老板想了一会儿,点点头,满面笑容地说:"您说得对。原来我太钻牛角尖了,只想到商品本身的价格。现在,我才发觉,只要敝店也有很好的'灵魂',就不会输给别家店了。这的确是个无法违背的道理。这样一来,我们就绝对要负责服务到底。因为在售价之中,已包括了本店的技术服务费及信用费。"于是,这位老板就很满意地离开了。后来,这家商店很认真地加强他们的服务,顾客们都感到很满意,老板也得到了相当可观的利润。

松下幸之助认为,除了希望赚钱,还要考虑与整个商界相关的问题,这样才具有说服力。为了获得彼此的通力合作,只是一味拜托别人,那是不够的;应该也要把对方的利害关系说清楚,这样才能引起大家的共鸣,从而适时予以说服。

松下电器在1933年到1934年间,决定制售电灯泡。当时,日本的电灯泡水准不齐,从一流到四流都有。一流的是一个公司制造的M牌灯泡,每个定价35钱,二流货为25或26钱,三流货为15或16钱,四流货为10钱。销售量最大的,不是10钱一个的四流货色,而是一流的M牌灯泡,约占市场销售量的70%。

那么,松下公司新发售的电灯泡价格,要定在多少才合适呢?灯泡品质的等级是一流？二流？或末流？松下幸之助经过多方思考研究决定，把售价定在35钱，也就是一流品质的价格。

松下幸之助曾在发售前征询了顾客的意见。顾客说："松下幸之助先生，那样的话，我觉得不太合理。M牌灯泡因为品质优良，所以卖到35钱，但是你们的国际品牌才第一次做灯泡，就想卖到那个价钱，实在有点难以想象。""如果是二十五六钱还差不多，否则，一定没有人会理你。"另外也有顾客这么说："如果是三流的价格，大概可以卖得出去。"

松下幸之助对他们的说法虽然感到有点失望，但是不管怎么说，毕竟还是一个完全没有被证明的新产品而已，顾客的批评也很有道理。因此，他还是认真去考虑他们的说法和态度，也把灯泡业界的现况和将来，做了通盘的探讨与分析。

最后，松下幸之助得出一个结论，那就是非卖35钱不可。后来松下幸之助到北海道接洽批发商的时候，他们都表示35钱一定卖不出去。松下幸之助说："如果你们有培植松下电器公司的意思，那么就请卖35钱吧。我们将来一定会做出更优秀的产品，目前刚开始，当然还没有办法。也许现在大家都认为不好卖，但是，假如都没有人愿意试着卖卖看的话，工厂如何能够生存呢？电器业界也要相互竞争，才能获得进步，所以，这种灯泡卖35钱，就是为了培养松下电器公司成为一流的公司。各位无论如何请多多考虑。"

当松下幸之助讲完之后，连最初表示反对的人也说："既然你这么说，那我们就配合看看。"结果大家都以35钱的价格出售。经过不断努力，以及顾客们的热情帮助，销售量最后比M牌灯泡还要好。

一味讨好顾客而不坚守经营原则，反而得不到顾客的信赖。信用能为企业带来顾客，为顾客带来信心；而信用的培养，必须诚心诚意地为顾客服务。

诚心诚意为顾客服务作为信用基础的"实质"，并非你有意建立，就能够建立起来的；必须诚实、对生意重视，慢慢累积下来，才能得到信用，信誉才会因此而产生。

自来水哲学

像自来水一样源源不断地为顾客提供优质的能够买得起的商品，这便是松下幸之助的“自来水哲学”。

在一个炎热的夏天，松下幸之助在大孤天王寺附近的街上行走。那一带人家的门前装有公用的自来水。这时有一个拉货车的人走过来，抽了一支烟后，就用嘴巴对着水龙头津津有味地喝起水来。自来水并不是不要钱的，这些水需要由天然的河水加工过后才能成为饮用水，所以要付水费，而现在这个人未征得所有人的同意，便擅自饮用，却没有人阻止他。

为什么没有人阻止这个擅自饮水的人呢？是因为水虽然是有价值的东西，但因为随处可见，价值也就趋于零了。

在人类的世界里，不论是冰箱等电器产品还是服饰等日用品，其实都像水一样是必需品。如果这一切必需品都能大量生产，使其取用不尽，那么它们的价格都会相当低，世界上也就没有贫穷了。如果一切东西都像自来水一样，能够随便取用的话，社会上的情形就会完全改变了。那些因贫穷而产生的犯罪案件也会消失，整个社会就会呈现出一派祥和的态势。

松下幸之助认为自己的任务就是制造像自来水一样多的电器用具，这是自己的生产使命。尽管实际上不容易办到，但仍要尽力使物品的价格降低到最便宜的水准。这就是他的“自来水哲学”。

“自来水哲学”是松下幸之助对企业使命的比喻。对于这一使命，最简单的表述就是消除世界贫困，使人类走向繁荣和富裕。

松下幸之助说：“企业的使命究竟是什么？简单来说，就是消除世界贫困。比方说，水管里面的水固然有其价值，然而喝路边的自来水不用付费也不会受到责备，因为水资源相对丰富。企业的责任不正是让世界物资丰富以消除一切不方便吗？”“经营的最终目的不是利益，而是将寄托在我们肩上的大众的希望通过数字表现出来，完成我们对社会的义务。企业的责任是：把大众需要的东西，变得像自来水一样便宜。”用松下幸之助的话来表达，经营就是从“无”当中制造“有”，通过生产活动给人类带来富足丰裕的生活。

“自来水哲学”的诞生，本身就是松下电器公司此前经营经验的积累和升华。早在1927年，松下电器首次成立电热部，计划生产电熨斗。当时全日本电熨斗每年的销量不超过10万个，每个的价格在4—5日元。松下幸之助则认为：“这么方便的东西，就因为价钱贵，很多想用的人都买不起。因此，只要降低价钱，就会有许多人去买。如果很多人要买，乍看起来月产1万个似乎多，但实际上是能够卖出去的；先决条件是，降低价格，使大家都能买得起。”于是松下幸之助决定，以大量生产来降低价格，每月生产1万个，销售价格3.2日元，结果大获成功。这一案例，几乎就是美国福特T型车的日本翻版。所以，美国的媒体把松下幸之助和亨利·福特相提并论。对此，松下幸之助自己总结说：“生产大众化的产品时，不但要推出更优良的品质，售价也要便宜至少三成以上。”

这种“自来水哲学”，使松下电器公司的经营特别注重顾客导向，关注大众需求。松下电器在产品开发上以模仿为主，走短平快路线。一旦发现某个有前景的新产品，松下电器就会拿过来，做出比别人甚至比原发明者质量更高、价格更低的“新产品”。“模仿中的创新”使松下电器取得了经营上的成功。它的产品，一般都具有批量大、成本低、质量高、服务好这四个特征，能够赢得较高的市场份额。但是，在真正的原创上就略逊一筹。引领产业先锋的原创型创新，会受到“自来水哲学”的局限。

玻璃式经营

所谓玻璃式经营，是指经营活动公开、透明。对每一位员工充分开放，并欢迎员工参与经营。这种公开和透明，建立在对员工信任的基础之上。所有的经营状况，都像玻璃一般清澈可见，不加掩饰。

玻璃式经营是松下幸之助经营法中相当重要的一项，具有深刻含义和系统的实现方法。就其意义而言，首先，实行玻璃式经营，可以使经营现状如同玻璃般透明、清晰，经营者与员工都很容易透视其中的优劣情势，及时纠正错误，发扬优异之处。其次，身处透明的工作系统中，每位员工的行为都“暴露”在众目睽睽下，这样自然形成了一种公众监督的机制，不仅可以有效约束和规范个人行为，而且可以凸显榜样的力量，促进良性竞争，推动员工成长，提高工作效率。最后，玻璃式经营便于领导者查看公司全景，有效管控人与事，清除管理“死角”。

当松下电器还是几个人的小作坊时，生产与销售混在一起，发明、研制与制造无法区分，甚至生产与生活也融合为一体。这种情况下，白手起家的松下幸之助，没有那种老板与雇工之间的界限，所有人都可以被认为是合伙人，所以，他要随时把经营情况通报给其他人。由此，形成了松下幸之助的“玻璃式”习惯。他的开诚布公，力求信息对称，是他早期创业时赖以生存的基本方式。随着业务的扩大、人员的增加，尽管老板和雇工之间的界限开始明朗化，原来亲密无间的熟人关系也开始等级化，但公开透明的“玻璃状态”却没有退隐，一直被保持下来。

这种“玻璃状态”能够持续发展，并形成一种经营思想，同松下幸之助自身的经营体验密不可分。最初是天天算账，当经营略有扩大、开始规范化时，松下幸之助把它变成每个月都结算盈亏，向所有员工公布。在松下电器，这是习惯和常态，而同当时的其他企业相比，则是一种特立独行。松下幸之助很快发现，这种做法具有明显的经营优势，因为其他企业都不这样做，有的老板本人也糊里糊涂，一旦家大业大就不清楚整体的经营状况，不具备公开透明的基础。松下幸之助不一样，他对经营状况了熟于心，公开盈亏，同时总结每个人的贡献情况轻而易举。这一举措，正面效应十分明显。相对于其他企业的员工，松下电器的员工都能清楚地看到自己的努力成果，同时也能感受到老板的诚恳和信任，由此而催生出员工的主人翁意识，提高员工的士气。

玻璃式经营法的实质是雇主与员工坦诚相待，互相信任。可贵的是，松下电器在快速增长后，这种做法一直被保持了下来。小型作坊采用玻璃式经营比较简单，而中型企业就已经有了难度，大型公司则更是难上加难。松下电器能够一直坚持玻璃式经营，在很大程度上，得益于其发展是一种自然的增长，是顺应市场需要的增长，没有揠苗助长人为扩大规模。这有点像中国的民营企业大午公司的做法，增长的欲望和劲头，不是来自于上层的压力，而是来自于下层的自觉。松下幸之助自己也在实践中感受到，这种做法能够有效激励士气，能够保证上下一心，能够深切检讨经营得失并化解冲突，还能够培养出高度自主的中层经理和工作骨干。即便不采用别的措施，也能很好地防范阿吉里斯指出的那种“习惯性防卫”。

随着企业的扩展，松下幸之助把玻璃式经营规范化了。如定期对员工公开企业的财务状况，定期向员工说明企业的规划目标，经营当局和工会组织保持有效的沟通和协商，等等。对此，松下幸之助把它上升到经营理念上：“企业的经营者应该采取民主作风，不可以让部下存在依赖上司的心理而盲目服从。个人都应以自主的精神，在负责的前提下独立地工作。所以，企业家更有义务让公司职员了解经营上的所有实况。总之，我相信一个现代的经营者必须做到宁可让每个人都知道，不可让任何人心存依赖，这样才能在同事之间激起一股蓬勃的朝气，推动整个业务的发展。”

玻璃式经营会使领导者的关注重心向员工倾斜。企业大了，玻璃式经营的上下一心、协调一致就会发生困难。对此，松下幸之助用“精神灯塔”来指引员工的方向，增进企业的凝聚力。我们现在经常关注的企业文化，在松下电器的做法是同玻璃式经营紧密结合的。为了使员工真正融入企业，和公开透明的经营思想相配合，松下电器在扩张中形成了一整套对员工的“教育”方式。通过确定公司精神的信条（即“松下七精神”），唱《松下社歌》，奏《松下进行曲》等方式，使员工以近乎“洗脑”的虔诚真正融入公司。所以，松下电器从员工进厂开始，就郑重其事地进行入社教育，朗读、背诵《松下七精神》，熟唱《松下社歌》，学习松下幸之助“语录”，参观公司创业史展览。正式工作后，每天早晨在工作前集体背诵松下精神和歌唱社歌，每个月要在所属群体进行一次关于公司精神和公司社会责任的公开演讲，每年组织一次隆重的送产品（由工厂送到经销商）仪式，每个松下人都要不断回答“我真正想做的是什么？”“我需要学习什么？”“我有什么缺点？”等问题。通过这些方式，使员工的自主性和凝聚力得以增强。有人曾经对这种做法产生疑问，松下幸之助回答道：“朝会、唱社歌、朗诵七精神，是松下电器的传统，必须遵照执行，贯彻到底。事情一旦决定之后，必须坚持到底，不得自己迷失方向，或被他人言行迷惑，否则不会成功。做生意也是一样,必须贯彻志向。”

堤坝式经营

维持企业的稳定成长,是天经地义的事。为了使企业确实能够稳定地发展,“堤坝式经营”是松下幸之助很重要的观念。

“堤坝式经营”是“自来水哲学”在企业运作上的逻辑展开。1965 年 2 月,松下幸之助在关西商界讨论会上提出了这一概念,做了题为“堤坝经营和适正经营”的演讲。他说:“关于行之有效的经营方法,我想在这里提倡‘堤坝经营’的方法。为什么要修堤坝呢？是为了不让河水不创造任何价值地白白流走。如果河流的水量剧增就会变成洪水,带来巨大灾害;而如果遇上干旱天气就会造成水量减少。因此,要在河流的适当位置修建堤坝,一来调整水流,二来利用水力发电。修建堤坝的目的就是珍惜老天赐予的每一滴水,并加以有效利用。这样既能够保证安全,又能够创造价值。经营公司的道理不是一样的吗？经营也需要堤坝。”“我说的‘堤坝经营’,从一开始就应该具有后备设备,有多少是多少。这样的话,即使经济发生一些变化或者需求有变化,还能保证商品供应,不会导致涨价,因为这时只要运转后备设备即可。相反,如果商品过多,就可以让设备暂停运转。这个道理就和根据需要来调整堤坝里的蓄水量一样。资金、库存和人才也同样需要‘堤坝’。”“正确认识‘堤坝经营’的意义,就能使经营变得更加稳健,获得高额利润。‘堤坝经营’能够为社会带来真正的安定和繁荣。”

“堤坝式经营”的道理很简单,无非就是把经营中的刚性变为弹性,预留出适应环境变化的余地。但是,现实中的经营者却往往做不好这个。按照松下幸之助的说法,日本的企业一直靠贷款运行,没有走上堤坝式经营的道路。要建立各种堤坝,首先需要不再靠贷款经营。这一点,松下电器已经做到了。但是,建坝不易,护理堤坝更难。

松下幸之助认为,护理堤坝实际上仍然是一个观念问题。首先要考虑如何运用堤坝,如果不能随机应变,即便建立了堤坝,也不会根据水量的变化进行适时调节。其次要明确堤坝的用途，堤坝是为消费者服务的，不是为企业自身服务的。偏离了顾客导向，堤坝的作用就会适得其反。另外还要密切注意各种信息，如果水源枯竭却毫不知情，或者溢水管涌却视而不见，堤坝就失去了意义。

“两个轮子”的哲学

松下幸之助有名的哲学除了“自来水哲学”之外，还有一个著名的“两个轮子”的哲学。这个观点的论点是：“员工和经营者，是公司经营车上的两个轮子。”言下之意是在企业经营中，经营管理者与企业员工同等重要，只有搞好了两者的关系才能推动公司顺利发展。

1922 年，在松下幸之助建成最早的正规工厂里发生了一件事。那是在年末，照惯例要进行大扫除。松下幸之助在巡视时注意到，工厂有 50 多名工人，竟没有一个人去打扫厕所。他察觉到工人们好像有些对立情绪，劳资关系有点紧张。松下幸之助选择的解决策略是：自己去打扫厕所。这样，他在把厕所打扫干净的同时，也把那种劳资关系上的紧张气氛一起扫掉了。他说：“打扫厕所时，我体会到，自己如果没有考虑到工人的想法就生气，并表现出急躁情绪，给人的印象会很不好。作为工厂的主人，必须率先做出榜样。我亲自打扫厕所就起到了缓和紧张局面的作用，同时我也得到一个重要的启示，即作为主人，不能仅仅靠权力。当然，我的收获还远不仅于此。我还懂得了培养谦虚精神和耐心的重要性，而且如果在经营中以身作则，可以得到很多意想不到的效果。”

这是松下幸之助后来在自传中说的一段话。而这也是他的“两个轮子”哲学的主要观点。他的经营哲学就像他表白的那样：“员工和经营者，是公司经营车上的两个轮子。只有当两个轮子处于协调、均衡状况时，我们才能真正得以生存、发展和繁荣，厂方和员工也能得到收益，两方面本来就是相互依存的。”

1965 年，松下电器先于日本任何其他大企业采取 5 天工作制；另外在工资体系方面，废除了年功序列制；1966 年，实行男女工资平等制；奖励工人的个人开发，设置较充足的以国语教研室为主的教育设施和工人闲暇活动服务设施。

在松下电器，还发生过一件颇不寻常的事情。1926年，爆发了世界第一次经济大危机。日本许多工厂破产，经济空前混乱，松下电器销售额大幅削减，管理人员向松下幸之助提出要求裁掉一半的工人。但松下幸之助坚决反对，他提出，工人一个不裁，生产实行半日制，工资全天支付。从这件事也可以看出松下幸之助的经营哲学。

这些事情现在听起来，人们也许会认为是极平常的。可当时在面临倒闭的危机时，沉着地做这样的决策并非轻而易举的。但是松下幸之助正是通过总结自己在与激烈动荡的现实生活的搏斗中所得到一个个胜利或失败的经验和教训，才一步一步地建立了把以人为本作为经营哲学的松下电器，也发展了这种“两个轮子”哲学。

正是凭着这种精神，日本松下电器1945年从战争的废墟上崛起，到1969年发展到顶峰。1969年日本国税厅最高收益企业一览表中，松下电器名列榜首，一年收益866.6亿日元。

松下幸之助说：“我是用爱和激情创业，今后还要用这种精神把企业建设得更美好、更理想。”

集合众智，无往不利

“集合众智，无往不利”，这是松下幸之助先生穷七十余年功力而悟出的至理名言。的确，在一个企业中，最重要的就是挖掘人才、利用人才。一个人的才干再高，也是有限的，且往往是长于某一方面的偏才。而将众才为我所用，将许多偏才融合为一体，就能组成无所不能的全才，发挥出无限巨大的力量。松下幸之助就正是将用人之道发挥到妙于毫巅的高超艺术家。

松下幸之助艺术化了的用人之道，不仅在日本，而且在世界范围内影响了几代企业经营管理者。十几年来，我国商海潮起潮落、浪推浪涌，淹没了许多虽具有才华但中道势衰的所谓企业家，使得他们“一失足成千古恨”。究其原因,用人不当甚至不会用人不能不说是一个重要的因素。因此,在今天我们更有必要学习和借鉴松下幸之助的用人之道。

松下幸之助认为,一片石墙的组成有大的石头,也有小的石子,大的石头起着作用,小的石子也在起着作用。并不因为大石头比较有用,就不要小的石子。正因为有小石子支撑着大的角石,石墙才能历经百年而不崩坏,所以小石子也是起着主要作用的。任何一个人也都有他的长处和短处,而长处总是不比短处来得醒目!

松下幸之助说:“一个刚进企业的员工,要学习的事固然很多,但最重要的,还是先要尊重企业的传统,喜爱自己的工作,认真做好属于自己的事,并且试着从工作中去贡献社会。如果只是把公司当成‘混日子的地方’,心里头只会盘算自己的利益,这样势必会产生种种问题,公司也无从发展了。工作上有大小之分,每个人的才能亦有上下之别。凡事如能不为私欲所迷,而以冷静的态度来检讨自己,这就是生活在当今社会上的每一个人应有的责任。不管做什么事都一样,最重要的,就是要有想去完成那件事的强烈心愿。若心里一直想非完成它不可,事情可以说是已成功了一半。有了这种心态,必定能想出完成这件事的手段或方法来。”

这些话就像在描写松下幸之助自己一样,强烈的需求心一直都是完成事情的推动力,这是亘古不变的原则。

这就是松下幸之助,我们深深体会到松下幸之助那种在商业上无惧无畏的拼搏精神。

用人是领导科学中一门永远值得研究的课题和学问。社会是人创造的,财富也是人创造的;文化是人创造的,科学也是人创造的。总之,人是一切事业的创造者,而人才——人类中的出类拔萃者,更是社会最为宝贵的资源和财富。在竞争日趋激烈的今天,作为一个领导者,如何用人、如何用好人是十分重要的。

自古以来“用人不疑”是用人的一条基本原则,是前人总结的经验,凡是有作为、有经验的领导者,都懂得这个道理,在我国历史上也有许多“用人不疑”的佳话。

但是随着社会的不断发展,在新的历史时期,特别是中国由计划经济转入市场经济的特定时期,社会环境发生了变化,用人机制也将发生变化，在法制建设不健全的时期，为了保护一个干部，我们要提倡“用人还要疑人”的新的用人理念。因为人本身及其表现以及对人的认识都是一个变化的过程。人的品性、素质、能力及其组合体均不是静止的，而是变动不居的。历史和现实生活中无数的例子都表明：高低易位、好坏互转是一种普遍现象。即使在某一时刻、某种条件下，某人确有某种品性，但换一种条件，很可能又是另外一种样子，所以有所怀疑是应当的。

“用人还要疑人”即我们在放手大胆地让其工作，充分给予信任和支持，最大限度地发挥其智慧和创造性的同时，通过组织经常警示他，不断使他反观自身肌体健康。不过怎样“疑人”则更为关键。“疑人”是发现问题及时地帮助和提醒他，在爱护、保护的同时，还要监督他，要用“法”去疑，即人之可“疑”之处要在制度中标示出来并有监督制约措施，使其沿着正确的方向健康成长。由此可见，在当今的市场经济改革开放时期，为了保证组织的稳定、高效运转，“疑人”是必要的。

人才是打开成功之门的钥匙

松下幸之助的用人秘诀，简单地说，就是用中等人才，用70%的人才。这就是说，在某一个领域，对于某一个职位，松下幸之助都不选择最好的顶尖人才来任用，而是选取中等的，可以打70分的人才来用。松下幸之助说：“世上没有完满的事情，只要公司能雇用到70分的中等人才，说不定反而是公司的福气，何必非找100分的人才不可呢！”

松下幸之助选用人才的另一标准是与爱国主义情感联系起来的。松下幸之助对自己的祖国满怀感情，他的经营理念中就有“国家理念”一条。他把员工的爱国热情看得特别重要。

松下幸之助对用人的看法很有见地，有些研究者把他的用人之道归结为打开成功之门的七把钥匙。

第一把钥匙是，强烈地感到人才的重要性。对培育人才重要性的认识，似乎松下幸之助比其他经营者体会得更深。松下幸之助在1843年7月号的工会杂志上写道：“拥有优秀的人才，事业就能繁荣，反之就会衰微。”

各行各业的兴衰就是最好的例证。松下电器能有今日的发展，就是因为比别人懂得科学管理和用人的缘故。有了这样的认识，松下幸之助还不遗余力地身体力行。

第二把钥匙是，要具有尊重人类的基本精神。这就是说，要把人当做万事万物中最重要的，并体现在具体的处事当中。

首先，这样做是为个人前途着想，让他把自己的才能尽可能地发挥出来，并给予相应的报酬。其次是慎重对待裁员的问题。松下电器基本上没有裁员的历史，他们实行的是员工终身制。这些规则都体现了对人的尊重和关怀。员工备受公司尊重，当然会热爱自己的公司，与公司融为一体，也就不难成为公司的有用人才。

第三把钥匙是，明确指示经营理念和使命感。松下幸之助经常向员工宣传公司的“自来水经营理念”和除贫造富的使命感。

在 1932 年的创业纪念日上，他更把这种经营理念和使命感以公司宪法的形式确定下来。通过经常的灌输、提示，员工心中明确，使命感逐渐加强，目标明确，干劲十足。如果不是这样，员工方向不明，也不知道学习、培训是为了什么，企业自然难有好的绩效，员工也就难以成为公司的有用之才。

第四把钥匙是，彻底教导员工企业必须获利。东方传统道德给人的教导是重义轻利，松下幸之助却明确而彻底地教导员工公司必须盈利，盈利必须成为每个事业部、每个员工的目标。

这一观念不仅是商人的一般理念，而且有着深远的社会、人生信念的支持。松下幸之助认为：“赚不了钱，就是犯罪。从社会聚集资本，网罗天下英才，使用天下资源，如果没有任何成绩，就是愧对社会，社会也不能原谅你。”松下幸之助所说的追求利润，不仅仅是希求公司、个人的获取，而且也是为了贡献国家，“只有公司获利，才可能拿出一部分利润做税金上交国家。由此，国家才能把这笔钱用于各项公众事业，创造全体国民的福祉”。

第五把钥匙是，努力改善劳动条件和丰富福利待遇。松下幸之助之所以有这样的主张，是由于他考虑到了人的特性，即人的第一需要是生理的需求，只有很好地解决了温饱的问题，才能实现别的方面的要求。松下电器的薪资政策及福利待遇方针也正是与此人性特点相吻合的。松下幸之助的独到之处，是在别人以“高效率→高薪资”为经营原则的情况下，反其道而行之，实行“高薪资→高效率”的方针，以此来刺激员工提高生产率的意愿。

第六把钥匙是，让员工拥有梦想。人总是有梦想的，自古以来成就大业者，心中总怀着一个大的梦想。有梦想，就有前进的动力。松下电器给它的每一位员工都提供了梦想的基础和机会。像松下幸之助那样给公司和员工描绘250年远景蓝图的企业家，还真是少见。松下幸之助认为，让员工对未来怀有无限的憧憬，在培育人才上是有很大效果的。无论经营顺利还是处于困境，都应该让员工存有梦想、存有希望。在一个没有梦想的公司里，是无法培育出人才来的。

第七把钥匙是，把正确的人生观作为基础。松下幸之助要求培育人的企业领导要有正确的人生观，员工也必须有正确的人生观。松下幸之助的人生观（也可以称作人类观）的核心是：认识人类是伟大的王者；承认并尊重人类的个性；要以理智的态度，合情合理地去处理和利用宇宙万物；尊重礼的精神，善用众人的智慧。

松下幸之助认为，只有秉持这种人生观和人生之道，人类才能迈向繁荣、和平、幸福的金光大道。

他说，真正的人才，是可遇不可求的，绝不是经营者强烈的爱才、求才的心意就可以办到的。除了积极求才以外，还要有些“运气”。但运气又不全然是客观的，也要主观努力去争取。唯有经营者以最诚恳的态度去不断访求，细心去爱才用才，运气才会到来。

企业家寻求人才，往往以“优秀”为目标，要最好的。这似乎是一条选才的准则，被广泛地加以遵守。松下幸之助不是这样，他主张雇用中等人才，提倡70%的求才法。

松下电器初创时期雇用的人才，学历都比较低，这一方在与当时的教育状况相关，教育提供不出那么多高学历的人才。另一方面的原因，则是源自松下幸之助的人才理念，那就是人才必须“适合”，即人才的水准和他所在的公司所从事的业务适合。

松下幸之助的经营法则

松下幸之助是中国人最熟悉，也最受关注的日本企业家。而对其最初的兴趣，是由20世纪80年代以来市场上无处不在的印有"National"标志的录像机、彩色电视机引起的。后来品牌统一改用"Panasonic"，大多数人一时间几乎适应不过来。的确，松下电器是改革开放后最早一批进入中国市场的跨国公司。

松下电器的成功不是因为垄断经营、技术领先或政府眷顾，而是因为松下幸之助那种融合了东西方双重智慧的治理方式：有时是个深谙赚钱之术的资本家，有时是个身着和服、在深夜中忘却现实的冥想者。

由于相近的文化传统，同样面对西方成熟商业文明的处境，从"亚洲四小龙"的称谓开始，中国商界对东亚国家的经济给予了特殊的关注。松下电器的成功说明，培育具有民族特色的商业精神是公司成长的关键。

一、事业要靠梦想支撑

企业的发展需要有蓝图，而这种蓝图在某种程度上说就是梦想。作为一个企业的创始人及经营者如果没有美丽的梦想，就不会有壮丽的蓝图，更不会有企业长远的发展。

松下幸之助认为创业者的梦想十分重要，特别是在企业尚未获得成功之前，这种梦想可以说是支撑事业的唯一支柱。基于这种思想，松下幸之助一刻也没有放弃自己的美梦和理想。这种理想和美梦其实伴随着我们度过了种种的艰难险阻，甚至改变了人们的命运。

所以，松下幸之助认为如果要扩大自己的公司，只想让公司赚钱是不够的，当然，这也是条件之一而已，但着眼点要放在更高的地方，要与社会共同发展，或对社会有裨益。最后，达到将自我置于促进社会发展的一分子的境地。从此，事业、思想和人生观全盘改变了。

松下幸之助还认为，梦想是创造者精神快乐的来源，对于创业者来说，自从有了这种思想之后，过去认为辛辛苦苦的工作，现在也不觉得辛苦了。反而原来认为是辛苦的工作，现在变成喜悦的工作。同样是很艰苦的工作，过去是为了生意不得不做；现在已经没有为了生意不得不做的想法，反而变成高兴的事情。因此，每次遇到困难的工作时，都会由衷产生一股勇气，全心全意地做好它。

少年有梦，青年有梦，人人都有梦；科学家有梦，企业家有梦，家家都有梦。梦就是精神快乐的源泉！有梦就有未来！

二、不做金钱的奴隶

作为商人追求回报、赚取金钱似乎是天经地义的事。但如果仅以此为标准来判断商人，那未免就太片面了。松下幸之助认为，一个商人追求利益和金钱固然没错，但过分追求利益会被金钱奴役，会使得事情走向它的反面，不导致经营的失败才怪呢。

松下幸之助指出，人人都知道商人对金钱有所欲求，这并不是什么过错。但是，有役使金钱者，有被金钱役使者，做商人要不为物役，是古今中外圣贤慧哲的教言，要做金钱的主人，而禁忌做金钱的奴隶。

有一件松下幸之助亲身经历的事情使他感受颇深。一天晚上，松下幸之助在酒店的大厅跟四五个人洽谈商务，一位眼镜经销商如约来找他，并且不断检查他现在所使用的眼镜的度数，言明 16 天之后将眼镜送来，松下幸之助问这位商人："您的事业这么繁忙，为什么特意上门配镜呢？"

这位商人笑着说："因为您经常出国，假若戴着那副眼镜到了国外，外国人会误以为国内没有好的眼镜行。"松下幸之助听了这番话，原本以为的"此人真会做生意会捞钱"的观感大为改观，直觉地认为此人是世界一流的眼镜经销商，更是一流的朋友。事实上，一个著名的眼镜经销商为了一个客人而上门服务，这其中的利益又有多少呢？但是，这个眼镜经销商却以日本眼镜行业的代表自居。这种境界恐怕是其他商人很难达到的，无怪乎松下幸之助如此感动。

事实正像松下幸之助所说的那样，经商除了有生意经，还要有做人经。满脑子都是生意经未必是个好商人，而超越做生意的角度，以坚定的做人信念打动人心往往能起到意想不到的效果。

三、生意场上无朋友

商场是一个唯利是图的地方，作为生意老手的松下幸之助已在多年的经营过程中掌握了其中的全部诀窍，但仅仅如此还是不够的，而生意场上的那种尔虞我诈松下幸之助也使用得得心应手，所谓“生意场上无朋友”这句话就是松下幸之助自己总结出来的。

1974 年，自认为是音像技术领头雁的日本索尼公司总裁盛田昭夫，找到日本录像机产量第一的松下电器，要求统一录像机规格。1975 年春天，又请松下幸之助和有关人员到索尼参观录像时间 1 小时的 BETA 型录像带生产流水线。盛田恳求松下幸之助：“我们一道来做吧，为了日本，也为了世界。”

尽管盛田昭夫两次相邀，但是松下幸之助并不表态。索尼开发的是 1 小时盒带，而属于松下电器系列的几家录像机生产厂，开发的都是 2 小时 VHS 型录像机及盒带，尽管松下电器盒带的图像清晰度远不如索尼的，但是在消费者中 2 小时的盒带比 1 小时的更受欢迎。盒带到底生产 1 小时的还是 2 小时的，松下幸之助有自己的考虑。这期间，松下幸之助暗中指示下属了解美国人对录像机规格的看法，得到的答复是 2—4 小时的最好。于是，松下幸之助认定 2 小时的规格是最受消费者欢迎的。结果，索尼被蒙骗了两年。盛田昭夫怒发冲冠，在采访的大批记者面前，一向率直、敢说敢为的他大骂：“有这种混账的事吗？松下幸之助是出卖朋友、蹂躏信誉的叛徒！恬不知耻！”而还是这一帮记者去采访松下幸之助，当时已是 82 岁高龄的他，竟平静地作答：“做生意就是这样的。”言下之意是生意场上没有朋友，每个人都有自己经营的自由。

“朋友”一词，汉语词典的解释是“彼此有交情的人”，而商场上完全是一种利益关系，所以就很难谈“交情”二字，如果把生意场上的人都作为朋友，那就危险了。

四、知己知彼

1951的11月，松下幸之助参观荷兰飞利浦公司时，为该公司先进的技术所震撼，当即决定与飞利浦合作，利用飞利浦的先进技术，在日本建一家股本6.8亿日元的合资公司——松下电子公司，其中，飞利浦出资30%，松下电器出资70%。飞利浦的30%是以他们该拿的技术指导费进行折算，所以，实际上不需要投入一分钱。而且，飞利浦方面原本把技术指导费定到7%，几经谈判，才降为5%。意向书签下来后，回到本国的松下幸之助，总觉得自己太吃亏了。他千思万虑，突然想出了要拿“经营指导费”的主意。你飞利浦提供技术人员和技术，要拿技术指导费，我松下电器出经营人员搞经营就应该拿经营指导费。

明明是松下电器需要人家的技术，要求与人家合作，按国际惯例，飞利浦拿技术指导费是合情合理的。世界上从来没有一家要求人家技术指导的企业，再从企业盈利中抽取所谓“经营指导费”。亏松下幸之助想得出来！

然而，细细研究，既然是全资公司，你抽技术指导费，我拿经营指导费，似乎也勉强说得过去。对松下幸之助的要求，尽管飞利浦方面感到突然，不合国际惯例，很不情愿，但是最后谈判的结果，还是定为：飞利浦一方拿技术指导费4%，松下电器一方拿经营指导费3%。15年后，技术指导费和经营指导费各拿2.5%。在这个交易中，松下幸之助显然摸准了对方急于交易的底牌，另外他自己巧妙构思拿出的“经营指导费”的思路虽然荒唐，却也给了飞利浦公司一个体面的台阶下。

知己知彼，百战不殆。作为企业的总经理，你必须时时自问：自己企业存在的问题是什么？这段时间为什么市场不好？对手在做什么？我与对手的差别、差距在哪里？对手的优势和弱点是什么？

五、商业竞争不相信眼泪

今天，人们都把松下电器的日本式管理看做是以人为核心管理模式的现代管理象征和典型范例。这是因为，松下幸之助的经营思想中的激励艺术，把日本式管理模式发挥得淋漓尽致，"经营之神"的经营灵魂因此令世人着迷。他的理论、模式被日本人大胆实践着、拓展着，中国人也为他的日本式管理模式背后反射出的中国文化神韵和气息而怦然心动和感慨万千。

松下电器高度重视员工的素质训练，它众多的管理程序、条令、制度和规范都无法同管理中的注重人性、体贴人心相分离。设在日本东京近郊的松下幸之助经理训练学校的核心科目有三个：其一，松下幸之助精神、信条和经营理念的学习与领会；其二，小到电话礼仪、名片接送，大到合同签订/贸易洽谈等工商经营实务的训练和学习；其三，管理人员心理素质训练，包括体质、道德品质和个人素质。

商战不同情弱者，商业竞争更不相信眼泪。众多企业都把管理人员的心理素质放在训练的核心环节上，要求其在恒久毅力、自我控制、忍耐力等方面具备一流的素质。松下幸之助坚信：要取得任何工作成功，员工的耐挫力和承受力等心理素质极为关键；任何成功、显赫工作的背后，都包含着烦琐、枯燥的工作努力，这一切都应该纳入学校的经理培训计划。

例如，拔草课。划一块空地，每人承包一块。该空地几乎无任何杂草，却让你在规定时间内完成这项工作任务。能否冷静、克制、忍耐而又稍安勿躁、认真、扎实地完成这项近似苛刻的工作，将关系到你能否顺利过关。否则，等待你的将是更大的一片不毛之地和更为漫长的时间。再如，唱歌课。把身着漂亮礼服、手提高级办公包、仪表堂堂的未来管理人员送到繁华的闹市街口或者人流拥挤的超市广场。你须站直身子，取出公文包里的歌页，有"销售员之歌"，还有让人很难为情的"情歌"，要求你大声地、心平气和地去尽情表演。能否坦然、自信、有礼有度地面对众人的指责、嘲笑、刁难，是周围考核人员打分的关键点。不过关，更热闹的场景和更繁杂的人群将等候你的到来。

通过执行以上一系列近似残酷的培训计划，松下幸之助将企业员工打造成具有非凡毅力和勇气的事业开拓者，以此作为与其他公司竞争的武器，这样的结果不但锻炼了队伍，而且提高了企业的形象和知名度。

松下幸之助经典语录

• 做生意，要有洞察先机、先发制人的能力，因为这是真刀真枪的决斗，只许赢，不许输。

• 我们把一流的人才留下来经商，让二流人才到政界去发展。

• 不管别人的嘲弄，只要默默地坚持到底，换来的就是别人的羡慕。

• 以人性为出发点，因此而建立的经营理念及管理方法，必然正确且强而有力。

• 经营者除了具备学识、品德外，还要全心投入、随时反省，才能领悟经营要诀，结出美好的果实。

• 合理利润的获得，不仅是商人经营的目的，也是社会繁荣的基石。

• 说服的方式因时因地有所不同，预先察知什么情况适合哪一种说服方式，才是最重要的。掌握对方的性格、情绪，不存说服之心地去说服，才有成功的可能。

• 把握任何时刻与机会，以谦虚有礼的态度，服务顾客。

• 一开始就坚持名副其实的信用，等于是自己储备了庞大的资金。

• 虽然起步迟，只要不畏挫折，坚持到底，照样能超越他人。

• 唯有懂得欣赏别人的长处，才能领导更多的人。

• 吸引人才的手段，不是高薪，而是企业所树立的经营形象。求职者要有诚心，肯苦干，不一定非用有经验的人。公司应招募适用的人才，程度过高，不见得就适用。

• 人才是企业成败的关键，唯有顺其自然，不凭自己的好恶用人，容忍与自己个性不合的人，并尽量发挥其优点，才能造就人才。提拔年轻人时，不可只提升他的职位，还应该给予支持，帮他建立威信。

• 经营者要善用人才，并创造一个让员工能发挥所长的环境。学历就好比商品上的标签，论才用人要看品质，不要只注重标签价码。

- 自古以来的伟人，大多是抱着不屈不挠的精神从逆境中挣扎奋斗过来的。
- 逆境给人宝贵的磨炼机会。只有经得起环境考验的人，才能算是真正的强者。
- 信用既是无形的力量，也是无形的财富。
- 既然雇用店员为自己工作，就要在待遇、福利方面制定合理的制度。

第十章

史蒂夫·乔布斯：以微小进步改变世界

人物小传

史蒂夫·乔布斯，1955年2月24日出生在美国旧金山，高中学历，读过一年大学。1974年辍学成为雅达利电视游戏机公司的一名职员。1976年乔布斯和斯蒂夫·沃兹尼亚克创办了苹果公司；1977年1月，苹果公司正式注册成立。1983年，乔布斯着力研究新个人电脑；1985年，被斯卡利扫地出门创办NeXT。1986年，乔布斯收购Pixar，加入迪斯尼董事会；1996年，苹果收购NeXT，乔布斯担任苹果顾问；1997年，乔布斯再次成为苹果CEO；1977年至今一直担任苹果公司CEO。

1985年，乔布斯获得了由里根总统授予的国家级技术勋章。1997年成为《时代周刊》的封面人物；同年被评为最成功的管理者，是声名显赫的“计算机狂人”。2007年，乔布斯被《财富》杂志评为年度最伟大商人。2009年，被《财富》杂志评选为这十年美国最佳CEO，并当选《时代周刊》年度风云人物之一。同年，乔布斯成为最受美国青少年尊敬企业家，其身家达54亿美元。2010年，苹果取代谷歌成为全球最具价值的品牌。美国媒体分析认为，在两三年内苹果的市值将达到1万亿美元，成为全球最大的科技公司。

2011年8月25日，苹果公司董事会宣布CEO乔布斯辞去公司首席执行官一职，同时任命苹果公司COO库克接任CEO。乔布斯悄然离职，宣布苹果公司一个黄金时代结束。

在创新上，乔布斯是一个特立独行的颠覆者，认为创新不仅仅是推出新技术，还要把技术以艺术的形式表达出来；在战略上，他是一个不折不扣的反主流分子，不仅有勇气反对成功的商业模式，而且能在冷嘲热讽中坚持到胜利；在营销上，他是一个充满浪漫气息的传教士，不仅善于以出其不意的故事情节吊人胃口，同样擅长营造高贵奢华的氛围与品位摄人心魄；在管理上，他是一个简约粗暴的领导者，据说苹果公司的人事招聘的面试中有一道必答题：“你是不是处男？”他用最简单粗暴的方式实现最有效的沟通，他知道自己想要什么并能立刻执行；在文化上，他是一个自命不凡、永不妥协的“海盗头子”,不仅将这种海盗文化植入公司的基因中,而且努力使之制度化……这就是史蒂夫·乔布斯,一个毫无理由的完美主义者,一个可以被打倒但永远不会被打败的IT狂人!

天才与叛逆的结合体

史蒂夫·乔布斯,苹果创始人之一,1955年2月24日出生在美国的旧金山,尽管一出生便被遗弃,但他的才华却无法被埋没。他从小就表现得异常聪颖,当然也格外顽皮,常常做一些出人意料的恶作剧。因为养父母就住在硅谷附近,乔布斯从小耳濡目染,对电子产品产生了浓厚的兴趣,性格很早就表现出硅谷人的特点——敢于创新、富于竞争和冒险精神。同时,天才的乔布斯有着特立独行的性格,常常有些奇思怪想。1972年他高中毕业后,在波兰的一所大学只念了一学期的书便毅然辍学,甚至一度迷恋佛学,并远渡重洋修行。他的中学老师对他的评价便是“一个孤僻的学生,看待事物的角度很特别”。

乔布斯在17岁那年上了大学。他的养父母属于蓝领阶层,他们几乎把所有积蓄都花在了乔布斯的学费上面。半年时间他就花光了养父母所有的积蓄,因此决定要退学。

退学后,乔布斯只能睡在朋友房间的地板上;白天到街上去捡5美分一个的可乐瓶子换钱,为了填饱肚子,在星期天的晚上,他步行7英里路程回家享用一顿美餐。

1974年,乔布斯在一家公司找到设计电脑游戏的工作。两年后,时年21岁的乔布斯和26岁的沃兹尼艾克在乔布斯家的车库里成立了苹果电脑公司。

因为迷恋电子学,少年时期的乔布斯有幸与沃兹结为朋友,为日后的成功打下了基础。出于对拥有个人电脑的极度渴望,乔布斯常常与沃兹在自家的小车库里一起研究个人电脑。当时市面上卖的都是商用机,体积庞大,价格也极其昂贵。于是,他们准备自己研发。仅仅几个星期,一台其貌不扬、赤裸着身子的电脑——世界上第一台个人电脑苹果Ⅰ就诞生了。

乔布斯后来说:"我很幸运,当计算机还是个年轻产业的时候,我进入了这个领域。当时拥有计算机学位的人不多,从业人员都是从物理、音乐、动物学等领域半途出家的优秀人才。他们对此有浓厚兴趣,没有谁是为了钱进入计算机这个行业的。"

之后,乔布斯等人设计出的新产品苹果Ⅱ热销,1980年11月,苹果公司成功上市,股票上升至每股22美元,乔布斯和沃兹尼艾克一夜之间变为百万富翁。因为巨大的成功,乔布斯在1980年登上《时代周刊》杂志封面,并在1985年获得由里根总统授予的国家级技术勋章。

1986年乔布斯买下了数字动画公司Pixar。这间公司如今已成为畅销动画电影《玩具总动员》和《虫虫危机》的制作厂商,它是现年46岁的乔布斯事业生涯中的第二个高峰。

打不败的IT狂人

在巨大的成功面前,年轻的乔布斯难免有点飘飘然,他在苹果固执地坚持封闭式经营理念,加上其他电子公司的强烈冲击,苹果在持续畅销8年后市场竞争力大减,而诞生了18个月的Macintosh销售也不容乐观。乔布斯设计Macintosh的初衷是想取代IBM在个人电脑市场的领先位置,因此采取了封闭式的设计结构,所有的外观设计都由苹果自主开发,配套软件跟不上,这在很大程度上导致了Macintosh的滞销。

这个故步自封的错误是乔布斯败走麦城的开端,而将其推向深渊的却是他的盟友、苹果公司时任CEO约翰·斯卡利。

1983年,乔布斯相中了百事可乐总裁斯卡利过人的管理天赋,他软磨硬泡了4个月,斯卡利仍犹豫不决,最后,乔布斯凭一句"你是想卖苏打水度过余生呢,还是想有机会改变世界?"达到了目标。

乔布斯做梦也没想到,两年后,正是自己三顾茅庐请来的盟友斯卡利直接促成了自己的离开。他们的矛盾始于对公司发展方向的不同看法。来自于传统行业的斯卡利把控制成本视为第一要务,而新兴IT行业需要高额的研发费用，Apple Ⅱ 的开发费用是 50 万美元，到了 Macintosh 已经高达 8 000 万美元。一方面是高额的开发费用，一方面是低迷的销售态势，公司的赤字在惊人地增长。乔布斯对于技术的狂热，导致整个公司陷入了一种完全崇尚技术革新的企业文化，忽略了成本和用户需求。斯卡利再也沉不住气了，决定改革苹果现有的组织结构，年轻气盛的乔布斯坚持己见，不接受斯卡利的主张，两人的关系急转直下，到 1985 年 5 月已经到了水火不相容的境地，斯卡利向董事会施压：如果乔布斯留在苹果，他就挂冠而去。在这个关键时刻，董事会选择了斯卡利。5 月末召开的高管层会议宣布斯卡利将展开一次彻底的内部重组，乔布斯不再过问苹果的日常事务。愤怒的乔布斯一气之下卖掉了所有的苹果股份，只保留了一股以便获得年度财报。这仅存的一股，为他日后的回归埋下了伏笔。

1985 年，乔布斯不得不黯然退出，他离开苹果后创办了 NeXT 电脑公司。“让创新的轮子再转起来，和一帮天才制造出酷毙了的玩意儿”，这是当时乔布斯的全部念头。

新公司成立后乔布斯从苹果招来了不少旧部，为此，斯卡利以“挖苹果墙角”为名将乔布斯诉上了法庭，这个官司彻底离间了苹果公司与其创始人的关系，但也从另外一个方面促进了乔布斯的成熟，从而推动了其新事业的发展。

一开始，乔布斯在 NeXT 上犯了和 Macintosh 类似的错误，模样精致、封闭结构的 NeXT 电脑同样未能达到市场预期。但这次，乔布斯巧妙地弥补了这个错误——凭借对技术的把握，迅速把 NeXT 的业务集中在了下一代操作系统的开发上，漂亮地完成转型。NeXT 的软件系统，与苹果电脑的完美匹配，正是日后促成乔布斯重返苹果的直接桥梁。此间，乔布斯还开启了事业的另一扇门——Pixar 动画技术公司。1986 年，乔布斯以 1 000 万美元从《星球大战》的导演乔治·卢卡斯手里买来了电脑动画工作室 Pixar，这是乔布斯人生故事中又一浓墨重彩之笔。

乔布斯为 Pixar 倾注了十年心血，从 1995 年开始乔布斯先后推出了《玩具总动员》《海底总动员》《超人特攻队》等动画片，票房收入连连高涨，传奇人物乔布斯由此戴上了商业艺术家的桂冠，在挫折面前，他顽强地开始了二次创业并获得了巨大成功。

重掌苹果

1996 年加盟苹果的吉尔伯特·阿莫利奥在第一季度就尝到了令人咋舌的 7.4 亿美元的亏损。一年后苹果的股价滑落到了 12.75 美元的历史新低。

12 年过去了,乔布斯归来的时机似乎已经成熟了。这个经过了事业沉浮的年逾不惑的男人,开始不断地打电话"骚扰"苹果公司的管理层,同时,他告诉自己的团队:让我们去给他们一点教训!

乔布斯的底气来源于他悉心经营了十余年的 NeXT。20 世纪 90 年代初,苹果已经意识到 MacOS 的操作系统不能满足下一代应用程序的需求,开始寻求其他公司的技术支持,微软的 Window NT、Sun 和 IBM 的 Taligent 都是当时的备选方案。

就在苹果管理层为方案选择吵得不可开交之际,乔布斯主动出击,亲自打电话给阿莫利奥介绍 NeXT 产品。伟大的商界领袖本质上都是伟大的推销员,在面向苹果最高层的展示会上,乔布斯解释说,在技术含量上,NeXT 的系统特别适合互联网和多媒体创作,这恰好符合苹果的市场所在,他极富鼓动力的演说最终令苹果的高层们相信,除了选择 NeXT 的操作系统,苹果无路可走。1996 年 12 月,苹果公司宣布以 4.27 亿美元正式收购 NeXT 技术公司。同时,乔布斯被任命为阿莫利奥的特约顾问,由此得到过问苹果事务的机会。

由于阿莫利奥会在重大决策上征询乔布斯的意见,使得后者在公司内部的影响力开始稳步上升。在 1997 年年初的软件供应商大会上,乔布斯颇具煽动性的发言迅速激发了当场的听众,他们自觉地起立,兴奋不已。这一切足以证明,处于低谷的苹果此时正需要一位魅力非凡的领袖,以重振士气——乔布斯是不二人选。

这一年 7 月,连续第五个季度亏损后,苹果董事会罢免了阿莫利奥,任命乔布斯为苹果公司代理 CEO。

这次,他对苹果的全部热情重新燃烧起来。乔布斯连续召开会议以制定出公司新的产品策略。为了激发员工斗志,他在公司内部的备忘录上宣布将酌情考虑调整员工的股票期权,此时他的署名是“乔布斯和管理团队”。

1997年8月,在波士顿举行的MacWorld会议上乔布斯回归苹果后首次公开亮相。会议上,乔布斯宣布了一连串令整个业界震惊不已的消息:甲骨文总裁拉里·埃里森进入苹果董事会,微软注资1.5亿美元购买苹果股票并与苹果达成为期5年的专利权交叉许可协议。一批资深的分析家从中看到了苹果复兴的希望。

1998年第一季度苹果开始盈利,股价一路上扬。

2000年1月,乔布斯获得了董事会开出的价值超过2亿美元的股票期权,并被正式任命为CEO,这场最漫长的流放,终以乔布斯最壮烈的归来结束。

乔布斯的经历听起来更像一个复仇故事。2009年6月乔布斯在斯坦福大学毕业典礼上的演讲中,谈到了“当年败走麦城的经历事后证明,从苹果公司被炒是我这一辈子发生的最棒的事情”。

在乔布斯看来,从一个成功者重新成为一个创业者的过程让他倍感自由,并借此进入了生命中最具创造力的阶段。从个人角度来说,这段经历是乔布斯传奇不可或缺的组成部分,但有必要在此提醒读者,那仍然是一段风雨凄迷的岁月,它以一种极端的方式促进了领袖的个人成长。这种个人奋斗史通常无法复制。

不过,它在另一个层面揭示了商界沉浮的奥秘。乔布斯的沉,主要由于他太过沉溺于技术,从而忽视了公司整体运营,不能做到“兼则明”之故;他和斯卡利矛盾的升级,实质上是苹果公司草创阶段向规则时代靠拢的必然结果。

身为苹果的创始人,没有及时完成个人转型的乔布斯最终在权力之争中败北,十年后,他的再度浮出水面则证明了现代公司体制中,领导者所必备的要素:不竭的创造力,善于抓住时机塑造权威形象,日益成熟的个性,与团队成员的协调相处,以及在逆境中不屈的意志。

“滚雪球”式发展

像其他产品一样，iPad 也注定了苹果公司滚雪球式的发展，一开始很小，然后越滚越大。

近 10 年来，苹果公司总是不断推出一些小巧、简单，但却经过深思熟虑的产品。他们总是会残忍地减少产品的功能，以期能够得到绝对核心的产品，然后再将这些产品不断地抛光、润色，最后生产出“闪耀”的产品。

人们可以将目光再次移到苹果公司所在地库比蒂诺。苹果公司总是擅长将一系列的小雪球放到雪地上，让它们不断地粘上更多的雪，直到它们滚成一个大雪球。这就涉及苹果公司如何创建它的平台。这一过程是一种缓慢、稳定、反复并持续不断的提高过程。这一过程的速度是如此缓慢，以至于你可以将其忽略，只有在事后，你才能发现，苹果平台的发展过程是如此非比寻常。

以苹果最古老的核心产品 MacOSX 为例，从 1997 年它最初的产品 NeXT 诞生到 MacOSX10.0 的发布，经历了四年的艰苦时光，我们甚至可以将其称为难产。但在这四年中，MacOSX 的每一步成长都是有规律的，并且比原来的版本先进许多。当苹果公司现时最新的 MacOSX 作业系统 SnowLeopard 问世时，在各方面都大大地超越了原来的 10.0 版本。SnowLeopard 的速度更快，设计得更合理，并且外观更加美观。

我们再来看一下 iPod。它在 2001 年的秋天首次亮相时仅是一款以“火线”技术开发的 5G 硬盘、售价为 399 美元的黑白两色混合的小型音频播放器。直到 2003 年 4 月，苹果运营的 iTunes 音乐商店才出现在 iPod 上。iTunes 所需的操作系统在同年的 10 月才得以运用，这距离 iPod 首发已经过去了 2 年的时间。设想，如果苹果今天才发售 iPod，这款 iPod 仅具备 2002 年的功能，那么这款产品一定会被人们认为是苹果的败笔。

今天，你只需花 179 美元就能得到苹果最新款的 iPodnano。它的体积和重量只是原来 iPod 最初版本的几分之一，拥有双倍的存储量、彩色播放器、录像回放功能以及内嵌式摄像机。苹果带着 iPod 一起，逐步迈上一个新台阶。

带有“点拨轮”的 iPod 系列并不能完全替代以前的产品，虽然以前的版本因为留给人们的印象不深而被许多人嘲笑。iPod 告诉我们，苹果的重复发展过程并不仅仅是补充新功能，更是适应新需求。2003 年发售的第三代 iPod 在“点拨轮”上分别有四个不同的按钮。事实证明，这并不是一个好主意。一年以后，这四个按钮就消失了。iPod 的迷你版也并没有什么新的功能，甚至重量也没有改变，但是体积却比以前更小了。

iPhone 系列手机也是遵循相同的样式。iPhone 在 2007 年首发时并没有 3G 网络，最大的存储量为 8G。一年以后，苹果将 iPhone 的存储量扩展为 16G，并增加了 3G 网络以及 GPS 导航系统，并开设了 AppStore。此后的一年里，苹果为 iPhone 更换了更快的处理器，增加了改良的摄像机并将存储量扩展为 32G，样式没有改变。同样，我们也不会看到新款的 iPhone 会完全替代以前的产品，但是我们很快将会看到新款的 iPhone 已完全替代了最初的 iPhone。

苹果平板电脑以及其他苹果的产品都具有这样的特性。一些人说，苹果平板电脑是大号的 iPod 触摸系列，也有人说，它开创了个人笔记本电脑的一场革命。

过去的十年中，苹果公司推出了许多新产品，但仅有一部分是基于一种新的平台。其他的产品都是这一部分产品的衍生品。苹果公司的设计师和工程师们并不是魔术师，他们是技术人员。他们一次又一次地完成了引人注目的产品。他们的工作是削去冗余的部分，只留下能够继续创造的地基，而不是扩展新产品的范围，希望留下深刻的印象。在 2001 年，你无法看着 MacOSX 或 iPod 最初的版本，预见到它们在 2010 年将会成为什么样子。但是现在你却可以看着 SnowLeopard 和 iPodnano 想象它们以前的样子。

当我们还在这儿摆弄 iPad 时，苹果的员工们已经回到库比蒂诺开始了新的工作。他们已经又将一个宝贵的新想法放在手中，并将它像雪球一样逐渐滚大。

创新就是对一千条创意说“不”

2010年,苹果取代谷歌成为全世界最具价值的品牌。难以想象的是,作为全球顶尖品牌,竟然只要一张小桌子就可以摆下其全部产品。当然,这恰恰是苹果为何能够如此成功的原因之一——专注于创造一小批简单而又优秀的产品。

2011年4月,《今日美国》杂志分析指出:“在iPad发售的第一年,苹果总共售出了1 500万台;而iPhone上市4年以来已经售出了超过9 000万台,随着乔布斯让全世界都刮起的‘苹果风’,苹果的身家也在一日千里地飞涨。在两三年内苹果的市值将达到不可思议的1万亿美元,这将是一次前无古人的成就,没有任何一家公司能达到如此辉煌的高度。”

苹果成功的关键在于创新,把每一个细节和产品设计做到了极致,让用户体验达到极致,抓住了人们的心理需求。

乔布斯从1975年出道到今天,在苹果干了36年,他是个桀骜不驯、富有创造力的创业者,他能东山再起,关键是近三年把36年的功力一掌击出——他用一款iPhone甩掉了诺基亚,再回过身来用iPad对微软和英特尔发起猛烈冲击,之前用iPod超越了索尼。如果孤立地看这几个产品,或许你会觉得也没什么,但乔布斯就好像真的进入了“飞花摘叶,即可伤人”的境界。乔布斯很伟大,跟他的这些创新相比,我们做事的格调都还不够理想。

新款的苹果平板电脑MacBook Touch是可以弯曲的。它看上去只是一台简单的OLED屏幕,但是却兼具笔记本电脑、13英寸屏幕甚至是台式机的功能。这款新产品有六个外设接口、一支触控笔,有两种颜色可供挑选。这款电脑并未上市,它是由意大利一位名叫托马索·格其林的学生设计的。他并非苹果雇员,全球各地有很多他这样的热衷于为苹果设计产品的粉丝。

这些个人设计都很漂亮,有的也很实用,但都有一个致命的缺点,即产品拥有过多的功能。这显然不是苹果的设计风格,因为苹果追求的从来都是简约。

在苹果，乔布斯主要的一项工作就是驳回一切复杂的设计。“他就像个过滤器。”前 Mac 工程师赫兹菲尔德说。每天，会有大量的新产品点子以及已有产品的革新理念呈现在乔布斯面前，而他的回答基本上都是“不”。每一个曾和乔布斯共事过的工程师都会对他说“不”的速度印象深刻。

乔布斯之所以说“不”，并不仅仅是因为他厌恶复杂的事物。苹果产品的利润率一直很高，对新产品、新功能说“不”可以维持较低的生产成本，去掉某些功能也有利于为产品的下一代造势。“省略某些功能的最大好处是，消费者会对它们变得更加渴望，当你在新版本中满足了某些要求时，甚至能让他们更快乐。”前苹果工程师里德说。苹果曾多次玩这一花招，最近一次体现在 iPhone 4 上，它包括了消费者从 2007 年就在恳求的多重任务处理功能。

iPhone 怎么可能直到第四代才推出如此基本的功能呢？这很可能只是苹果吸引你购买它下一代产品的小把戏。

乔布斯说：“大家认为专注的意思就是同意将精力都放在必须专注的事务上。但这并不全面。它还意味着要拒绝数以百计的其他好创意。你必须精挑细选。实际上，让我感到自豪的不但有那些我们做到的事情，还有那些我们选择不去做的事情。创新就是对一千条创意说‘不’。”

在产品设计、商业战略以及沟通和展示上，“去芜”往往能创造额外价值。2008 年 10 月，苹果举办了下一代 MacBook 笔记本电脑的发布会。苹果的设计大师乔纳森·艾维向与会者介绍说，苹果全新的“铝合金一体化外壳”让电脑的主要结构部件减少了六成。部件减少了，电脑自然就可以造得更薄。与你想象的恰恰相反，减少了部件的电脑变得更坚硬耐用——电脑变得更结实了。如艾维所说：“我们完全沉浸在寻找一种高度简化的设计方案中，因为作为活生生的个体，我们都懂得‘简单’的定义。”

虽然人人都可以效仿苹果的创新法则，但却没有多少公司有勇气去这样做。像乔布斯在 1998 年那样，将公司的产品数量从 350 种砍到只剩下 10 种；像乔布斯对 iPhone 做的那样，在一款智能手机上取消所有物理按键，以一块大屏幕取而代之；像苹果在"雪豹"操作系统上做的那样，取消一款操作系统的代码以追求稳定性和可靠性；像苹果那样，每当有新的主打产品面市时，都只在网站首页上突出唯一一款产品；推出像 iPad 一样简单，就连小孩也能使用的产品；像乔布斯在发布会上那样，在展示产品的幻灯片时从来连一个字都没有。要想做到这些，都需要勇气。

乔布斯作为一位设计师，当他感觉自己已经做到尽善尽美的时候，并不是说他已经无法再添加任何东西，而是无法再做任何的精简。你的顾客要求简约，而简约也就意味着你要精简掉会妨碍用户体验的方方面面——无论是在产品设计、网页导航、营销和广告材料，还是在产品演示上。在"好上加好"的基础上，用户需要你更多地说"不"，还要砍掉没用的东西。

乔布斯的创新方法改变了商业图景，改变了社区面貌，改变了人生轨迹。但我还是想提醒中国企业家一句，学习创新必须始终保持清醒的头脑。除了读书之外，还得多看、多学。而且，学习乔布斯的目的也得明确：不是要成为第二个乔布斯，而是要学习他的思维模式。

这就是微创新，是乔布斯发明的。他说过，"微小的进步可以改变世界"。

打造自己的产业链

2010 年 1 月，乔布斯推出 iPad，最吃惊的不是这款年度性的产品，而是它的价格：只有 500 美元。没有人料到这个价格，可能一直以来，苹果都是专注高端移动计算机市场，如推出 1 000 美元的 MacBook；也可能苹果的高管一直告诉投资者，不会推出 500 美元的电脑，因为那是垃圾。

但苹果的确做到了"低价"，而 iPad 不是垃圾。iPad 是首款销售最好的产品。与此同时，竞争者在推出 500 美元竞争产品时困难重重。

摩托罗拉的 Xoom 平板电脑正在美国开售，标价 800 美元（客观对比，最能与它竞争的是 730 美元的 iPad，但是摩托罗拉没有推出 500 美元 Xoom 的计划，缺少低端产品会伤害摩托罗拉）。而三星的 Galaxy Tab，即使小号的 7 寸版本价格也达 600 美元。

为什么标出更低价这么难？为什么苹果能做到？

TechRepublic 主编贾森·西纳说，这主要归功于苹果的零售策略。苹果现在在全球有 300 多家专卖店，它可以销售 iPad 给客户。这是一大优势，如果 iPad 主要通过第三方零售商销售，那么大部分的利润要分给零售商。

苹果的确与一些零售商合作，如百思买和沃尔玛，但这些零售商的现货往往很少。贾森·西纳认为之所以与零售商合作，是为了帮助市场营销，而非卖更多 iPad。

贾森·西纳说："通过零售商合作伙伴销售 iPad，苹果很难挣到许多钱，如果消费者从零售店和网站上购买则可以获得更多的利润。而类似摩托罗拉、惠普、三星则只能批发给零售合作伙伴，并从此获利。"

零售优势是一个合作的理论性解释，不过它却忽略了一个因素：高昂的运营成本，苹果必须为 300 多家专卖店付钱。按西纳的解释，苹果拥有自己的专卖店的确有明显的好处：客户的延伸是无限的，当然在苹果自己的店里也不会有竞争对手的产品来夺食。

不过当我们解释苹果为何能以 500 美元销售 iPad 时，我们应该考虑所有因素，而非仅仅是零售策略。

在全世界，苹果是最为垂直整合的企业。为了支持自己的零售店，苹果的硬件软件全是自己研制的，而且苹果还运营数字内容，如 iTunes。

自有设计意味着苹果不必付专利费给第三方，以使用其专利。例如，iPad 内的 A4 芯片的技术是由苹果自己开发的（不是英特尔、AMD 和 Nvidia）。操作系统是苹果自己研制的，不是由微软和谷歌提供的。

为什么惠普要收购 Palm，以推出平板 TouchPad？惠普想拥有自己的移动操作系统，以完全掌握自己的移动"命运"，不再依赖于微软。

在 iTunes 媒体平台上，在其"数字店面"里的每次销售苹果都要分成：AppStore、iBooks 和 iTunes 音乐及视频。要想让 iBook 成为与亚马逊一样大的怪物，苹果还有很长的路要走，但是 AppStore 和 iTunes 却是最成功的数字媒体商店。

最后，iPad 的价值可能高于 500 美元。iSupply 等拆解分析估计的成本还不足说明问题，因为它没有考虑研发成本及其他费用。苹果之所以能消化生产成本，低价出售 iPad，是因为背后有强大的生态系统支持，以及在价格控制方面能精细到每一个方面。

这些归结为两点：生态系统与控制。竞争者难以推出 500 美元的产品，因为它们不如苹果这样高度整合，比如零售战略、数字内容市场、硬件和软件工程等一切。

正如乔布斯在 *Macworld* 上说的一样："苹果是产业内唯一一家打造整个小玩意的公司。"竞争对手在打造类似 iPad 的小玩意时就会有困难。

乔布斯的十大成功法则

2010 年 5 月 26 日，苹果荣登全球最大科技公司的宝座。苹果凭什么能超越"巨无霸"微软和谷歌？也许正如乔布斯所说："这辈子没法做太多事情，所以每一件都要做到精彩绝伦。"苹果正是以自己对品位与美的独特理解，在时尚的风潮中执著前行。人们之所以高度关注苹果和苹果的产品，是因为在他们看来，苹果有着自己独特的魅力，它的一举一动都能打动人心、撼人灵魂。

下面 10 条是我们对苹果游戏规则的整理，它们也许是你目前能获知的最接近苹果成功秘诀的东西。

一、独树一帜

苹果的办公室后现代感十足，玻璃和不锈钢是最主要的两个元素，墙面刷成白色。二楼的办公室里坐着的都是这家公司的资深元老，他们自苹果创立之时便跟随乔布斯，一起想出了那个被啃了一口的苹果商标，一同设计了独一无二的产品线，并共同创建了全球 287 家苹果零售店。但办公室的门，却总是紧锁着。

门后面到底发生了、发生着什么？"（关于此）我们不能说得太多。"苹果的首席设计师威廉·奥荷，用一些模棱两可、语焉不详的词语来描述门后的工作，比如“重新定义高雅”、“保证设计的完整性”、“让产品成为英雄”等。

大门紧锁的办公室，保护着对这家公司来说至关重要的设计师以及研究人员。这样的办公室，出现在苹果全球的分公司里，也是其严格保密制度的象征。这样的做法也并非偏执，对苹果而言，外界的各种杂音实在太多了。唯有大门紧闭方能保证设计师和研究人员们两耳清净地工作。

乔布斯从不关心业界的说法。早在20世纪80年代，苹果电脑仍处于设计研发阶段时，乔布斯就显露出不走寻常路的特点，他常常会将一个又一个新奇的点子抛给工程师。“一次他在百货店看见一台Cuisinart（美国厨房用品品牌）的食品处理机，觉得它的设计好极了，便让苹果的设计师们进行模仿。”《硅谷的革命：苹果电脑的疯狂与伟大》一书的作者、参与苹果草创的工程师安迪·赫兹菲尔德说，乔布斯甚至一度希望苹果电脑看上去像保时捷跑车。

对苹果来说，电脑就应当像跑车或高档厨房家电，因为高端人群——那些能买得起或者渴望买保时捷的人才是他们的营销对象。这与硅谷老牌科技公司截然不同，对于苹果来说，听取它们的成功经验毫无意义。

二、一人独大

现在，科技界奉行的是全面的、自下而上的革新。参与改革的人越多，成果也就越显著。谷歌就是典型，员工可以将一些上班时间，投入到任何一个感兴趣的项目上。这种“20%的时间”帮助谷歌创造出了很多热门的应用，比如Gmail和谷歌新闻。

苹果却完全不同。在这里，百分之百的产品设想都来源于少数的高层，有些甚至完全就是乔布斯的个人理念。事实上，乔布斯可以算做苹果每项重要产品的实际策划人和执行者。他每周都要会见一次下面的开发人员，推动他们将自己的创意发挥到极致。

对于苹果这种大型公司来说，如此少的几个人拥有如此之大的决定权，这样的运作方式也的确出现过一些问题。根据一名苹果前工程师的说法，负责开发苹果电脑Mac操作系统的设计小组由十名工程师组成。

由于团队太小,每年苹果只能推出一两款新产品。

但也正是这种做法让乔布斯和他的团队知道自己究竟想要什么。像谷歌这样的分散化企业,每年可以推出数十款新品,但成功的几率却很低。相反,苹果的产品平均水平更高,公司强大的领导团队,可以保证明确的开发方向。

"大家都知道(公司)计划是什么,公司很少有内讧。"苹果前雇员,也是 iMOVIE 程序的开发者格林·里德说。

三、实用主义

现在,科技行业掀起了一场大战:一方认为软件应该开放,另外一方则认为限制开发没有什么不妥。在技术派看来,开放不仅是大势所趋,而且符合道德标准,这一阵营的代表是谷歌,它一直宣传 Android 手机比 iPhone 更开放。

苹果显然被视为封闭企业的代表。美国科技博客 Boing Boing 的编辑科利·多克托罗曾将反对苹果的观点提炼成了一句话:"在一个有创意的世界中,任何有好想法的人都可以付诸实施,并且使之在你的硬件上运行。如果你希望生活在这样的环境中,那么 iPad 就不是你的好选择。"

尽管有关苹果思想封闭的批评不绝于耳,但苹果对这些批评毫不在意,它重视的只有两个——推出好的产品,带来更好的用户体验。苹果就像是一家注重结果的企业,而非教条主义的大学哲学教授。例如,苹果曾欣然接受了音乐行业的版权保护要求,因为这有助于苹果成功推出 iTunes 音乐商店。

第三方软件开发者也满腹牢骚,因为软件要想进驻苹果应用商店,必须获得批准,而苹果制定的规则又往往独断、不透明且频繁更改。但应用商店的成功是任何人都无法忽视的,就连那些最激烈的反对者也承认苹果提供了一种简便且充满乐趣的方式,让用户可以找到更可靠、更有用、质量更高的内容充实的手机和平板电脑,这才是实实在在的吸引力,也是苹果唯一看重的哲学。

四、顾客至上

无论产品有多好，总是难免出现故障。按照传统的客服理论，只有这时，用户才能真正看清一家公司。

最近几年，各类企业尤其是苹果在电脑和手机领域的竞争对手们，都对客服采取了逃避策略。他们花很少的钱将此业务外包，把用户打发给那些只会照本宣科的接线生，更有甚者干脆让用户自己上网阅读“常见问题解答”。谷歌今年 1 月通过网上商店推出 Nexus One 手机时，就忽略了这一问题，没有安排足够人手来提供现场解答。结果没多久，谷歌的网上论坛就被愤怒挤爆。

十年前苹果在设计零售战略时，只有一个最重要的目标：为用户提供与传统电脑行业的体验截然不同的零售店，为此苹果分别从塔吉特百货和美国服装品牌 GAP 挖来了高管罗恩·约翰逊以及乔治·布兰肯希普，在广泛调查后他们发现多数消费者都对酒店的服务台有好感，受此启发，苹果的“天才吧”应运而生。

在“天才吧”，无论苹果产品的购买地是何地，苹果的客服人员都会为你免费提供服务，他们不仅会修复一些与苹果无关的软件问题，甚至会帮用户完成一些与技术支持无关的要求。只有过了保质期的商品才会收费，而且这个费用店员还有权力决定是否免去。苹果怎么会如此慷慨？“这是为招揽顾客而做的亏本生意。有时，人们进来只是为了寻求帮助，但出门时可能会决定再买点东西。”德尔说。他于 2006 年离开苹果，并创办了一家软件公司。

五、与用户共建品牌

苹果是极少的能把顾客纳入到品牌传播体系中的公司，乔布斯从一开始，就亲自打理电脑迷的各种组织，这是他“分享财富”计划的根本。苹果公司乐意帮助他们分享软件或专业知识，因而产生了一批死忠的苹果粉丝，他们把苹果电脑的观念推销出去，影响至深，同时，这也成为苹果吸纳新员工的重要来源。

乔布斯试图与顾客共建品牌。这其中的关键是,苹果负责引爆点,而广大的顾客则免费参与传播。苹果的产品也体现着用户的投票权,赋予消费者更高的“权力”。比如,社会学家曾做过研究,iPod 有着鲜明的社会学意义,它让消费者拥有更庞大的音乐控制权。

另外一个例子是苹果的品牌体验店,很奢侈,很梦幻。乔布斯说,苹果的品牌体验店不只是“简单”的商店,而是苹果顾客交流意见的场所、体验新产品的梦幻之地。

这就是乔布斯之道,“以微小进步改变世界”——光有雄心和豪情远远不够,一定要有切实可行的战术和手段来实现它。对中国 CEO 而言,这其实比盖茨之道更容易复制。

六、全面营销

如同“天才吧”被证明是一个天才的想法一样,如今已被奉为经典的苹果广告语“不同凡想”(Think Different)也已超越了文字的范畴:苹果粉丝的头脑的确与众不同。

畅销书《购买学》的作者、品牌咨询师马汀·林德斯特罗曾通过核磁共振扫描过这些粉丝的大脑,他发现这些粉丝就像耶稣信徒一般,“苹果的品牌力量太过强大,不少人已经把它当做一个真正的宗教”。

苹果一直通过一些巧妙的方式培养其信徒的宗教热情,包括神秘感以及暗示用户是被选定的人,更重要的可能还在于苹果对于符号化信息的挚爱。想想 iPod 的白色耳机、Mac 的开机声音以及 MacBook 那与众不同的后盖。苹果深知这种持续性感知暗示的力量,并且不遗余力地将所有能够增强用户记忆的做法都用于宣传品牌。

这种思路也延伸到了苹果的重大产品的发布会上。如果你用心,就会发现一个现象,在苹果产品正式发布前几个月甚至几年前通常都会出现相关传闻。真正的发布日更会精心设计,就像检阅军队一样隆重。例如,在 iPad 发布会时,苹果买下了会场周边的所有公交车站的广告。当乔布斯登台演讲时,所有的海报都被换掉。2010 年 1 月 27 日,当记者前往 iPad 发布会现场时，街道两侧还一切如故，离开时却发现到处都是 iPad 海报的身影。研究一下海报中的 iPad，你会发现上面的时间都是上午9:41——这正是乔布斯向全世界展示 iPad 的时间。除了苹果，还有哪家公司的品牌宣传能细致到这个程度？

七、不要发明，要再创造

“革命性”是乔布斯最喜欢的词汇之一。在 iPhone、iPad 等多项产品的发布会上，他都用了这个词。

乔布斯认为，苹果的每个发明都具有独特和原创的特性。而批评者却坚持认为，这些产品不过是自由地使用了早已存在的技术。毕竟在 iPod 诞生前，音乐播放器就已存在，智能手机的诞生也早于 iPhone。部分批评者比如诺基亚和 HTC，甚至让苹果面临着专利侵权诉讼，iPod 和 iPhone 都曾经遭遇过这种问题。

与简单的侵权相比，苹果更为狡猾，利润率也更高。它搜集科技行业的最佳创意并将其变成自己的东西。苹果还是一个伟大的修理师，它可以改进现有产品的缺点。iPad 就是一个绝佳的例子，很多功能以前都出现过，比尔·盖茨曾于 2001 年展示过一款基于 Windows 的平板电脑，并预言它 5 年内将成为一款主导产品。但微软的平板电脑很快就失败了，为什么？微软没有完全改革台式机的界面，需要使用蹩脚的触控笔来完成所有任务，盖茨也不鼓励开发者开发专门针对平板电脑的应用程序。

乔布斯和苹果则不同。论操作系统，苹果 iPhone 已经解决了这一问题，而且赢得了满堂彩；论界面，iPhone 的多点触控完全不需要使用触控笔；论应用，网上商店已经让众多开发者乐此不疲。所有这一切，再加上对设计和营销的大量思考造就了这款全世界都想要的平板电脑。至于 iPad 是否真的是一款“新”设备，这真的有关系吗？该产品上市 60 天就已经售出了 200 万台。

八、忘记过去

如果苹果某天推出一款“无桌面”电脑，你千万不要感到惊讶。这种电脑可以让你躺在沙发上使用无线键盘来操纵，内容则通过巨大的投影仪来显示，或者会提供一个平面来识别手写姿势，以便在触摸屏上实现签名。

这可不是幻想。苹果最近的专利文件中已经提到了这些内容。你或许从没见过这样的产品，但苹果却一直在乐此不疲地重新思考其业务的基本元素。

苹果完全漠视向后兼容的概念，在其短暂的历史上，已经多次更新操作系统和底层芯片架构，每次升级都会使其现有的产品立刻黯然失色。乔布斯在 iMac 中抛弃了软盘，随着 MacBook Air 的推出，光驱也退出了历史舞台。现在，触摸屏技术又让其抛弃了鼠标。要知道，鼠标之所以能够流行，恰恰归功于苹果 20 世纪 80 年代的大力推广。这种毫不留恋过去、一心向前发展的方法总能够奏效吗？也不是，乔布斯在第一代 Mac 中取消了方向键，但在后来的版本中却被迫再次增加了这一按键，而且一直沿用至今。

不过，更多情况下，苹果抛弃过去的做法能够让自己做出更好的产品，也让苹果总能站在科技前沿。当然，这一战略也迫使忠实的苹果粉丝不断购买最新产品。

九、将意见变为灵感

乔布斯经常引用亨利·福特的一句名言：“如果我当年去问顾客想要什么，他们肯定会告诉我，‘一匹更快的马’。”

这是乔布斯为苹果拒绝倾听用户建议所做的辩解，即便那些最富激情的用户也不例外。“苹果的整个理念就是人们并不真正了解他们需要什么。他们会告诉你一堆想要的东西，但当你真的做了，却会发现做错了。”

乔布斯并非完全忽视用户,他只是将用户的想法作为一种灵感,而非方向;作为一种手段,而非目的。自上网本兴起以来,许多人都在乞求苹果推出同类产品,这种体积小巧且便携的产品是个人电脑市场增长最快的一个领域。但乔布斯却表现得异常坚决,在谈及上网本的前景时,他说:"我不知道怎么做出500美元而又不是垃圾的电脑。"

不过,2010年1月,乔布斯带来了一款售价500美元且不是垃圾的电脑iPad。本质上说,iPad并非上网本,它欠缺上网本的一些功能,但也有优于它的地方,换言之,它不只是一匹跑得更快的马。

十、玩转自己的世界

iPad上市几周后,惠普决定推迟并重新开发Slate平板电脑,几乎同时,微软也取消了Courier平板电脑的上市计划,RIM也将平板电脑计划推迟到2011年。它们此前都被认为是有希望挑战苹果"耶稣平板"(指iPad)的产品。

这些产品都比iPad——只是将一台功能齐全的电脑以平板电脑的形式生产出来——复杂,由于iPad的市场反响强烈,它们不得不重新"回炉"设计。

尽管对手林立,苹果一直都在按照自己的节奏发展,产品发布计划也完全围绕着自己的战略和目标稳步推进。苹果之所以能够做到这一点,部分原因在于乔布斯的显赫地位。美国CEO的平均任期不到6年,现在还在往下滑,许多CEO甚至只干了几个月就被解雇了。只有乔布斯永远不会被解雇,所以他才会无拘无束地制订长期发展计划,以实现苹果的高标准,并获取丰厚的利润。

苹果的长期专注使之可以做一些更为复杂的事情:借助现有的产品来拓展未来。过去10年间,该公司推出了一系列平台,例如MacOSX、iPhoneOS、iTunes、零售店、应用商店。最近,苹果还推出了自己的微处理器和iAd广告平台,这都为其今后的产品奠定了坚实的基础。iPad是这些产品的集大成者,它的玻璃屏幕、界面、一次成型的结构、操作系统和应用商店都来自其他的苹果产品。在iPad身上,透露着苹果对未来产品和服务的展望，尽管我们只能在事后发现这一点。

苹果专注于长远目标的能力和决心是其最大优点。该公司有自己的计划，目前正朝着正确的方向前进，这将进一步激发其信心和抱负。它也在身体力行，这是苹果之所以成为苹果的原因。

乔布斯经典语录

• 带着责任感生活，尝试为这个世界带来点有意义的事情，为更高尚的事情作点贡献，这样你会发现生活更加有意义，生命不再枯燥，需要我们去做的事情很多。

• 领袖和跟风者的区别就在于创新。创新无极限！只要敢想，没有什么不可能，立即跳出思维的框框吧。如果你正处于一个上升的朝阳行业，那么尝试去寻找更有效的解决方案：更招消费者喜爱、更简洁的商业模式。如果你处于一个日渐萎缩的行业，那么赶紧在自己变得跟不上时代之前抽身而出，去换个工作或者转换行业。不要拖延，立刻开始创新！

• 成就一番伟业的唯一途径就是热爱自己的事业。如果你还没能找到让自己热爱的事业，继续寻找，不要放弃。跟随自己的心，总有一天你会找到的。

• 告诉其他人你的计划，不要鼓吹，也不要自以为是，更不能盲目狂热，那样只会把人们吓跑，当然，你也不要害怕成为榜样，要抓住出头的机会让人们知道你的所作所为。

• 我是我所知唯一一个在一年中失去2.5亿美元的人，这对我的成长很有帮助。

• 十几年来，世界各地的书店里涌现出海量的关于历史人物的书籍。这些人物包括苏格拉底、达·芬奇、哥白尼、达尔文以及爱因斯坦。他们成为人们灵感的灯塔，而苏格拉底排在第一位。西塞罗评价苏格拉底说："他把哲学从高山仰止高高在上的学科变得与人休戚相关。"把苏格拉底的原则运用到你的生活、工作、学习以及人际关系上吧，这不是关于苏格拉底，这是关于你自己，以及关于你如何给你每天的生活带来更多的真、善、美。

- 你的时间有限，所以不要为别人而活。不要被教条所限，不要活在别人的观念里。不要让别人的意见左右自己内心的声音。最重要的是，勇敢地去追随自己的心灵和直觉，只有自己的心灵和直觉才知道自己的真实想法，其他一切都是次要的。

主要参考文献

1. 刘淑霞:《比尔·盖茨传》,哈尔滨出版社 2011 年 3 月出版。

2. 邵雨:《韦尔奇行动指南》,机械工业出版社 2009 年 6 月出版。

3. 和仁:《领导选人用人之道》,西北大学出版社 2008 年 2 月出版。

4. 〔美〕杰克·韦尔奇、约翰·拜恩著,曹彦博等译:《杰克·韦尔奇自传》,中信出版社 2008 年 5 月出版。

5. 于成龙:《比尔·盖茨全传》,新世界出版社 2005 年 5 月出版。

6. 任红雨:《百名工商巨子的经营之道》,中国社会出版社 2005 年 7 月出版。

7. 吕天笑:《世界顶级企业家经营之道》,金盾出版社 2008 年 12 月出版。

8. 〔日〕松下幸之助著,李菁菁译:《松下幸之助自传》,南海出版社 2008 年 1 月出版。

9. 卢大振:《商道精英》,中国长安出版社 2003 年 11 月出版。

10. 方军:《李嘉诚做人经商之道》,中国华侨出版社 2003 年 10 月出版。

11. 李津:《全球华人首富的经商处世之道》,吉林大学出版社 2009 年 10 月出版。

12. 徐欣:《88 位世界富豪的成长记录》,中国戏剧出版社 2004 年 11 月出版。

13. 〔日〕稻盛和夫著,陈忠译:《稻盛和夫自传》,华文出版社 2010 年 6 月出版。

14. 吕天笑:《世界顶级企业家经营之道》,金盾出版社 2008 年 12 月出版。

15. 稻盛和夫著,曹岫云译:《活法》,东方出版社 2009 年 10 月出版。

16. 孙鹤翎:《松下幸之助智慧全集》,长安出版社 2008 年 10 月出版。

17. 〔美〕彼得·克拉斯,王鹏译:《卡内基传:财富就是规则》,国际文化出版公司 2007 年 9 月出版。

18. 〔美〕杰克·韦尔奇著,余江译:《赢》,中信出版社 2005 年 5 月出版。

19. 〔美〕杰弗里·扬著,蒋永军译:《活着就为改变世界》,中信出版社 2010 年 6 月出版。

20. 林志共:《苹果风暴》,中华工商联合出版社 2011 年 1 月出版。